愛知大学文學會叢書 XV

採用と定着

日本企業の選抜・採用の実態と
新入社員の職場適応

武田圭太
Takeda Keita

東京 白桃書房 神田

はじめに

　幼稚園や小学校から大学を卒業するまで，学校で長い時間を費やしてきたのは何のためだったのかという問いかけに，青年の自信に満ちた答えが，選択した仕事に結実しているというのがおそらく望ましいのだろう。子を扶養する義務を負う親は，ほぼ義務教育化した高等学校のみならず，入学定員数だけをみると半ば義務教育になりつつあるかのような大学まで含め，長年にわたる教育投資の成果を我が子の就職に実感するのかもしれない。

　しかし，間もなく大学を卒業して働き始める卒業見込み生に，これまでの学業の達成感を，これからの仕事に生かしていこうというような移行の連続性はあまり感じられない。学校の物語は終わり，場面は一転し仕事の世界に切り替わって，筋立てが全く違う別の物語の出番をやや興奮気味の新人が待っている。

　学校と職場とはそれぞれ別個の世界であるが，人の生涯発達が連続していることの意味合いを考えるなら，学校で学んだことが職場でどのように生きるかについて，もっと知る必要があるだろう。そのために，新規学卒一括採用者の目線で職場の人間行動を観察して正確に記述しなければならない。新人の視力は弱く視野も狭いが，それだけに精一杯目を大きく開いて見ようとするだろう。彼らはそこに何を見るのか。学校を卒業して働くまでに何を経験するのか。選んだ仕事や勤め先を辞めずにずっと働き続ける間にどんな仕事をすることになるのか。本書では，こうした疑問を糸口に採用をめぐる諸問題を人と組織の双方の観点から考えてみたい。

　第1章では，まず，日本企業の人と人との結びつきの特性に焦点を合わせ，新しい組織構成員が結合するとき，どのような人間性が重視されるかについて論議する。

　第2章は，新規大卒者を定期一括採用する大企業は，どのような基本方針に沿って新しい人的資源を採用管理しているかについて，人事担当者が証言した2つの事例にもとづいて考える。

はじめに

　第3章と第4章は，採用される新卒者の視点で求人企業による採用選考の実情を記述する。第3章では，在学中の大学生が認知した仕事の世界や働く自己像を紹介し，第4章では，採用内定された学生と，卒業後に勤務した企業を3年以内に辞めた早期離職者が，就職前後をとおして経験したことを要約する。

　第2章から第4章にかけて記した日本企業の選抜・採用に関する事実にもとづいて，主な論点と課題を整理するのが第5章である。

　第6章は，選抜・採用後の職場適応について，特に，新入社員研修と目標管理制度の運用をめぐる実態を論述する。

　第7章では，組織構成員が，長い時間をかけ仕事の経験と実績を積み上げながら勢力を獲得していく過程と，そのような仕事の有能性が影響力を行使し得る組織の秩序体系を考えてみる。

　最後に，第8章では，20～30歳代の若年正規雇用者から集めた資料を検討して，キャリア発達初期の職業生活意識を概観し，離職を誘発する仕事や職場の問題を特定する。そのうえで，組織構成員を定着させる条件について論議する。

目　　次

はじめに　i

第1章　日本人の結合体 …………………………………………1
1．有機的組織の集合的な個性 ………………………………1
2．定期の新陳代謝 ……………………………………………3
3．人間性の結びつき …………………………………………6
4．集団・組織の共依存関係 …………………………………8
5．集団・組織過程での表出技能・能力 ……………………13
6．可塑性の重視 ………………………………………………17
7．採用基準の相対性 …………………………………………20

第2章　新規大卒者の採用管理 ………………………………23
1．日本企業の2つの入口 ……………………………………23
2．大企業の採用計画 …………………………………………26
　(1) 新日本製鐵の事例　26
　(2) 日立製作所の事例　32
　(3) 人的資源の量の調整と組織内供給　38

第3章　仕事の世界の空虚感 …………………………………41
1．学校から会社への非連続性 ………………………………41
　(1) 移行の不安と迷い　41
　(2) 働く自己像を描けない正常性　53
　(3) 選抜・採用基準の陥穽　56
2．仕事の世界の心象 …………………………………………57
　(1) 採用と評価の現実　59
　(2) 女性の選抜と採用の現実　64

目　　次

　　（3）有能の多義性　68
　3．仕事の世界への移行問題 ……………………………………………69

第4章　採用された自己の理解 ……………………………………………77
　1．応募から入社まで ……………………………………………………78
　　（1）就職前の意見　78
　　（2）採用内定後の経験　81
　　（3）就職後の意見　84
　2．なぜ，採用内定されたのか？ ………………………………………85
　　（1）「あなたは何をしたいのですか」へのとまどい　86
　　（2）選抜・採用基準の噂　90
　　（3）楽しかった面接試験　92
　　（4）魅力のない説明会　94
　　（5）不合格と思ったのに合格だった面接試験　95
　　（6）合格と思ったのに不合格だった面接試験　97
　　（7）素直な学生の選抜・採用　99
　3．早期離職後のキャリアの再選択 ……………………………………102
　　（1）離職後にアメリカ合衆国へ留学　103
　　（2）離職後に大学再入学　107
　　（3）離職後に転職　110

第5章　選抜・採用の主題 …………………………………………………117
　1．大企業の選抜・採用の特性 …………………………………………117
　　（1）潜在能力と全人格の主観的評価　117
　　（2）集団単位の選抜・採用　118
　　（3）開発を前提にした量の補充　119
　　（4）独創型より標準型の重視　119
　　（5）異質な思考や価値観への無関心　120

2．面接重視の理由 ……………………………………………………121
　　(1) 仕事内容の未確認　121
　　(2) 仕事仲間としての相性　123
　　(3) 面接者の要件　124
　　(4) 採用面接の妥当性　128
　3．選抜・採用の課題 ……………………………………………………130
　　(1) 採用内定に関する説明　131
　　(2) 面接による評価の妥当性　132
　　(3) 選抜・採用基準の共有確認　132
　　(4) 知能の社会性と多様性の診断　133
　　(5) 異質な人材を戦力化する装置　134
　　(6) 経営者の現状認識　135
　4．キャリアの自己管理 ……………………………………………………135
　　(1) キャリア教育の時代背景　135
　　(2) 職業生涯を自己管理する時代　138
　　(3) 日本型の予期的社会化　141

第6章　職場の現実への適応 ………………………………………………147
　1．新入社員研修の実態 ……………………………………………………147
　　(1) 個の潜在性の確率　147
　　(2) 採用後の新人研修　149
　2．目標管理制度の虚実 ……………………………………………………154
　　(1) 目標管理制度の導入　155
　　(2) Ｌ社の目標管理制度　157
　　(3) 目標管理制度の運用　165
　　(4) 新人事評価制度の新しさ　169
　　(5) 評価のあいまいさ　170

目　次

第7章　組織社会化の進展 ……………………………………179
1．仕事経験の蓄積……………………………………………179
（1）管理職昇進と勢力の獲得　179
（2）財務部と営業部のキャリア形成　182
（3）損益感覚と信頼関係の体得　194
（4）共依存の習俗　196
2．組織の秩序…………………………………………………198
（1）人格の規格化可能性　198
（2）人徳の育成　202
（3）組織化と組織の閉鎖性　205
（4）秩序づけの日本型有能　209

第8章　定着の条件 ……………………………………………215
1．早期離職の要因……………………………………………215
（1）若年者の早期離職　216
（2）若年者の職業生活意識　217
2．定着への取り組み…………………………………………228
（1）樹研工業の事例　228
（2）貢献と報酬との公正な均衡　232

むすびに　241

引用文献

人名索引

事項索引

第1章
日本人の結合体

1. 有機的組織の集合的な個性

　一般に，生産や営利を目的に企業活動をする会社は，経営組織（business organization）である。経営組織は，財貨やサーヴィスを生産し，それらを供給して利潤を得るための事業を運営する。経営組織が企業活動を継続して行うのに必要な資源は，主に資金，物資，技術，情報，人であり，それらは組織外環境から調達され統制管理される。

　企業活動は，資金や物資，技術，情報を人が有効に活用する協働作業なので，活動資源のうち，人の価値は特に大きい。企業活動の全体をヨコに分業し，権限をタテに階層化した体系の各職位に配置された人たちが，組織目標の達成を目指し協働することによって維持される関係体が経営組織である。経営組織では，一人ひとりが担当する仕事は相互に関連しているので，仕事をする過程で，各人の思考や感情が交流するような人と人との公式・非公式の結合回路が複雑に結ばれる。人が行う企業活動は，分担して仕事をするそれぞれの人の思考や感情で成り立つともいえるから，経営組織の基本主題は，やはり人にまつわる問題といえよう。

　そのため，組織を維持し発展させるための資源として，組織は，有能な人を募集・選抜・採用する。その際，有能な人の概念は，それぞれの組織に固有であり一義的には定まらない。組織が募集する有能な人の要件は，組織に

よって，また，組織を構成する集団によっても多種多様であるが，多くの組織が重視する当該要件の共通要素を集めて整理すると，それは全人格に関する抽象表現になってしまう。

　日本の経営組織が求める有能な人の要件に関する抽象表現は，実務現場での職務遂行にかかわる具体的な知識や技能等の習得に関する要件より，どちらかといえば基礎的な知能への言及であることが多い。実務現場の職務遂行に必要な知識や技能等を，上司や先輩との対人関係をとおして習得できるだけの知能を，日本企業は構成員となる人に要求するようである。

　知能について，心理学では，生物学や生理学などの成果を援用しながら，環境への適応を基準に考える（Piaget, 1952）。日本企業が求める有能な人の基本要件は，働く場として認知される組織の秩序体系内で，協働集団の構成員として高い水準の職務遂行を予測させるような適応力と思われる。

　ここで，組織の秩序体系をそれ自体が安定した形態を維持しようと作用する有機体と仮定し，求める人材の有能性は，有機体を構成する協働集団の連鎖のどこに配属されても高い水準の職務遂行を予測させるような潜在性を意味すると考えてみよう。そうすると，例えば，受精後の細胞分裂が進行する過程で，生物個体の各身体機能を担う細胞が，しだいに特定の配置箇所に移動していくように，新しい構成員の配属先は，有機的組織が増員された構成員を受け入れた後，必要な部署に随時割り振る過程で，偶然に決定されるように思える。新人の潜在性は未知だから，仮に，当面どこかに配属して様子を見るような試用期間を設けるなら，ひとまず配属先はどこでもいいといえるかもしれない。

　そのため，有機的組織は，人的資源を選抜・採用する際，採用候補者の潜在能力が全般に均質であることを重視するだろう。人的資源の潜在能力が均質であるほうが，仕事や職場の特性を気にせず容易に配属できるからである。また，構成員自身も能力特性の偏りがあまりないほうが，配属先に同化しやすいと思われる。

　つまり，日本企業が募集・選抜・採用する有能な人は，採用後，どこに配

属されても，配属先の協働集団の仕事環境に順応して，高い水準の職務遂行を示し，自身の職務遂行を自ら統制し，仕事や働くことに独自の価値を与えるような安定した情動を感じさせる人材であることが期待されると思われる。

このような企業活動に表れるそこで働く人の人間性は，組織文化（organizational culture）や経営風土（business climate）として，まとまった集合的な個性を感じさせるだろう。経営組織の規模や構造，保有する技術，財務基盤などの個別特性は，組織構成員に特定の働き方や考え方や感じ方を共有させるように思える。企業意識（management identification）のように，多くの組織構成員に共通する意識形態や行動様式は，組織に固有な規範や価値を反映し，しばしば社風や会社の体質などと表現される。

経営組織が長年にわたり企業活動を安定して継続するには，組織構成員が共有する規範や価値を，新しい構成員にも受け容れてもらう必要がある。そのため，仮に，組織を改革するような事態でも，まず，従来の文化や風土の性格を理解したうえでの作業になるだろう。組織文化や経営風土は，構成員に内化され各自の行動を根底で規定していると思われるので，組織構成員が協働して企業活動を行うには，所属する組織の文化や風土を理解し受容しようとする態度を共有することが前提になる。

2．定期の新陳代謝

人の調達について，日本企業は，独特な慣行に従っている。つまり，日本では，新旧の年度替りに，3月に学校を卒業する青年が新たな人的資源として企業に採用され，翌4月に入社するという新規学卒者一括採用が広く行われている。3月の卒業式と4月の入社式とは僅かな期間を経て連続しているが，学生の卒業後の進路は，実際には前年の10月に採用の内定という措置ですでに決まっている。

4月の一括採用という慣行に対して，通年採用の実施状況を，2007（平成

表1-1　通年採用の実施状況別企業割合 (厚生労働省大臣官房統計情報部, 2008)
(%)

学歴	全体	実施している	実施していない	採用予定がない
中学・高等学校	100.0	24.4	50.1	25.5
専修学校（専門課程）	100.0	24.5	51.7	23.8
高専・短大	100.0	24.4	52.2	23.4
大学・大学院	100.0	25.1	53.4	21.5

19）年9月1日現在で学歴別にみると，いずれの学歴についても通年採用を実施していない企業が半数以上を占めている（表1-1）。業種や規模を問わず全体の約25％の企業が「通年採用を実施している」と回答しているが，採用人数が不明なので，4月以外に入社している人の実態は明らかでない。このように，多くの日本企業は，毎年，年度初めに新しい人を調達するという定期採用を行っている。

　一方，2008（平成20）年9月1日現在，定年制がある事業所は，全体の73.5％を占め，そのうち一律に定めている事業所は67.1％，職種別に定めている事業所は4.1％である（厚生労働省大臣官房統計情報部，2009)[1]。一律定年制を設けている事業所のうち，最も多い定年年齢は60歳（82.0％）で，定年年齢が65歳以上の事業所も14.8％を占め，その割合は事業所規模が小さくなるほど多くなっている。同調査の前回の結果をみても，60歳を一律定年年齢とする事業所は88.3％を占めていたが，65歳以上を一律定年年齢とする事業所は8.3％に留まっていた（厚生労働省大臣官房統計情報部，2005）。前回調査と今回調査の結果を比較すると，一律定年年齢は，着実に60歳から65歳に延長されているようである。このように，日本企業の多くは，毎年，年度末に一定の年齢に達した人を退職させるという定年制をしいている。

　新規学卒者一括採用は，一律定年退職制と対を成して，組織構成員の新陳代謝として機能する。このように，日本企業は人的資源を定期的に入れ替えることを定式化している。日本の経営組織は，年齢を基準に，人を送り出し，迎え入れる仕組みになっているから，誰でも特定の年齢になると，ほぼ自動

的に仕事の世界に入るし，仕事の世界から出ることになる。具体的には，中学校を卒業する15歳，高等学校を卒業する18歳，大学を卒業する22歳が，新規学卒者として採用候補になる標準年齢であり，定年年齢については，各経営組織の事情に応じて，概ね60歳以上の特定年齢が設定されることが多い。

近年，学卒後も就業しない青年が増えて社会問題になったり[2]，公的年金の支給開始年齢の引き上げに伴って定年年齢を65歳以上とするように行政が指導したり[3]，人的資源をめぐる組織内外の労働市場は変化しているようにみえるが，新規学卒者一括採用と一律定年退職制とが実施されているうちは，人の年齢を基準に，人的資源を定期的に入れ替える日本の経営組織の基本的な管理の仕組みは，従来どおり変わらないだろう。

毎年，春の卒業式と入社式は，年中行事のように執り行われ，桜が咲く頃になると，特定の年齢集団の青年たちは，皆一斉に就業し始める。採用にかかわるこのような慣行下では，入社する人と退社する人の数を管理統制しやすいから，短期的な視点に加え中・長期的な視点から充員計画を立案できるだろう。人が学校組織から経営組織へ移動するのは，3月から4月の間にほぼ限られるので，人的資源を充足したい経営組織は，その時期に向けて計画的に準備できる。学生も求人企業の募集・選抜・採用活動に応じながら，卒業までの在学期間という限定された時間を意識して行動できる。

また，大半の日本企業が一括して採用試験を行うため，新卒の採用候補者を囲い込みやすく，欠員が生ずるたびに実施する不定期採用が，採否について絶対評価を求められるのに対して，定期採用は相対評価が可能なので，予め枠を設けて採用者数を確保しやすい。

こうして，日本企業は，人の採用を専ら新規学卒者に限定し，新卒とみなし得る短い間に人的資源の調達を済ませてしまう。新規学卒者一括採用は毎年のように実施され，学校の新入学生と同様に，同じ年に採用された同期入社の新入社員は，入社後，同期であるというだけで集団を形成したり，採用年度が異なる他の集団との違いを感じたりするようである。

ともあれ，日本の経営組織については，事務や会計決算などの便宜を図っ

て区分された年度という1年間の単位期間で循環運営される企業活動の体系に，入社や退社の適齢期に当たる人が，時機を逃さないように入ったり出たりする動きを，毎年定期的に観察することができる。

3. 人間性の結びつき

　人的資源を調達しようとする経営組織は，人を採用する際，選考試験を行う。採用試験は，受験者の特性を測定し評価して，組織にとって望ましい人を選抜するために実施される。

　日本企業は，知識検査，心理検査，面接試験，身体検査などの方法で採用試験を行っている。知識検査には，一般教養常識試験，専門学力試験，語学試験，作文などがあり，受験者が学校教育で習得した知識や学力を測ろうとする。また，心理検査には，性格検査，知能検査，興味検査，適性検査などがあり，性格検査や知能検査の結果を中心に，採用後の受験者の学習能力や知的適応力の可能性をとらえようとする。

　しかし，受験者の採否を決定する最も重要な資料は，面接試験の結果である（大沢，1973）。面接では，受験者の「性格・人物」「意欲・熱意」など，パーソナリティの情意や態度の側面への関心が高いようである。面接試験は，個別面接や集団面接を併用して行われ，人事担当者をはじめ，入社後あまり年数が経っていない一般職者から上級管理職者まで，複数の面接者が，受験者と直接にことばを交わす経験をとおして，各人が主観的に受験者の人物評価をするという試験である。

　欧米企業と違い日本企業は，構成員が担当する職務の範囲や職責が明確に限定されていない組織であり，新規学卒採用後から定年退職するまでの継続雇用という長期の雇用関係を仮定した組織である。したがって，構成員どうしが協働するには，仕事についての考えや気持ちなどを充分に理解し合うまで，ときには担当職務による繋がりという仕事の役割を超えて，公私の関係を互いに熟成させることも求められる。

3. 人間性の結びつき

　日本企業については，人と組織との結びつき，つまり，ある構成員とその他の構成員との結びつきが，互いの人間性に抱く信頼を基礎に体系化されているのかもしれない。そのため，企業活動を協働することになる新しい構成員にも，信頼できる全人格の優秀性が求められる。そのような性格の組織が人を採用するために行う試験は，職務要件や職務遂行の適性や能力などを厳正に客観視することは必ずしも重要ではなく，むしろ対人認知の主観的な報告にもとづく総合評定を主体とした非合理性が，特定の有意味な合理性を捕捉しているように思われる。人が人を直に評価する面接試験の結果が重要視されるのは，それが日本企業の採用試験として合理的な方法であるからなのだろう。

　面接試験は，他の検査と違い受験者の人間性を直接に総合評価できる。面接試験の評価に混入する面接者の主観性には，面接者の個人的な経験に裏づけられた人を評価することの妥当性に関する未だ解明されていない有意義な情報が含まれているかもしれない。

　新卒者の採用選考の時点では，担当職務や配属先などが決まっていないこともあるため，受験者の評価は，自社のどのような職務でも担当できそうな潜在的な可能性と，いっしょに働いても差し障りはないだろうという見込みを，受験者の全人格から感得できるかによるといえよう。ただし，面接試験が主観的で一過性であっても，採否を決めるための評価基準は不可欠である。面接の手順は，自社にとって望ましい人物像をいくつかの特性項目に区分し，前もって設定した各項目の基準に，受験者との質疑応答の内容を照合して，評価の基準を満たしているかを判定するのが一般的である。

　受験者が新規学卒者の場合，面接者の主観による人物評価は，自社に向いているか，向いていないかの総合判定になるだろう。受験者の自社への向き不向きは，特定の職務や職場などを想定した判定というより，組織文化や経営風土に適応できる見込みを重視した結果と思われる。大方の組織構成員が共有する規範や価値と明らかに相容れない思考や行動の人は，採用しても協働し辛いことが予想されるので，自社には向かないと判定されるだろう。

一方，自社の組織文化や経営風土に向いていると判定された人は，組織構成員に共有された規範や価値を受け容れそうなので，あまり支障なく意思疎通できそうな予感がするだろう。それに，規範や価値を共有すると，互いに承認し評価することが多くなり，親密な関係を築きやすい。

4．集団・組織の共依存関係

人びとは，働きながら互いに影響し関係し合っている。通常，働くことで相互に影響し合う人間関係は，組織化されている。シャイン（Schein, 1980）は，社会学や政治科学でよく用いられる①調整，②共通目標，③分業，④統合の概念を手がかりに，「組織とは，何らかの共通の明確な目的または目標を，労働・職能の分化をつうじて，また権限と責任の階層をつうじて達成するために人びとの活動を計画的に調整することである」ととりあえず定義した。この定義についてシャイン自身が明記しているように，調整の対象は「人」ではなく「活動」である。シャインは，システムの見方や発達の見方を取り入れると，この定義が意味するような公式組織の調整の型だけでは組織の人間行動を完全に説明できないと主張し，組織の再定義化に取り組んでいる。

つまり，シャイン（Schein, 1980）は，組織化された人間行動は，調整された要求されている活動と調整範囲外の要求されていない活動との複雑な相互作用であり，しかも，この相互作用は，組織構成員と組織と組織環境それぞれの変化に対応して変わると指摘した。こうしてシャインが組織心理学の観点を提唱し，組織の諸問題を人間行動の問題として考えるように示唆したので，広義の組織論とキャリアの生涯発達論とを結びつけて論議できるようになった。多くの人のキャリアは，生涯にわたって組織のなかで発達する。

組織心理学を含めた社会心理学では，組織のなかで生涯発達する個人のキャリアと，その人のパーソナリティおよびその人をとりまく環境との間を関数関係とみなす。この基本式は，パーソナリティが自己成長の領域に，環

境が職場生活と家庭生活の領域に関連する。

　そして，共通の目標や関心を持つ複数の人が，地位や役割を分化させて，一定の規範や行為準則に従いながら，同じ目標を達成しようと行動する集団や組織には，シャイン（Schein, 1980）も認めているように，公式の調整の範囲外である非合理なわれわれ感情（we-feelings）が生ずる。このわれわれ感情は，集団や組織の構成員に共有されている連帯感で，集団や組織を維持し発展させるための原動力であるが，個人を所属する集団・組織に引き留めようと作用する集団・組織全体の力にもなる。つまり，集団や組織は，環境として独自の影響力を持ち，個人の態度や行動すなわちキャリアを規定する。

　人の生涯キャリア発達を理解するには，この社会環境の影響を明らかにしなければならない。日本人の組織と外国人の組織とでは調整の型が異なるように，組織は固有の文化特性を持つ。したがって，人が所属組織の文化に順応していく過程は，組織社会化の一面である。

　ところで，日本文化の特性については，すでにたくさんの見解が披露されている。例えば，モンスーン型，砂漠型，牧場型の3つの風土を設定して，モンスーン型の風土にあたる日本での農作業は，牧場型のヨーロッパに比べて，厳しい暑熱の下で繰り返される雑草の駆除に象徴される苦しい自然との戦いが特色で，このような日本の農作業の性格が，働きづめに働くことを尊重する日本人の勤労観を生んだと説明する和辻（1935）の風土論をふまえて，文化人類学の観点から，祖父江（1971）は，農作業について水田灌漑農耕と畑作農耕との違いに注目し，畑作農耕は一人ひとりの自由度がかなり大きいのに対して，水田灌漑農耕では，部落全体が昔から共有してきた灌漑組織のなかで個人は耕作するので，水に関して部落集団全体が団結しているため，個人への集団圧力は強く，個人は部落集団にすっかり埋没してしまうと論述した。つまり，水田灌漑農耕は一人ひとりの自由度が小さいのである。

　和辻（1935）や祖父江（1971, 1976）は，日本の土地の気候や資源などの自然条件が，人びとの生産様式や生活様式に影響しながら，日本人の国民性

や県民性の地域差，換言すれば日本人のパーソナリティ特性を形成すると考えた。物理環境である日本の自然条件が，生産様式つまり働き方をとおして，生活様式つまり暮らし方を規定し，その結果，特定の働き方や暮らし方をする日本人のパーソナリティ特性がかたちづくられるという因果関係の説明にしたがうと，日本の自然条件が変わらないかぎり日本人の働き方や暮らし方やパーソナリティ特性は基本的に変わらないことになる。

　生産様式については，近代化をつうじて農林水産業など第一次産業が縮小し，日本の産業構造は変わった。それにつれて人びとの生活様式も変わったといわれる。しかし，外敵と戦うように働きづめに働くことを尊重する勤労観や，共有する生産組織内の個人への集団圧力などは，今日の日本人の集団や組織にもみられるし，おそらく集団・組織構成員のわれわれ感情の根底にもあるだろう。日本史のうえで長い期間を占める封建制度下の農作業の風土に適応した生産様式や生活様式は，職場や家族の集団・組織でこれまで世代間継承されてきた「調整の型」だから，調整の成果よりも，熟成した調整の型そのものを絶やさず維持することがいつのまにか目的化してしまって，今でも人びとの意識のどこかに根強く残っているかもしれない。

　このような日本文化の特性は，集団や組織のなかでの日本人相互の影響関係から自然発生して，個人のキャリアを画一化し斉一化させる傾向があるだろう。水田灌漑農耕様式の自由度が小さい調整の型は，どのように個人のキャリア発達に作用するのか興味深い。問題は，職場や家族の構成員として期待される調整された態度や行動が，個人の自己成長におよぼす影響である。例えば，「日本人は，自身のキャリアを自分自身で選択しているという自覚があるか？」という疑問は，祖父江（1971）が指摘したように，日本人の団結した集団や組織が発する強い圧力が，個人をわれわれ感情のなかに埋没させ，所属する集団や組織に拘束している状況が，現在の職場にもあてはまるのではないかという見方から思いついた。

　一般に，職場の集団過程で，集団構成員は相互に依存している。集団過程には，運命の相互依存性と課題の相互依存性の側面がある。運命の相互依存

性は，集団の各構成員が，自分たちの運命はみんな所属している集団の運命に依存しているという感覚である。また，課題の相互依存性は，各集団構成員の個別の課題達成が，他の構成員の課題達成と密接に関連するという課題そのものの性質である。

このように集団構成員は，自身の運命と課題を職場の仕事仲間に依存して働くが，日本人の場合，集団過程における相互依存性への同調をうながす集団圧力がきわめて強いと思う。集団内の相互依存性を高め，斉一な集団行動を期待して集団凝集性を維持しながら，個人のキャリアをまるごと集団課題の達成に向けて結集しようとする社会環境は，どのような関係性で成り立っているのだろうか。

近年，日本でも対人関係性の社会病理として，共依存（co-dependency）への関心が高まっているが，この概念は，社会病理現象だけでなく日本人の人間関係について広く適用できるのではなかろうか。

共依存について説明するには，まずアダルト・チルドレン[4]にふれなければならない。

アダルト・チルドレンは，「周囲が期待しているように振る舞おうとする」「ノーがいえない」「しがみつきと愛情とを混同する」「楽しめない」「ふりをする」「自己処罰に嗜癖している」などの特徴を持つと，斎藤（1996）は記している。このようなアダルト・チルドレンの特徴は，低い自己評価や自尊心の欠如がもたらすという。

アダルト・チルドレンすなわち自己評価の低い自尊心がない人は，他者から信頼され必要とされているという感覚を希求する。つまり，他者から必要とされていると感じていたい自己評価の低い自尊心がない人は，他者が自分にすっかり頼りきってしまうまでその人を支援して，他者の信頼によって自分自身への否定的な感情を打ち消そうとする。自己を否定的に感じなくてすむように，他者に自分を頼らせることで自己評価を高め自尊心を持とうとするが，実際は，頼らせるように働きかけて他者を統制し支配しているような関係性が共依存である。頼る人も頼られる人がいなくては自己を肯定できな

い。

　斎藤（1996）は，親密性（intimacy）と対比させて共依存の特徴を次のようにまとめている。①共依存者は，他者からの批判を恐れて，自身の判断を否認したり隠そうとしがちである。②共依存者は，他者からの批判を恐れて，他者との関係から離れられない。③共依存者は，自分が世話している他者は，自分の仕事や役割に感謝し，問題があってもがまんして自分の支配下にいなければならないと考える。④共依存者は，感情について自他の区別があいまいである。

　このように共依存者は，自己否定から自己評価や自己同一性を他者に委ねる。共依存者は，相互に依存し合うことでしか自己を確信できない。一方，親密性は自己肯定の感覚から生ずる。親密な関係性は，共依存関係にみられるような不安感や支配欲とは無縁である。

　日本人の集団・組織過程での相互依存性への同調圧力には，共依存の強要性向があるのではないかと思う。緒方（1996）は，共依存は社会文化に影響されやすいので，長期安定雇用を仮定した，終身雇用や年功序列が特色とされる日本型雇用の組織では，上司と部下とは共依存関係にあり，組織構成員全体も所属する会社と共依存していると指摘した。日本型雇用では組織の人間関係が比較的に長く維持されるので，構成員相互の依存関係はしだいに強くなる傾向がある。

　そうした強い相互依存関係で結ばれた構成員が活動している日本人の集団・組織は，集団・組織間も相互に強く依存し合う関係を形成するのは必然である。例えば，奥村（1992）の法人資本主義の考え方が示すように，日本のほとんどの大企業は，資本家である個人ではなくて法人である会社が大株主になって，法人大株主が株式を相互に持ち合うことで企業集団をつくり，外からの会社乗っ取りを防いでいる。この実態は，組織間の相互依存関係を表している。

　重要な点は，奥村（1992）も指摘しているように，企業集団にみられるような集団・組織間の相互依存関係と，集団・組織構成員間の相互依存関係と

の違いである。前者は制度のうえでの関係性であるのに対して，後者は人間相互の関係性である。さらに，日本企業には，集団・組織過程において，構成員間の相互依存関係への同調だけでなく，会社がまるで実体として実在するかのように構成員に認知させて，その実体化された会社との相互依存関係への同調を求めるような組織社会化を，教育訓練や研修と称して行っている側面があるように思える。

組織を実体として認識する考えは，組織を機能とみなし調整の型と当面の定義をしたシャイン（Schein, 1980）の考えと異なる。組織を実体と認識しているかのような日本企業での組織社会化の本質は，所属する会社との運命の相互依存性を社員に学習させ，仕事だけでなく生活全般にかかわる多種多様な支援条件を会社が社員に提示して，社員が会社に完全に頼りきり，会社がなくては自分自身を肯定できないと思わせるほど同調させてしまう組織文化をつくりだし，会社は自由度が小さくて逸脱や異文化に対して不寛容であり，つまるところ，会社が社員を統制し支配できるような会社と社員とのあいまいな共依存関係の形成過程といえるかもしれない。このような組織社会化の過程で，個人が自身と組織とのあいまいな（共）依存関係に気づくなら，それは生涯キャリア発達の創造について考えるきっかけになるだろう。

5. 集団・組織過程での表出技能・能力

個人の組織社会化は，組織による新しい構成員の募集に応募して，選抜・採用されることから始まる。この募集・選抜・採用の活動は，組織が個人を選択し，個人が組織を選択する行為である。行為には目標と動機が伴う。組織が行う人的資源の募集・選抜・採用行為について，組織の論理は，総合的な環境評価にもとづく人的資源計画の実施であるのに対して，個人の論理は，自己への評価と活用できる機会の評価にもとづく職業選択とキャリア計画の実行である（Schein, 1978）。しかし，このような論理は，日本企業による募集・選抜・採用には必ずしもあてはまらない。

第1章　日本人の結合体

　日本企業が，総合的な環境評価にもとづいて人的資源を募集・選抜・採用するとき，仮に，将来は組織環境が変化すると見通した場合，それによって求める人的資源の量は変動しても質は基本的に変わらないだろう。日本企業は，自社内で人材を育てるという考えで募集・選抜・採用しているため，職務遂行に必要な個別能力よりも，全人格が抽象的に優秀で，しかも組織内の集団活動を支障なくこなせる適応力を備えた人を常に求めている。

　それは，日本企業の職務の範囲や職責が不明瞭で，それぞれが個別に限定されていないため，特定の職務に応じて個人の能力の一部だけを適用できない事情による。そのため，小池（1991）が主張するように，日本企業では，易しい仕事から難しい仕事へと，長い時間をかけて実務経験を積みながら技能を形成し仕事能力を開発していく。したがって，日本企業の募集・選抜・採用は，組織環境の評価にかかわらず，全人格が抽象的に優秀で集団活動への適応力がありそうな人の選択をいつも目標にしている。

　一方，求人募集に応募する人は，大多数が新規学卒者である。学校を卒業して仕事の世界に入るまで，働くことについて考えてみる機会に乏しい日本の学生は，働く行為を自己に内化し同一化できていない。317人の大卒者のパネル・データを使って，15歳から26歳までの適職感（feeling of vocational suitability）の変化について検討した武田（1993）は，15歳から18歳までは，一貫して専門職，つまり，技術者や教師や弁護士や医師や新聞記者などに「むいている」と思っている学生が大半なのに，彼らが大学を卒業して働き始めた途端に，そのとき就業している職業が自分には「むいている」と感じるようになると報告した。このように，就職を契機に適職感は容易に変化する。この事実は，学生の仕事への同一視が弱いことを示していると考えられる。学生は，好みの業種とほどほどの雇用条件で働ける機会の選択を目標にしている。

　また，学生にとって，全人格が抽象的に優秀で集団活動への適応力がありそうな人を探している日本企業は，働くことの個人目標や働いている自分自身の姿を具体的に想像しにくい社会環境に映るだろう。会社の事業内容や雇

5. 集団・組織過程での表出技能・能力

用条件や施設設備などばかりでなく，入社後の働くことの内容に関する詳細で具体的な情報が提供されないと，学生は仕事そのものに動機づけられない。働き始めるきっかけは，賃金や昇進などの外的報酬を得るためであったとしても，働き続けることへの動機づけには，仕事のやりがいや満足感などの内的報酬が不可欠である。日本企業の募集・選抜・採用は，働くことを自己同一化していない学卒者に，内的報酬を仕事に期待させるような魅力づくりがあまり工夫されていないと思う。

しかし，全人格が抽象的に優秀で，集団活動への適応力がありそうな人の選択を目標にしている日本企業と，好みの業種とほどほどの雇用条件で働ける機会の選択を目標にしている日本人学生とは，それぞれの選択基準があいまいなので上手く適合する。あいまいな求人求職の適合は，働くことの内実にかかわる確信や自信のなさを互いに隠蔽して，求人求職の両者が，それぞれの期待どおりに振る舞うことを相互に確認し合い，互いの必要性から合意する共依存関係の成立のようにも思える。このような組織の選択と個人の選択は，主に面接を重視した採用試験によって決まる。

若林・南・佐野（1980）は，東京都内のある百貨店に入社した85人の大卒男性を，入社直後から3年にわたって観察した結果のパネル・データにもとづいて，潜在能力の高い新入社員が，最初の1年間に，直属上司との間に高い水準で役割期待の交換や役割自由度を経験した場合，その新入社員のキャリアは良好に発達すると報告した。

この観察が行われた百貨店の採用試験は，文章完成法検査と小論文と英語が1次試験，重役面接が2次試験だった。新入社員のキャリアの発達要因と報告された潜在能力は，これら4つの尺度の得点を標準化して平均した結果が潜在能力尺度の得点と操作化された。潜在能力尺度の得点と，4つの尺度それぞれの得点との相関係数は，重役面接が.81で最も高く，次いで小論文が.77，英語が.74，文章完成法検査つまり精神的分化度が.56だった。どの数値も有意水準を満たしているが，組織に評価された個人の潜在能力は，特に重役面接の結果が代表するといえよう[5]。

第1章　日本人の結合体

　新人の高い潜在能力は，上司との望ましい交換関係を経験しなければ発揮されないが，それは募集・選抜・採用後の問題である。先行する問題は，募集・選抜・採用する時点で，上司との望ましい交換関係を形成できるだろうと期待させる潜在性の発見である。つまり，「評価された潜在能力の優秀性は，どのような要素からなるのか？」「評価された潜在能力の優秀性に，入社後1年目の直属上司との良好な交換関係を予期させる要素は含まれているか？」「評価された潜在能力の優秀性について，入社後1年目の直属上司との良好な交換関係を予期させる要素は何か？」などの問題である。

　潜在能力の測定診断法は，面接や小論文などである。特に面接試験は，受験者についての面接者の対人認知，つまり，魅力の印象形成による。面接試験をとおして，受験者の対人魅力の印象は，面接者のパーソナリティに規定された面接者自身が求める対人魅力の型が基準になって形成される。面接者は，自身の長年の経験や知識に裏づけられた魅力ある人材像に，相対する受験者が該当するかについて吟味する。面接者が思い浮かべる魅力ある人材像は，面接者自身が同じような人材を要求する組織風土に定着して，そこで実際にそうした人材として行動するうちに身につけてきた経験や知識から生まれたと思われる。

　そのような魅力ある人材像の潜在能力の構造を測定診断項目に細分すると，例えば，関本・佐野・槇田（1977）がまとめた35の管理能力アセスメント次元になるだろう。この管理能力の潜在性についての考え方は，アメリカ電話電信会社（AT&T）のアセスメント・センター方式を参考にしている。

　しかし，日本企業については，そうした潜在能力の構造分析だけでなく，個人が自身の潜在能力を集団活動をとおして，あるいは職場での対人関係をとおして適切に表出する技能・能力についての理解が肝要だと思われる。なぜなら，個人を単位にした活動ではなく，集団を単位に活動する日本企業の組織過程では，集団における対人関係技能・能力が，その他の潜在能力を発揮するための基礎だからである。それはちょうど，コンピュータで応用ソフトウェアを作動させるための基本ソフトウェアの機能にあたる。どんなに優

れた全人格の抽象的な優秀性も，集団における対人関係の技能・能力が劣っていると，期待したような行動として顕在化しないだろう。若林・南・佐野（1980）の報告でも，新入社員の職場生活の領域における円滑なキャリア発達は，本人の潜在能力の高さと，入社後1年目の本人と直属上司との交換関係の高い水準とが，どちらも必要な条件であることを強調している。しかも，入社後1年目の実情についての個人差は，その後は拡大していく傾向も確かめられているので，募集・選抜・採用時点で，応募者について集団内の対人関係技能・能力を正確に測定診断することは重要である。

6. 可塑性の重視

　日本企業による新規学卒者一括採用は，職種別の採用ではない。採用された新卒者は，新入社員研修や最初の配属先での職場内訓練（on the job training：OJT）などの基礎教育の期間をとおして，採用選考の過程で収集したいくつかの検査や評価の結果にもとづいて予測された適性の妥当性を点検される。日本企業の多くは，特定の職務内容に限った適性を想定せずに，受験者の人柄や仕事への熱意などから，仕事や働くことについてどのような意識を持っているのかを見極めるような採用試験を行った後，入社後に新人が思ったとおりの働きをしているかを事後確認している。

　正規雇用されて働いた経験がない新卒者の採用は，採用後の教育訓練によって仕事を覚えるだけの知能と，仕事を覚えようとする態度とが認められ，仕事を教え込む過程で，教育指導者との間に支障なく意思疎通が成り立つような人柄の好ましさが，面接試験の限られた時間内の質疑応答のなかで感得できるかが本質的に重要な評価事項である。新人の教育は職場内訓練が主体となるので，新人にとって上司や先輩は，仕事の知識や技能などを教えてくれる教育指導者である。

　教育期間中に新人が学習するのは，仕事をするということに求められる考え方，感じ方，動き方など，仕事をすることにかかわる思考や情動や行動な

どの基本型である。これらの思考や情動や行動などの基本型は，同じ集団や組織に所属する先輩たちが，互いに共有し体現している職場の常識であり，新人は，まず，実際に通常業務の典型的な文脈や状況に即して，自らが職場の常識を一通り体現して，周囲の反応を直に経験するという方式を繰り返しながら仕事の基本型をしだいに獲得していく。したがって，実地指導する上司や先輩と円滑に意思疎通ができることは，職場の常識を身につけるために求められる基本要件であり，そのうえ，「仕事の呑み込みが早い」「仕事をよく覚える」などの学習の速度や，「最後まで丁寧にやろうとする」「真面目に取り組んでいる」などの勤勉さにかかわる評価を得られることが，採用選考結果が妥当であることを証明している。

　こうして，新人は現場での実地訓練をとおして，先輩が自ら経験してきた仕事の経験知を学ぶことから職場生活を開始する。新人が先輩の教育指導下で模倣しようとするのは，職場集団や経営組織のなかで，人が協働するために長年の企業活動から培われてきた仕事をすることの思考や情動や行動の基本型である。企業活動に従事するときの仕事の手順，選択，判断，見通し，意思決定などの基本となる型は，集団や組織の構成員がその有効性を認めた現実的な合理性に裏付けられている。職場集団や経営組織の協働関係は，これらの基本型を共有することで人と人とが結合しているので，新しく組織に参入した人は，まず，これらを身につけることを求められる。

　仕事の基本型は，職場集団や経営組織の実情によってそれぞれ内容や性格が異なるため，実際にそこで経験するまではわかりにくい。しかし，正規雇用者として働いた原体験を持たない大方の新規学卒者を対象にする場合，採用後に新人が担当することになる仕事も配属される職場も，採用選考のときにはまだ不確かであることは，働くことをめぐる求人求職間の見事に合理的なあいまいさの交換を可能にする。

　働くことの基本型を学んで組織の構成員になるため，新人は，教育指導者である上司や先輩との間に良好な関係を築かねばならない。上司や先輩から有益な情報を非公式に入手しようと，新人は上司や先輩に気に入られるよう

に振る舞うかもしれない。働くことの基本型は明文化されていないので，職場の誰かに尋ねて教えてもらうしかない。そのため，職場集団や経営組織では，先輩は後輩に対して一定の勢力（power）を持ち得る。新人は，新しい同僚として好ましい人間性の人物であることが要求される。ただし，そうした人間性の好ましさは，同じ経営組織内でも各職場集団によって微妙な差異があるだろうし，新人を迎え入れる先輩の個人的な好みも反映されているだろう。

日本企業の採用にかかわるこのような特性を仮定すると，新卒者にとって重要なことは，何より思考や行動の柔軟性であろう。どのような職務や職場に配属されても，そこで他の構成員と協働できる思考や行動の柔軟性が新人には求められるといえよう。例えば，トヨタ自動車は，2009（平成21）年春に採用した事務系・技術系の大卒新入社員約900人を同年10月1日から3ヵ月間，愛知県豊田市の堤工場などで，車両組み立ての製造工程に配属すると報道された（日本経済新聞，2009）。同社の新人は，2009（平成21）年9月まで工場や販売店で研修していたが，期間従業員の採用を増やす代わりに，同年10月から工場に応援要員として派遣された[6]。一時的な措置とはいえ，所定の研修を終えた大卒新入社員が，工場で車を組み立てる仕事に従事することもあり得るのである。

人的資源を管理統制する組織の観点からみると，新しい構成員の思考や行動の柔軟さは，現行の体系に組み込むための高い可塑性（plasticity）と映るかもしれない。組織の既存の体系，つまり，構成員が形成した働くことの基本型にもとづいて結びついている人の結合体に，難なくかたどられる思考や行動の柔らかさは，日本企業が新人に求める重要な特性と思われる。日常の業務を遂行するために欠かせない情報を先輩はたくさん持っていることや，一人ひとりの仕事の範囲や責任が不明確な集団で協働することから，所属集団・組織の勤続期間が相対的に短い後輩は，働くことの基本型を可塑的に獲得するため，先輩に対して従順にならざるを得ないという社会的影響の優劣による上下関係を，日本企業は基本的に備えているといえよう。

7. 採用基準の相対性

　所定の採用人数枠を満たすために，新規学卒者を募集することから経営組織の採用活動は始まる。日本企業は，会社の規模や事業内容，雇用条件など，企業活動に関する基本的な情報を発信して応募者を集め，応募者を母集団として，そのなかから有能な人を効率よく選抜するように採用試験を行う。採用試験に合格した学生の一部は，4月の正式採用までの在学期間中は採用内定者として，入社前研修などの準備教育を受け，仕事の世界への移行に備えることもある。

　採用内定者は，仕事の適性を評価され，応募者の母集団から選抜された人である。採用選考の初期は，たくさんの応募者から採用候補を特定するため，一般教養常識試験，専門学力試験，知能検査などの基礎能力が，一定水準を満たしているかによって応募者を絞り込むようである。

　その後，最終的に採否を決める面接試験は，上級管理職者を含め職位の高低に幅を持たせて面接者を選定したり，総務や人事のようなスタッフ部門の担当者ばかりでなく，ライン部門の責任者も面接者に加えたりして，組織内のいろいろな位置で働いている複数の人たちの主観的な人物評価を総合することによって，面接者の個別主観性を生かすとともに，評価の客観性を損なわないように行われている。

　面接試験は，複数の面接者の人物評価を総合した採用決定なので，ある共通の基準に照らして受験者が有能であることは保証されるだろう。しかし，面接者それぞれの評価結果をどのように総合して処理するかによって，採否は左右されるかもしれない。例えば，強い発言力の上級管理職者の主張が影響したり，面接者の主観的な評価基準が無意識に似通っていることから，同じようなパーソナリティの人ばかりが採用されることもあるだろう。また，事業展開の好不調が採用管理に反映されることもあるかもしれない。

　つまるところ，人が人を評価することにつきまとう主観性の問題は，評価

7. 採用基準の相対性

の基準が相対的であることによるといえよう。採用試験の有効性は，この評価基準の相対性にかかっていると思われる。面接者が組織内外の環境をどのように認識しているか，組織にはどのような人が必要なのかなど，求める人の要件は採用選考の基準になり，しかもその基準は，常に変わるということである。

注
1）通年採用の実施状況については，厚生労働省大臣官房統計情報部（2008）による「平成19（2007）年企業における採用管理等に関する実態調査」の結果を引用した。原調査は，「平成16（2004）年事業所・企業統計調査」を母集団として，日本標準産業分類（平成14（2002）年3月改訂）にもとづく14大産業に属し，常用労働者30人以上を雇用する民営企業から，無作為に抽出した約7000企業を対象に，①企業の属性，②採用，③企業の中核となる人材，④非正社員から正社員への登用制度などの2007（平成19）年9月1日現在の状況について，2007（平成19）年9月1〜20日の間に，郵送による質問紙法で実施された。なお，調査対象数は7022企業，そのうち有効回答数は4280企業（有効回収率61.00％）となっている。

また，定年制の状況については，厚生労働省大臣官房統計情報部（2009）による「平成20（2008）年高年齢者雇用実態調査」の事業所調査の結果を引用した。原調査は，日本標準産業分類（平成14（2002）年3月改訂）による主要14大産業に属し，常用労働者5人以上を雇用する民営事業所から，無作為に抽出した約9000事業所を対象に，①高年齢者の雇用状況，②定年制の状況，③定年制を定めている事業所における過去1年間の高年齢者の退職の状況，④継続雇用制度，⑤定年制を定めていない事業所における過去1年間の高年齢者の退職の状況，⑥60歳以上の労働者の雇用に関する特別措置の実施状況および将来の予定，⑦在宅老齢年金受給者の年齢階級別人数，⑧60歳以上の雇用を拡大するために必要な公的援助の種類などの2008（平成20）年9月1日現在の状況について，郵送による質問紙法で実施された。なお，調査対象数は9704事業所，そのうち有効回答数は6465事業所（有効回収率66.60％）となっている。
2）総務省統計局の「労働力調査」によると，15〜24歳の完全失業率は，1990（平成2）年4.3％，1991（平成3）年4.5％，1992（平成4）年4.4％，1993（平成5）年5.0％，1994（平成6）年5.6％，1995（平成7）年6.1％，1996（平成8）年6.6％，1997（平成9）年6.7％，1998（平成10）年7.7％，1999（平成11）年9.1％，2000（平成12）年9.1％，2001（平成13）年9.6％，2002（平成14）年9.9％，2003（平成15）年10.1％，2004（平成16）年9.5％，2005（平成17）年8.7％，2006（平成18）年8.0％，2007（平成19）年7.7％，2008（平成20）年7.2％となっている。1990〜1992（平成2〜4）年まで4％程度だった若年者の完全失業率は，その後は徐々に上昇している。

第1章　日本人の結合体

　　　1980年代（〜平成元年）までは，学校を卒業と同時に正規雇用され働く機会を得られるという期待は，失業をほとんど経験しないで実現していた。しかし，その後，景気の後退に伴って，若年者の完全失業率は7〜10％で推移している。学卒後も就業しない若年者については，働くことへの意欲や動機づけなど，求職者自身の問題という側面もあるが，それにもまして，最近の社会経済情勢の変化が，若年者の労働市場を閉塞させ就業機会を奪っているという雇用状況の影響が大きいと思われる。
3 ）2004（平成16）年から段階的に施行されていた改正高齢者雇用安定法は，2006（平成18）年には完全実施され，企業は，60歳以上の従業員が働き続けることを可能とする環境の整備を義務づけられている。具体的な措置として，①定年制の廃止，②定年年齢の65歳まで引き上げ，③定年退職後の継続雇用制度のいずれかを導入しなければならない。
　　　こうした法改正の背景には，少子高齢化に伴い労働力人口が長期的に減少していること，公的年金の支給開始年齢が段階的に引き上げられていること，2007（平成19）年から団塊の世代が定年退職していることなどが考えられる。
4 ）斎藤（1996）によると，アダルト・チルドレンは，もともとアメリカ合衆国のアルコール依存症の臨床から生まれたことばで，アルコール依存症の問題を抱えた家族のなかで成長したおとなを意味する。斎藤は，このアダルト・チルドレンの概念を拡大して，家族内心的外傷体験の後遺症（post traumatic stress disorder：心的外傷後ストレス障害）に悩む人を指すことばとして使っている。つまり，アルコール依存症の家族だけでなく，さまざまな機能不全家族（dysfunctional family）のなかで体験した心的外傷（trauma）に長い間とらわれている人は，みんなアダルト・チルドレンと考えられる。機能不全の家族とは，安全地帯として機能しない家族である。
5 ）潜在能力尺度の得点と，①業績指標，つまり，入社後2年目から3年目までの人事考課記録，②潜在能力指標，つまり，入社後3年目の後半に会社が実施した多面観察法による能力評価の結果，③入社後3年目の下半期の賞与額，④組織適合性，つまり，入社後3年目の会社適合に関する上司評価の結果それぞれとの相関係数は，業績指標が.24で5％水準，潜在能力指標が.26で5％水準，賞与額が.30で1％水準，組織適合性が.34で1％水準の有意性を示している。
6 ）2009（平成21）年11月1日付の日本経済新聞によると，トヨタ自動車は，販売が好調な環境対応車を増産するため，期間従業員の採用を再開し対応しているが，2010（平成22）年春以降の需要が不確実なので，新入社員の一時的な工場動員を決めたという。

第2章
新規大卒者の採用管理

1. 日本企業の2つの入口

　経営組織は，企業活動に必要な資源を調達しながら組織の目標達成を目指すが，とりわけ人の確保は企業経営にとって最も重要である。獲得した資金，資材，施設，情報などの諸資源を有効に活用できる人こそが，組織を維持し発展させるからである。

　日本の経営組織は，人を定期および随時に採用している。日本企業による人の採用は，この2つのいずれかの機会で行われる。定期採用の主な候補は，正規雇用者として働いた経験がない新規学卒者である。一方，随時採用は，定期採用で充足できない欠員や繁忙期の補充として，専ら就業経験者を対象にしている。

　具体的に，2004（平成16）年10月～2005（平成17）年9月の間に，日本企業が採用した30歳未満の正規雇用者の内訳をみると，「新規学卒者」60.8％，「中途採用者」39.2％（厚生労働省大臣官房統計情報部，2006a）となっていて，新規学卒者の占める割合が大きい。正規雇用された新規学卒者の学歴は，「中学・高校卒」17.3％，「専修学校（専門課程）」6.0％，「高専・短大卒」5.4％，「大学・大学院卒」32.1％であり，大学・大学院卒の割合が高い。産業別では，「金融・保険業」64.3％，「情報通信業」55.4％で大学・大学院卒が高くなっている。

第 2 章　新規大卒者の採用管理

　採用した30歳未満の正規雇用者の育成方針については,「長期的な教育訓練等で人材を育成」37.8％,「短期的に研修等で人材を育成」33.5％,「特別な研修等は行わず,社員自身に任せる」25.8％となっている。企業規模が大きくなるほど,「長期的な教育訓練等で人材を育成」の割合が高い。産業別にみると,「長期的な教育訓練等で人材を育成」が高いのは,「電気・ガス・熱供給・水道業」57.9％,「金融・保険業」55.0％であり,「短期的に研修等で人材を育成」が高いのは,「情報通信業」43.6％である。他と比べて技術革新が速い情報通信業などは,新卒採用者でも育成にあまり時間をかけず戦力化しようとしているのかもしれない。

　さらに,30歳未満の正規雇用者に望むことや身につけてほしい能力を複数回答した結果をみると,「職業意識・勤労意欲」49.0％,「チャレンジ精神・向上心」40.4％,「マナー・社会常識・一般教養」39.4％が多くなっている。企業規模別では,規模が大きくなるほど「コミュニケーション能力」の割合が高くなっている。

　このように,日本の特に大企業の採用活動は,新規大卒者を主体に行われている。大企業は,採用する正規雇用者にコミュニケーション能力を要求するが,それは人材育成に時間をかけるという方針を実践するために必要な能力だからと思われる。

　大企業をはじめ大半の日本企業は,すでに採用内定済みの学生の3月卒業を待って,4月に定期採用し,予定した一定数の人的資源を確保する。こうした新規学卒者一括採用は,日本企業が人的資源を調達する主要な方法であり,人的資源を放出するために多くの日本企業が設けている一律定年退職制と併用することで,組織の雇用を安定して管理することが可能となる。つまり,日本企業は,組織の適正な人員構成を1年毎に調整できるように,採用と退職の時期を一律に定めて,人的資源を計画的に管理する仕組みを運用している。

　採用計画について,2006（平成18）年9月〜2007（平成19）年8月の実態調査によると,「採用の計画があった」と回答した企業は78.0％であり,そ

の内訳は「計画どおりに採用できた」46.0％,「計画どおりに採用できなかった」32.0％である（厚生労働省大臣官房統計情報部，2008）。企業規模別にみると，規模が大きくなるほど「計画どおりに採用できた」企業の割合が高くなっている。

また，過去1年間に新規学卒者枠で正規雇用者を募集する際，既卒者の応募に対する受付状況をみると，「応募可能だった」41.4％,「応募不可だった」11.8％,「採用の計画がなかった」46.8％となっている。「応募可能だった」企業を産業別にみると，「情報通信業」60.1％,「医療・福祉」53.8％,「教育・学習支援業」50.9％が高くなっている。また，「応募不可だった」企業を規模別にみると，「1000～4999人」35.0％,「5000人以上」42.3％など，規模が大きくなるほど割合が高くなっている。

日本企業の場合，組織の入口と出口を人に開く時期が限定されているので，長い時間を費やして，組織内に確保した新たな人的資源に仕事の技術や知識などを習得させ，計画的に育成することができる。一方，随時採用された人は，基本的に定期採用された人の補完的な位置づけとして，組織の雇用の質量を調整するように管理される。

日本企業が新規学卒者を定期採用し続けていることは，就業未経験者を採用して，個別企業内の教育・訓練によって，一人前の仕事ができるように独自に開発・育成するという雇用管理の基本的な政策を保持しているからと考えられる。特に，新規学卒者のなかでも大卒者は，将来，組織の基幹構成員に成長することを期待されている。

ところが，最近は，組織の構成員を教育・訓練する環境が変わってきているようである。その背景には，市場の拡大に伴い企業間の国際競争が激しくなり，教育・訓練の投資効果を査定する企業が現れるようになった事情があるという。また，成果主義が導入された後，職場の信頼関係が損なわれ，仕事の技術や知識が新人に伝承されなくなったという実態もある。

そのため，定期採用の主な候補である新規大卒者は，採用後の教育・訓練の投資対象に相応しい潜在的な可能性を，大学を卒業するとき充分に備えて

いなければならない。このように定期採用の場合，選考対象となるのは就業未経験者の仕事の潜在能力である。随時採用では，就業経験者のいわゆる即戦力となる仕事の熟練が求められるので，例えば，学卒後に非正規雇用者として働いている人や，新卒採用後，数年以内に離職し，やはり非正規雇用者として働いているような人の僅かな就業経験は，正規雇用者として随時採用の対象にはなりにくい。

したがって，本書では，非正規雇用者ではなく，3月に大学を卒業するまでに採用の内定を受け，4月から正規雇用者として初めて働き始める新規学卒者が，仕事の世界に入っていく過程でどのような経験をするのかに焦点を合わせ，日本企業に採用され，職場に定着していくことの実情を明らかにしたい。

2．大企業の採用計画

通常，組織の人的資源を管理するのは人事部の役割なので，採用計画に関する人事担当者の証言は，当該組織の人事政策を知るうえで参考になるだろう。そこで，1988（昭和63）年に，大企業2社の人事関連の責任者が，採用戦略について証言した記録[1]にもとづいて，人的資源の将来構想，つまり，人材をどのように調達し育成しようと計画していたかを明らかにし，日本の大企業の採用管理について考えてみよう。

(1) 新日本製鐵の事例

1965（昭和40）年以降，新日本製鐵では，毎年ホワイトカラーを250人くらい採用してきたが，1980（昭和55）年から1984（昭和59）年にかけて採用数は320人に増え，その後は安定して320人前後の採用を維持してきたという。1964（昭和39）年以前は，1955〜1959（昭和30〜34）年に440人，1960〜1964（昭和35〜39）年に820人を採用していたので，1965（昭和40）年以降は採用数が激減したことになる。その理由は，①全体の人員構成に，1955

~1964（昭和30～39）年の間に大量採用した人たちが突出する集団がみられ，そこに技術力などが蓄積できたこと，②旧富士製鐵と旧八幡製鐵との合併によって新日本製鐵が誕生したとき，人員が増えたこと，③石油危機のため採用政策を拡大できなかったこと，④第1次合理化と第2次合理化の後，約15年間は採用拡大政策をとれなかったことによる。

　1970（昭和45）年までの人員政策の背景には，1955～1964（昭和30～39）年の「技術を外国から導入する時代」，それから「大きく建設の時期」という認識があったという。

　「君津製鐵所，堺製鐵所，それから光製鐵所，名古屋製鐵所，大分製鐵所，全部1960（昭和35）年から1970（昭和45）年のほぼ10年の間に建設されております。そういう意味では，技術の導入，建設というのが当社の大きな経営課題でありました。ご存知のとおり，このときの技術の動向といいますのは，まさに高度経済成長の最中でございまして，大型化，高速化が最大の技術課題でございました。したがいまして，その当時の採用政策としましては，まず必要な人間をさっと採って，建設の現場あるいは技術の現場へ配置するということだけで，技術屋さんも非常に育ちましたし，事務系の世界でも人が非常に育ったと，こういうことが一般にいわれました。そういう意味では，我々としては『自然体の人事管理』ですんだ時代ということができます。人が欲しいというところに人を配置すれば仕事も上手くいく，みんなのモラルも上がる，それから技術も上がる，腕も上がる，とこういう時代でございまして，ある種の自然体の人事ができた時代でございます」。

　一転して，1970～1980（昭和45～55）年は採用の抑制期間だったという。合併後は，①事務系の戦力を最小に圧縮し，技術系の戦力を高めて，②君津と大分，エンジニアリング事業本部に戦力を配置する政策を実行した。君津，大分への人材の傾斜配置と，エンジニアリング部隊への人材の投入で，「採用数をミニマムに抑えながら質の転換をやったということと，それから，採用数を増やさずに，鉄のなかの人員を捻出してエンジニアリング部隊を育成していこうというのが基本的な政策だったように思います」。

第2章　新規大卒者の採用管理

　1981（昭和56）年から現在（昭和63年）までは，1965～1980（昭和40～55）年の間の採用抑制で形成された1955～1964（昭和30～39）年採用の団塊の世代のうち，特に，技術者の高齢化が進み戦力の問題が発生した。この時期は，1970（昭和45）年以前とは反対に，技術の海外輸出が活発だった。また，高度経済成長が終了して工場の建設がなくなるなど，生産量の拡大や高速化や大型化の追求から，小型化，生産工程の短縮化，省エネルギー化，省力化へと技術動向も変わった。

　「そういう意味では，学卒技術者が少ないというのが人員政策上の第二の大きな課題でございました。約40％しかいません。当時，わが鉄鋼業界では，むしろNKKさんとか川鉄さんとか，大体6割から8割くらいは，もう学卒の戦力に変わっていたということでございましたが，新日鉄は非常に学卒の戦力の少ない企業でございました。これは実は，採用力との関係もあったわけですけれども，当時の優秀な高卒者をほとんどわが社が思うとおりに採用できたということが背景でもあったわけですが，そういう人員構成上の特色を持っていました」。

　「そういうことがありまして，人員構成，採用戦力の構成是正をやろうということが，1975～1984（昭和50～59）年の人事部門の最大の課題でございました。実は当時，私は係長でございまして，250名採用をやっているときに，400名採るべきだという大量採用への戦略転換を主張したわけでございます。その背景としては，さきほどのような新しい技術動向にどう対応するかということがあり，それにはやはり新しい高度な質の高い技術者でやらなくてはいけないというのが，大きな企業ニーズだったというのが1つの背景でございます。結果的には，400名の全部は認めてもらえませんでした。社長から，技術系は採っていい，事務系の一部は我慢しておけということで，現実としては300から320程度の採用に落ち着いて，さきほどの数字になるわけでございます」。

　このような採用政策の推移と，急激な円高による不況で重厚長大産業の苦境が報じられた頃，1986（昭和61）年2月に発表された中期総合計画は，製

鉄事業の体質改善と複合経営の推進を主な柱とした。

　製鉄事業の体質改善は，需要の落ち込みを前提に，①競争力の確保，②1990（平成2）年度までに企業体質の健全化，③複合経営推進のための原資稼ぎを目標にしていた。そのために，①設備余力，余剰能力，生産能力を落として固定費を25％以上削減すること，②労務費や修繕費や外注費を含めて要員を合理化すること，③投資の抑制と資本費を削減すること，④本社部門の業務を改革し合理化することを基本構想にして，実際の人員政策が進められた。

　また，複合経営の推進については，総合素材としての鉄の売上約9割を，製鉄で約4割，化学事業で1割，新素材で1割の計6割にして，その他にエンジニアリング事業で1割，エレクトロニクスと情報通信システムで2割，スペース・ワールド等の社会開発や生活開発の分野で1割の売上を目標にした。さらに，バイオ・テクノロジーの分野への進出も検討されていた。

　「ここで複合経営のヴィジョンを掲げたというわけでございますが，このヴィジョンにもとづきまして約1年間，エレクトロニクスの世界，情報通信システムの世界，それから新素材の世界，社会開発・生活開発の世界，バイオ・テクノロジーの分野，それぞれの分野での戦略マップを描き，実際の所要人員をはじき，人を投入していくという作戦を実行している最中でございます」。

　こうした新しい事業の展開に必要な所要人員を算定し，製鉄所の合理化計画を煮詰めていくと，現場の労働者（技術職）は相当数余るが，ホワイト・カラーは思った以上に人が余らないという現象が生じてきて，鉄の戦力だけ，その余力だけで新しい分野へのシフトは難しいことが判明したという。そこで，定期採用ばかりか中途採用も行って，採用戦略の数を転換した。定期採用については，採用候補の学生が在学している学科構成が大きく変化し採用対象校が拡大した。

　製鉄事業は作業工程が長いので，冶金系統だけが採用の対象ではない。
　「金属，機械，電気，化学，土木建築，数学，IEなど，いろんな学科から

採る極めてヴァラエティーに富んだ採用をやらざるを得ないという業種でございます。その学科構成が非常に変化してまいりました。さきほどお聞きのとおり，エレクトロニクスへ進出することが一番大きな契機になったわけですが，例えば，昨年の採用の実績を申しあげますと，大体32％が機械系でございます。電気系が約25％，両方で50％強を採る，こういう実績になっております。そういう意味では，冶金系が12％，化学系が12％というのに対しまして，機械，電気でほぼ6割弱の採用数と，こういうような傾向になってまいりました」。

「従来，1975（昭和50）年前後の採用校は25校前後でございました。結果的にそういう数で賄えたというのが正解かもしれません。今年は50校に一挙に倍増いたしました。採用対象校，採用対象学科が極端に増えていくというのが2つ目の現象でございます」。

中途採用のねらいは，①自社で確保できない専門技術戦力の導入，②事業推進のリーダーの導入，③即戦力の補充，④外の血を入れることによる組織の活性化である。

「新日鉄も，ある意味では昔の陸軍とか海軍とかではございませんけれども，日本海海戦でロシアを破るというような成功体験を経て世界一になった会社でございますので，過去の成功体験に固執するところがあるんです。過去に1つの成功体験を持っているものですから，なかなかそれを忘れがたいという性向があるのではないかと思うのです。それを何とか外から風穴をあけて外の空気を入れたいと，こういうようなねらいが（中途採用には）あるわけでございます」。

今後は，嘱託採用や期間限定社員，プロジェクト限定社員など，雇用契約の形態が多様化していくと予想されるが，そうしたなかで人事管理上の課題としては，①完全な学卒社会の人事管理をどうするか，②大量採用の時代に新日鉄も突入するのではないか，③企業人から事業人へと，新しい組織風土の変化をどのように醸成していくか，④新しい社風や社員の種類の変化に対して，どのように人事管理していくか，⑤人材確保のための合併や業務提携

における採用戦略や採用政策や人事管理政策をどのようにするのか，⑥分社化した会社の経営管理とその人事管理とをどのように連携するかなどが考えられる。これらの課題のいくつかについて，次のような補足説明が加えられた。

①について，「表現は非常に悪くなりますが，ある種の学歴の差を管理の仕組みに取り入れることで多くの企業は最初スタートしております。その世界が取り払われてきます」。

③について，「キャッチフレーズ的に，さっき言いましたように，企業人から事業人へと言っているわけですが，製鉄事業の分野は組織学的に言いますと非常にステイブルでございます。もちろん技術的には技術革新があるのですが，組織学的に言えば非常にステイブルな組織です。したがって管理がステイブルであり，そのため分化したその機能が，機能としてはすごく専門化しやすい。こういう特色を持っているわけです。それが新規部門へどんどん進出するにつれまして，新しい風土のなかで企業経営をやっていくことになります。そのとき求められるのは，人事の専門家であるとか，労働の専門家であるとか，何かの専門家であるということではなくて，やはりある種のビジネスマンとしてトータルにどんな人間でなくてはならないかということであり，ある種の事業人でなくてはならないということになるわけであります。そこへの転換をわれわれ組織人がどこまでできるのかというのが，大きく経営の課題として，今，みんなが自問自答し始めているというところでございます」。

④について，「終身雇用は，ある意味では，1つのある種のタイプの人間に固めることによって，非常に安定した人事管理ができ，安定したロイヤリティーを求め，みんなも安定したロイヤリティーで企業に尽くし，そして，いっしょに発展するという考え方だったわけですが，契約形態が多様化することによって多種類の社員を抱えることになりますと，人事管理が，会社と本人の関係が，非常にドライなものになっていくのだろうなという気がしているわけです。新日鉄は，純粋培養的な人間を育成しやすい会社でございま

して，逆に，それに固執することがむしろ良くないということになってくるのではないかという気がしています」。

(2) 日立製作所の事例

　日立製作所の人員は，ホワイト・カラーが65％，ブルー・カラーが35％という構成比率で，現業は減少する傾向にあるという。

　「1970（昭和45）年頃までは，いわゆる間接員，ホワイト・カラーというのは利益を生まないのだ，現場の人が日夜一生懸命に物を造って利益を生むので，間接員はできるだけ少ないほうが良いのだという人事管理をずっとやってまいりました」。

　「その後，産業構造というのが非常に変わってまいりまして，ホワイト・カラーそのものが商売をする時代になってきました。端的に申しますと，ソフトウェアなどというのはそういうことになるわけでございますけれども，直接員の現業職が，物を造って価値を生み出しているのだという考え方からいつまでも脱却しないと，日立製作所は新しい社会・産業構造の変化についていけなくなるという危機感を持ちまして，1978（昭和53）年に，約10年前ですが，より強化すべきホワイト・カラーというのはいったい何なんだろうということで，第2間接員という新しい概念をつくりました。これを私どもは，付加価値創出部隊と呼んでいるわけです。この辺から採用戦略が大きく変わってきたといえるのではないかと思います」。

　「ちなみに，（第2間接員とは）どういう人なのだということですが，いわゆる設計者，これは新しい製品を開発，設計する人たちです。あるいは研究所の研究員，それから直接お客さんのところに行って物を売り込む直接営業の方。こういったような人たちは，どんどん増やすべきであるという考え方に立ちました。企業にとっての直接価値を生み出す部隊，これを私どもは第2間接員と名前をつけまして，これをどんどん強化していく，それで現業の方は，できれば機械に置き換えてなるべく少ない人数で生産をすると，こういう構想を約10年前から強力に進めてきたということでございます」。

2. 大企業の採用計画

　日立製作所のホワイト・カラーの人員構成は，約10年前の1978（昭和53）年にはきれいなピラミッド型だったが，1988（昭和63）年現在では完全な寸胴型になってしまったという。現場の技能系についても，1978（昭和53）年はきれいな労務構成，年齢構成になっていたのが，「今では寸胴型というより頭でっかちになってしまっている」という構成上の問題がある。

　「特に，ここでは40歳代とまとめてございますけれども，（現場の技能系は）大体45歳以上の人が多ございまして，60歳定年でございますので，15年後あるいは10年後頃からガサガサとこの層が崩れていくという状況がございます。いかに現業職を少なくするとはいえ，伝統的な習熟を必要とする技能を持っているこういった人たちをどうやって確保していくかという問題がございまして，後々の採用戦略に，ブルー・カラーの方でございますけれども，かなり大きなインパクトを与えたということであります」。

　また，日立製作所の場合，人員が7万7600人で売上2兆9000億円であるのに対して，系列会社の人員は31万人で売上5兆9000億円である。企業集団全体でみると，系列会社の売上の伸びが高いのが日立グループの特徴である。

　「系列会社と申しますと，周辺業務を分離，移管していくというようなイメージを持ちがちなのでありますが，私どもとしましては，飽くまでも，日立のなかで商売しているより日立の外に出て別会社として運営したほうが得なのだ，いろいろな意味でメリットがあるんだということを早くから方針として立てておりまして，自主的に運営しなさいと，それから日立製作所と共存共栄でやりましょうと，それから給与水準は基本的に落としませんと，それから人事交流はいつもやりましょうと，こういうような基本的な考え方に立ちまして，人材の有効的な活用というようなことをやってまいりました」。

　産業構造の変化に応じて，日立製作所は，第1次産業と第2次産業を併せ物財生産部門として，それをさらに素材と加工に区分し，第3次産業を知識サーヴィス生産部門とネットワーク部門とに分類した場合，2000（平成12）年には就業者6300万人について，物財生産部門の構成比は下がるが，ネット

ワーク部門は一時的に伸びて将来的には25％くらいに集約すると推定していた。第3次産業を構成する知識サーヴィス生産部門は，医療，教育，コンサルティング，レジャーなどの産業で，もう1つのネットワーク部門は，運輸，通信，電気，ガス，水道などの産業である。

「したがいまして，技術革新はどんどん進むし，ソフト・サーヴィス化は進む。それから私どもで言いますと，海外に生産拠点を移していくということで，いわゆる空洞化，それから人の流動化というようなことが起きてくる，というふうに見ますと，全体では，これは引き算なんですが，1970（昭和45）年から15年間で713万人増えました。しかしながら，物財関係では176万人実は減っているんです。将来どうかといいますと，2000（平成12）年までに504万人増えるということでございますが，物財関係では202万人減る，製造業もその半分の118万人くらい減るということで，さきほどご説明しましたとおり，ネットワーク部門は過去15年間には相当に増えました。しかしながら，今後はそんなに増えるという構造にはなっておりません。一方，知識サーヴィス部門は600万人から増えていくという就業構造の変化が分析されております」。

いわゆる団塊二世の子どもたち205万人が，1992（平成4）年に18歳になることについて，1988（昭和63）年に日立製作所は次のような見通しを持っていた。

「（日本の18歳人口は）今はまだ増える基調でございますけれども，（1992年（平成4）年から）8年後の2000（平成12）年には150万人で，これから先はフラットというふうな人口推計となっております。そうなりますと，当然ながら，大学卒などもそんなに枠だけ増やしてレヴェルを下げるというわけにはまいりませんので，いわゆる入学定員を減らすという文部省の指導もございまして，大学卒が増えるという構造にはなっていません。また，高校卒も当然減ってくるということであります」。

「私どもが期待するほど大学卒が増えるという構造にはなっていないし，高校卒につきましても，絶対人員が下がっていくということでございますの

で，一企業で好きなだけ採るというような構造にはならないだろうというようなことであります」。

「一方，よく言われている働く意識の問題でございますが，仕事中心でがんばりましょうという人はどんどん減ってきておりまして，仕事と生活を両立しましょうという，あるいは生活中心でいいじゃないかというような若い人が増えてきています。従来のような企業労務政策といいますか，人事政策というのは，若い人には受け容れられにくい傾向が顕著になってまいりました」。

当時，職種に関する需要と供給との関係は，2000（平成12）年までは全般に供給のほうが多いと予想された。しかし，生産工程や労務作業者の供給は多いが，専門技術的職業従事者については，需要過多で供給は280万人くらい足りない。そのうちソフトウェア技術者は100万人，事務従事者，管理職も含めた専門事務者は50万人くらい足りないと推計され，職種に関する需要と供給との不適合が予測されていた。

「こういったことから，私どもとしましては，近い将来において人材確保は大変だと，特に，（少子化によって）大学卒が将来的に増えないという構造になっているわけですから，ますますもってエンジニアの確保は激烈極まりない状況になるだろうという問題意識であります。それからもう１つは，高卒も含めまして，いわゆる供給側に量的な意味でも質的な意味でも限界があるわけですから，新採，新採といって，従来のように新規採用者でがんばれというようなことを言われましても，企業の人事部門としては確保に限界があります。例えば，国立大学が『わかりました。そんなに大変なら，日立製作所さんに10人あげましょう』というようなことには絶対ならない。40人くらいしか卒業生がないところで，１企業に10人という紹介は，先生としてはまず絶対にできない。そうなりますと，学科をずっと足していっても900学科くらいしかないわけですから，１学科１人ずつ頂いても900人が限界というようなことになるわけでございます」。

また，外から見た日立製作所のイメージについては，「文科系も理工系も，

安定性ということで見てもらっているわけです。あとはもう，『成長性はないですね』『社風は良くないですね』『給与は低いですね』というようなことで，とにかく安定性があるので日立に行こうという人が多いだけというような実情でございます」。

　内から見た日立製作所のイメージについては，「やはり，きちっと事業戦略というようなことを考えて基幹要員を確保するというそういう方向で，採用というものを考えなくてはいけないというふうに当然のことですが思うわけです。従来は，どうしても経営環境に左右される，あるいは経営環境を先取りしたような採用戦略というようなことをやらざるを得ない，それが高校卒と現場にしわ寄せがいくという，そういう構造でございました」。

　日立製作所の採用活動は，1984（昭和59）年を境に，調子の良かった時期と悪かった時期とで揺らぎがみられない。1983（昭和58）年以前の採用の激しい揺れを経験して，「基幹要員をもっと安定して確保するとか，重点戦略部門というのは，やはり先行き投資型でみていかなくてはいけないのではないかとか，技能系についても，いかに減らすという構造になっていても，6％しか採らないということで良いのだろうかというような反省に立っていたわけであります」。

　日立製作所は，総合電機製造業であるという認識から，「どこかが調子が悪くなったときでも，どこかがたまたま調子が良いという構造はしょっちゅう見受けられるわけで，社内の人員融通というのを頻繁にやろうというのが，まず基本的な考え方であります。それから2つ目は，さきほど申しあげましたとおり，給与等が変わらないという系列会社の運営を行っておりますので，グループ内の人員融通は積極的にやろうというのが，言ってみれば（人員の）量の確保という意味では基本的な考え方であります」。

　新規採用については，「昨年（1987（昭和62）年）の5月に経営幹部会議に私どものほうから，もっと安定的に，長期的に採用しようじゃありませんかという計画を立て提案したわけです。いろいろなことを考えたのですけれど，高齢化だとか，15年後には現場の人がいなくなりますよとか，いろいろ

問題を提起しながら計画を立てさせてもらいました。それからもちろん，事業戦略とか，総人員計画とかいうようなものもきちんとふまえて，採用計画を立てたということであります。基本的には，やはりコンピュータ情報部門，営業，こういったところに人をきちっと確保しましょうということです。それから重電部門，これは減らす方向にあるのですけれども，これから10年くらいの間にどんどん定年を迎えてお辞めになる現場の方が非常に多く，このままでは技能の伝承ができないということで，後継者の育成ということから，10年ぶりに採用を安定的にしようということになりました。それから転属，というのは日立のことばでございまして，いわゆる系列会社に移ることをいうのですが，そういった転属してもらう人材の活用と併せて中期的な採用計画を立てる。労働力の需給動向というのは，こっちが採ろう採ろうとして採ればいいじゃないかというほど甘くはありません。人はどんどん減っているし，意識的にもあまり現場の仕事をやらないというような構造になっていますから，採れるうちに採らないといけませんよというようなことを，私どものほうから言ったということであります」。

このような採用計画を検討した結果，今後5年間はどんなことがあっても1300人は確保する。そのうち，エンジニア150人と事務系100人は女性が占める。採用候補者の出身学科は約900学科にまたがり，1学科1人ずつ採れば900人，それに女性を含めて1100人，それから事務系を少し採るので1300人という構成になる。

「残りは，外国，特に，アメリカに留学している日本人に求源を求めまして，これは去年1年間に2回私どもが出かけまして，約20名の採用を一応内定してございます。その他，日本の大学に留学している東南アジアの方たち，それからいわゆる外国人，それから中途採用というような順序で新規採用に加えて，多様化した人材確保というようなことをやっております」。こうした採用のねらいは，国際化と企業風土活性化だという。

(3) 人的資源の量の調整と組織内供給

　新日本製鉄と日立製作所どちらの採用戦略をみても，1988（昭和63）年当時の経営環境の変化に敏感に反応しながら，人的資源の専ら「量」に関する採用計画を立案している。当時はバブル経済による人手不足状態だったが，人事担当者は5～10年くらい先の見通しで，新規学卒者数の逓減を推計しながら，将来の事業展開に合わせ必要になると予想される人的資源を確保するために作業していたことがうかがえる。

　採用計画の内容をみると，両社ともに製造業の大手筋であることから，事務系より技術系の人員調整が中心になっている。そのため，理科系の新卒者については出身学部・学科を考慮するが，文科系は事務職に一括して扱っているようである。採用計画にもとづいて，実際に採用選考を具体化し実践していく過程では，選考基準や選考方法など，より詳細な計画が立てられることになるのだろうが，人的資源の調達に関する最大の関心は，まず，量の確保と思われる。

　大手製造業2社の事例から，5～10年先の企業経営の諸条件を仮定して，定年退職者の予定数を主要因とし，組織全体の構成員の適正数を実現するため，新規学卒者の採用を計画している実情にふれた。また，採用の形態は，出身校名や学部・学科名など，採用候補者が在籍している学校組織やその下位集団を単位に検討されている。このように，仕事にかかわる採用候補者の興味や潜在能力などと，ある程度は関係しているかもしれない所属学部・学科の名称を手始めに，しだいに特定の個人に絞り込む採用活動の作業工程は，人的資源の調達を効率よく進めるうえで合理的な手順である。新規学卒予定者は，在学する大学名や学部・学科名などの所属集団単位で選別された後，一人ひとり個別の選考対象としてようやく識別される。

　こうして最終的に採用された人は，働くことや仕事にかかわる個人的な欲求を組織に持ち込んでくる。一方，人的資源を確保した組織も，構成員一人ひとりに仕事の要求をする。採用に関する管理は，構成員の欲求と組織の要求との調和を目標に，人的資源の確保を計画し，各人の潜在能力を開発する

ことが基本である。この問題について，シャイン（Schein, 1978）は，人と組織との実際の調和活動より，調和過程を「計画すること」および「計画に必要な情報」の意義を強調した。人的資源の調達および開発・育成がどのように計画されるかによって，調和活動の有効性は自ずと規定されるという。組織構成員として，人が組織の要求に応えながら，同時に，仕事や働くことに関する自身の選択や意思決定を円滑に行えるように，個人と組織は，組織の人的資源計画とその関連情報を共有する必要がある。

個人が特定の組織に所属して，組織のなかでキャリアを形成するかぎり，所属組織が運営する人的資源の管理体系が，個人のキャリア発達の環境条件になる。個人に対する組織の要求の具体的な内容は，直属上司から割り当てられる仕事そのものであるが，与えられた仕事の職務遂行実績が時系列に連なってキャリアは形成される。そして，組織内で絶えず発生したり消滅したりする個別の職務機会に有望な構成員を適切に配置することが，組織の観点で運営するキャリアの管理である。

組織によるキャリア管理の主な目的は，①組織構成員を組織内の隅々までタテやヨコに動かすこと，②組織内の職務を最上質の人材で満たすこと，③やりがいを感じさせ，能力を伸長させるような職務機会を構成員に提供することである（London & Stumpf, 1982）。

個人は，所属組織が運営する人的資源の管理体系に組み込まれた状態で，自身の欲求を満足させようとするが，組織間の人の移動が抑制されがちな日本では，職務機会をめぐる個人と組織との交渉は，個人のほうが不利な立場になりがちといえよう。基本的に長期安定雇用で維持されている多くの日本企業は，定期一括採用した新規学卒者の潜在能力を開発しながら，組織内の人的資源の需要に対し，独自の方針に沿って配置転換や再教育・訓練をして育成した人材を適宜供給する閉鎖的な内部労働市場を形成している。このため，特に，日本の大企業については，組織構成員の雇用は長く安定して保証され，評価と昇進が比較的に遅く，個別専門化の方向に進むキャリアの経路が形成されにくい傾向がみられる。

第 2 章　新規大卒者の採用管理

　近年，出向・転籍や離・転職など，企業集団の境界を越えた組織間の人の移動が常態化しているという見方もあるが，内部労働市場を基盤に人的資源を管理する組織政策は，依然として根強いと思われる。日本企業による人的資源の管理体系は，人材育成に関する個別企業の理念にもとづいて考案されているため，企業間の互換性が低く，人の有能性をあらゆる側面で評価する方法は，統一された項目や基準を用いた相互比較が困難である。

注
1）ここで紹介する人的資源の採用計画の事例は，雇用職業総合研究所が主催した1988（昭和63）年度雇用職業研究会の北関東大会で，「わが社の採用戦略」を主題に議論した分科会での報告内容に，報告者自身が補筆修正してまとめた記録にもとづいている。本書の記述は，その証言記録の一部を任意に抜粋して，直接引用部分は「」内に記し，その他の箇所は，文意や文脈を損なわないように要約して間接引用したものである。当該分科会の報告者は，当時の新日本製鉄株式会社人事部人事第二室長，株式会社日立製作所人事教育部長代理だった。報告内容の詳細は，雇用職業総合研究所（1989）を参照されたい。

第3章
仕事の世界の空虚感

1. 学校から会社への非連続性

　学校歴の最後の仕上げとなる大学在学中に，青年は自身の過去と未来をどのように思い描くのだろうか。長らく過ごしてきた学校の世界を離れるときが近づくうちに，学生は，これまで経験した時間を整理し，これから経験する時間に向けて準備をすることになる。大学を卒業した後，どこで何をするのかという問いにいよいよ答えを出さなければならない。

　本章では，こうした移行期を過ごす愛知県内の私立大学文学部生が，大学に入学するまでと，大学を卒業した後のキャリアについて，自由に記述した事例[1]を紹介しよう。これまでを振り返り，これからを展望するとき，人は現在の自己について自問するので，キャリアの記述内容だけでなく，記述しているときに経験するかもしれない自己への気づきの瞬間が重要である。その際，本人にもはっきりしていなかった仕事への自身の興味や適性などを自覚できることがある。このような記述の内容から，仕事の世界を少し意識し始めた青年の不安定な心理状態を知ることができるかもしれない。

(1) 移行の不安と迷い
　僕は中学のときに新聞配達のバイトをしていたが，そのときは実に真剣であった。朝5時には現場に着いて，雨の日も時間に遅れることはなかった。

第 3 章　仕事の世界の空虚感

当時，特別お金が欲しかったわけではなく，何となくバイトを経験してみたかったのだと思う。

　また，何の仕事を将来やりたいかと具体的に思ったのは高校のときで，放送関係の仕事に就けたらいいなと思っていた。バイトについては，中学のときとは違ってお金を稼ぎたいと思った。時給の安いたこ焼きのバイトを頑張ってやっていたことを懐かしく思う。

　また，大学に入学するまでのキャリア─将来について─は，やりたいことがあっても具体的にどうすればいいのか全くわからなかった。

　大学を卒業した後のことを考えると，現実とのギャップに悩まされる。今でも放送関係の仕事をしてみたいと思っているが，その職に就くことがとても困難だとわかり始めたからである。今でもその夢は諦めていないが，2，3 の妥協案が自分のなかに芽生えているのも事実である。

　また，将来，出世したいという考えは，他の人に比べ自分は低いように思う。給料の安定などもあまり考えていないし，リーダーになりたいともそれほど思わない。ただ，やりがいのある職に就きたい。また，自分の考えが反映されるような職に就ければと思う。──それにはある程度の出世が必要だとも思うが…（男性 a・2 年生）。

　特に何の不満もなく普通科の高校に入った。高 2 までは公務員（事務系）になろうと思っていたが，高校 3 年になって進路を決めるとき，福祉系の職に就いてもいいと考え始め，福祉学部のある大学も受験し，合格してどうしようか迷ったが，結局，踏ん切りがつかずこの大学の社会学科にきてしまった。大学選択は少し失敗した気がする。

　大学を卒業した後の進路は，はっきりいってまだ決まってない。何が自分にあった職業かを大学入学後ずっと考えているが，まだわからない。やはり無難に公務員かなと，うすうす思っている。福祉関係も少しはやりたいと思っているが，このままでは無理だろう。とにかく一生やれるような職業に就きたい（男性 b・2 年生）。

1．学校から会社への非連続性

　中学校を卒業するとき，将来の希望職業は全く考えてなかった。ただ，とりあえず大学に入ってそれから考えようと思っていて，普通科の高校に進学し，高校のとき何となくやりたいと思うことが見えてきて大学を選び受験した。

　しかし，やりたいと思うことが多すぎて，大学に入って2年が経つ今でも，本当にこのままでいいのか考えてしまうことがある。もし，他大学の他学部に行っていたら，今いったい何を考えているのだろうと考えることもある。もう少し高校時代にしっかり考えておけばよかったと少し後悔している。

　今，このまま大学に残るか，他の道を選ぶべきか悩んでいるため（大学を卒業した後のキャリアについて）考えられない。しかし，大学に残るとすると，やはり企業に入ってそれなりの地位も手に入れたいし，常に成長していきたい（男性c・2年生）。

　2年生の男性の事例をみると，中学校や高等学校に在学中の進路選択にかかわる記憶が中心になっている。将来やりたい仕事については，大学への進学を選択するときに少し考えるようであるが，「何となく」見えた気がした将来の自身の姿は，大学に入学しても具体的な輪郭を描けるようにはならず，まだぼんやりしている。卒業後についても，「やりがいのある職」「一生やれるような職業」など抽象的な希望に留まっている。

　中学校の初めくらいまでは，N大くらいに入るのは当然だと考えていた。将来，何になろうということをあまり具体的には考えず，中学生のときは，次に行く学校（高校）のことを考えていたし，高校生のときは，大学のことを考えていた。

　私の性格は柔らかく，他人に，特に父の影響を受けていたので，自分の実力に気づくのが遅かった。高校も大学もできるだけ，いわゆる"レベル"の高いところに行きたかった。期待されたこともあるけれど，ハイ・レベルの

学校のほうが格好良いと思っていたから。

　勉強もスポーツも遊びでも，何でもうまくできるということが私にとっては魅力的だったので，あまりそのこと以外には考えなかった。でも，歌が大好きだったので，月並みだけれど，歌手になれたら格好良いだろうなと思った。

　あこがれを追うことが多く，ぼぅーと時間は過ぎていき，人は自分のことを努力家だ，まじめだと言ったが，実際，自分ではそうは思えなかった。一生懸命勉強したことなんてなかったのかもしれない。もっと一生懸命勉強できていたら，N大に入れたかもしれない？

　しかし，高校3年生のときにあこがれた大学はW大学で，それは，人がたくさんいて個性派ぞろいだと考えていたからである。その頃，私はレベルだけではなく，人間関係においての充実ということが私の頭を占めていた。

　現在，部活に入っており，大変忙しい日々を送っている。本当にそれ以上は考えられないほど忙しいため，（将来については）全く未定である。

　しかし，私は自分に最も適当な職（場）を見つけたい（女性d・2年生）。

　小学生のときは，テレビなどの影響で（希望）職種はころころと変わっていたと思う。専門職などではなく「○○屋さん」がいいとかそういう程度だったと思う。

　中学生のときは，何の疑いもなく地元公立中学に進学。親は商業高校を希望していたが，自分自身は漠然ながらも大学へ進学することを決めていたので，普通科高校を希望する。職業などの希望はなかったように思う。

　高校受験は，第一志望校が難しいと言われて，ランクを下げて，推薦を受ける。どうしても公立高校にいかなければならなかったから。だけど，その高校は別に嫌な高校ではなくて，友達もたくさん受けていたので，不本意ではなかった。

　高校生のときは，大学受験のことしか考えていなかったように思う。職業などの希望は1つには決まっていなかったと思う。大学の学部は心理を希望

していたが，社会学に変更。

　卒業後，机にすわる仕事は嫌かな。ある程度自分のペースでできる仕事が適していると思う。生活ができればいいと思っているので，フリーターでもいいと思う（女性 e・2年生）。

　中学・高校時代は，何となく「～になりたい」というような夢をぼんやりと考えており，それになるには高校を出て，大学も出ないといけないなと思っていた。高校も，進学率のいい高校に行けば何とかなるだろうと思い，中学時代，高校進学，高校選択に何の迷いもなかった。高校へ入学すると，その高校は4年制大を目指すことを前提にした進路の話しかしなかったため，みんなと同じように私も4大を目指すようになった。
　大学選択は，一応やりたい勉強のできる大学で，最初はものすごくレベルの高い大学にも「行きたいな」と思っていたが，だんだん「ちょっとがんばって行ける」大学にしか目がいかなくなり，せっぱつまると「受かればどこでもいい」と，もう将来の夢は二の次になっていた。最終的には，やっぱりやりたい社会学のできる大学2校と，滑り止め短大1校と国立1校に絞ることにした。とりあえず，国立以外はすべて受かることができた。
　現在の私の考えは，卒業したらとりあえず就職したい。地元で安定した仕事をしたいと思っている。平凡なOLになれたらバンザイという感じだ。中学・高校のときの夢はほとんど消えた。別になれなくてもいいかな——でも，できたらすごくいいよなーという感じです（女性 f・2年生）。

　2年生の女性も男性と同じような傾向である。大学進学に向けての進路は，入学試験の難易度がより高い大学を目標に選択される。大学入学の目標が達成された後は，「自分にもっとも適当な職（場）を見つけたい」「生活ができればいいと思っているので，フリーターでもいいと思う」「平凡なOLになれたらバンザイというかんじだ」など，受験競争にまつわるタテの序列づけから開放されたような感覚が表れている。当面の目標だった大学進学は

第3章　仕事の世界の空虚感

達成されたが，入学前に「とりあえず入ってから考えようと思っていた」卒業後の希望職業を考えようとする積極的な態度は，まだみられない。

　進学塾に入学したときから，これから進む道が一本に限定されてしまった。X高校に入るには偏差値60以上，Y高校は55以上，その目標に向かって勉強をただするだけであった。このことは，高校に入学してもあまり変わらなかった。しかし，浪人生になったとき社会学に興味を持ち，この大学の社会学科一本に目標を定めた。やっと長いトンネルから抜け出したような気分で，周りが見えてきた。
　去年の今頃は，将来について白紙の状態であったが，3年生も前半が終わってやっと少しずつ先が見えてきた。はっきりと決定したわけではないが市役所を目指すことにした。安定性ということももちろんあるが，一生続けていくのに値する仕事だと思ったからだ。だから，これからしばらくは勉強に専念することにした。報酬を得るためには何かを犠牲にしなければいけない（男性 g・3年生）。

　僕が大学へ進むまでの学校歴において，選択しなければならなかったのは高校進学時が初めてでした。といっても，高校を選択するにあたって最適と思われる条件というと，大学へ進むことが目標であるため，普通科であること，家から30分以内で通える距離にあること。これは，部活動に時間がかけられるようにするため。あと学力的に入学可能であること。
　これらを満たす学校は1校しかなかったのです。しかし，高校の学歴は，大学へ進むためのたんなる通過点としか考えてなかったので，その結果，納得のいく大学へ進学できたことで，僕のこれまでの学校歴は順調であったといえると思います。
　大学へ入学して，僕にはいきなり演研入会というインパクトが待ち受けていました。次々と今までに経験したことがない出来事が起こり，僕の将来への計画に大きな狂いが生じました。父親と同じように公務員になり，不自由

のない平和な家庭を築くことを夢見ていた僕は，演研で，いろんな人と深く関わるうちに，自分のやりたいこと，本当にやりたいことが何か，自分の能力を本当に生かせることが何かわからなくなりました。自己分析が迫られている現在，とても焦っている状態です（男性h・3年生）。

　キャリアを積んでいくということは，たんに学歴や職歴を積んでいくことだと考えてはいません。人との繋がりをつくっていき人脈をつくることや，人から信頼を得ていくことがキャリアを積んでいく本質でしょう。僕は，普通に進学校に通っていましたが，学校の勉強で得たことよりも，部活とかでの人の繋がりに学ぶことが多かったです。
　職に就き，働くだけではキャリアを積みあげていくことはできないと思います。資格を取ったりすることも大切だと思いますが，キャリアを積むうえで大切なのは，人との繋がりだと思います。特に，文系の人間にとって人脈を大切にしていくことが，大きな資本でしょう（男性i・3年生）。

　3年生になると，卒業後の進路について考えるとき，大学生活をとおして経験したことの影響を自覚するようである。大学に入学すること以外に，これといった明確な目的を持っていなかった学生は，大学生活に求めるものをなかなか見出せなくて，勉学よりクラブやサークル活動のほうに魅力を感じると，教科外活動を主体に毎日を過ごすようになりがちである。大学での勉学の成果を卒業後の行動に結びつけて心象化できない学生は，少なくない。

　私は高校までずっと地元の学校に通ってきました。S保育園，S小学校，S中学校，S高等学校と。周りの友だちもほとんど変わらず，やりたいことも見つからず，大学へは行きたいと思った結果が，このようなキャリアをつくってきました。
　今，私はすごく後悔しています。変な言い方をすると，小中学校の頃，自

分より成績が悪く，目立たなかった子たちのほうが自分の特技を生かし，専門学校に通ったり，働いていたりするからです。

　何よりも中学から高校への進路決定に後悔をしています。どうせなら何か身につくような学校へいけばよかった。でも，専門学校に通うのはあまりにも成績が悪い子だったため，変なプライドがじゃまをしてしまいました。

　すっごく後悔はしていますが，もし，もう一度昔に戻ってやり直せたとしても，同じような道を歩きそうだと思っている自分が不思議です。

　卒業した後は，旅行代理店に就職できたらいいなと思っています。でも，ずーっと働いていこうとは思っていません。しかし，私は途中で何にしても辞めることは嫌いなので，結婚するまでは一度入社した会社で働いていきたいと思っています。結婚した後は，子どもがある程度成長するまで家に入り，その後，時間給でもらえるパートをして生活していきたいです（女性 j・3年生）。

　私は中学校で降りて，もう働くつもりで進学する気がなかったけど，先生に「視野を広めろ」と言われた一言がきっかけで，やっぱり進学することにした。

　でも，特に"こーゆー学校だからこの高校"という意思はなく，うちの中学から多く行く学校を選択して希望してたけど，親に反対というか，ここにしろということを言われたのが市立の女子校で，すごく行きたくなかったけど，先生との面談とかでも大丈夫と言われたので受けた。そして，そこに受かったので行った。ちなみに高1の1学期は退学しようかと少し思ったけど，後はとても楽しかった。

　大学は地元しか受けるつもりもなく，初めは国立（公立）のみと思ってたけど，先生に私4大を勧められて，考え直して法学部をやめて社会学部にして，私大にしていろいろ受けるのはめんどくさいし，嫌だったからこの大学と決めた時点で他は全部やめて一本にして受けて今に至る。

　卒業後は公務員になる！　一生仕事を続ける！　民間でも，多分，私は転

職とかしないと思う。でも，隠された野望もまだ棄てていない。お金が貯まったら実行します（女性k・3年生）。

　大学に入る前までの私は，マスコミ関係の職業に就きたいと考えていた。この社会のなかで，自分自身が何かにかかわっていければいいなあと思っていた。そのためには，少しでも名のある大学へ行って，一生懸命勉強してマスコミの仕事ができるよう，知識を増やして就職できればいいなあと考えていた。自分自身，文集づくりとか好きだったし，管理化されていない自由な実力主義の仕事は，私にむいていると思ったからだ。
　大学卒業後は，人と直接かかわってゆく職業に就きたいと思っている。大学在学中に経験した出来事が，私の中にあった考えを180度変えた。自分は，人が好きなんだなあと思った。人のために働く，人と一緒に成長することが，私にとって一番いいのではないかと思っている。
　20～30代は，保母のような専門職に就いて現状を把握し，経験を積み，40代くらいからいろいろな人々の相談役みたいな仕事に就ければいいなと考えている（女性l・3年生）。

　3年生の男性に比べて，女性は将来について実際的に見通し，自身のキャリアを方向づけ始めている。2年生の頃までは抽象的だった卒業後の進路が，大学在学中の諸経験をとおして確実に具体化されつつある。また，男性より女性のほうが，キャリアの職場生活と家庭生活と自己成長の3領域（武田，2004）のなかに，働くことに関する自身の能力や欲求や価値観を均衡させて描いているように思える。女性が思い描く働く自己像には，母親の働く姿が影響している（武田，2001b）。

　大学に入るまでは，別にやりたいことも特になく，とりあえず自分の成績にあった学校を選んでいただけで，就職というものについて深く考えたこともなく，ただ普通のサラリーマンになるだろうなと思っていました。

第3章　仕事の世界の空虚感

　大学に入ってからも特にやりたいことも見つからず，3年間が過ぎていき，就職活動をしなくてはならないとき，慌てて自分が何をやりたいのかを考えるようになりました。まず思いついたのが，職種がどうのこうのではなく，休みがとれるかどうかでした。特にやりたいことが思いつかない自分にとって，これが一番大事なことでした。そして，どんな仕事をしたいかと考えたら接客の仕事で，絶対この仕事だと思っているわけではなく，ただ自分は，営業や販売の仕事より接客の仕事が好きだし，自分にむいているのではないかと思ったからです。
　とりあえず，希望どおりの会社に入れましたが，満足しているかとなると疑問が残ります。他に何かやりたいことがあるのではないかと思っているし，実際に働いてみないとわからないです（男性 m・4年生）。

　今から思えば，以前の僕はかなり甘かった。その頃は新聞記者になりたかった。父親に「なぜ」と聞かれても，「かっこいいから」とかそのくらいしか言えなかった。何も考えずになりたいと思っていた僕。ある意味では，現在よりも昔のほうが幸せだったかもしれない。
　何とか内定をもらったので，そこでがんばる。15年はその会社でがんばろうと思う。15年たったら，そのときの自分の会社における地位をふまえつつ，第二の人生を考える。ある程度の地位があれば，さらに上を目指すだろう。
　しかしそうでない場合，つまり，大したことのない位置にいたら会社を辞める。現在の私から見ても，将来の私は後者になる確率は圧倒的に高い。そうであれば，会社を辞め，数年は勉強し，土地はあるので古着屋でもやろうと思う（男性 n・4年生）。

　大学に入学前の私のキャリアについては，大きな成功もなく，大きな失敗もない進路選択であったように思う。たしかに理想をいえばきりがないが，ある程度の妥協も必要だったようにも思う。その頃の私は，教師こそ自分の

天職だと決めつけていた。それ以外の職業は全く見えていなかった。その職業に就く自信は，もちろんのことあった。これと決めると，それ以外のことは見えなくなってしまうという私の性格が，自分のキャリアにかなりの影響を与えていた時期だったと思う。

　ところが今の自分はどうだろう。もう10月だというのに教師どころか，初職すら決まっていない。今は大学という移行（transition）の重要な時期であるが，そんな一生のことを今決めろと言われても決められるはずがなく，妥協していく友人たちや自分が嫌になってきている。これから大学を卒業して自分のキャリアがどうなっていくのかわからないが，学校歴と職業歴との移行の重要な時期にいる自分を見失わないように慎重に選択を下していきたい（男性o・4年生）。

　すでに勤務先が内定し仕事の世界の入口に立った4年生の男性の事例から，充分な満足感はあまり伝わってこない。「他に何かやりたいことがあるのではないか」「実際に働いてみないとわからない」「15年たったら，そのときの自分の会社における地位をふまえつつ，第二の人生を考える」など，選択したキャリアを確信しているわけではないようである。また，就職活動の過程で「妥協していく友人たちや自分が嫌になってきている」情況は，夢や希望と現実との落差を調整し克服する苦悩を反映していると思われる。

　私は，中学卒業後の選択をするとき，主に大学まで英語を学びたいと考えていたので，国際科を志望しました。しかしながら，受験に失敗し，同じ高校の普通科へ進学しました。国際科に所属すれば可能であるはずの海外でのホーム・ステイなどにも参加できず，高校3年間でその気持ちはなくなりました。

　その後，短大へ進学したわけですが，高校卒業時は社会学や福祉を学びたいと考えていました。結果的に国立大を失敗し，短大へ進学することになりました。そこで，社会学コースを専攻し，女性問題を学びたいと考え，さら

第3章　仕事の世界の空虚感

にまた編入を志望し現在に至っています。

　このように考えると私の場合は，ただ何となく専攻を決めたわけではないにしても，職業のことは全く頭になかったと考えられます。大学卒業後，何をやりたいかよりも事務職に就いて一生働いていたいと考えていたため，直接就業とは結びつきにくい社会学を目指せたのかもしれません。

　私は，大学卒業後，以前から志望していた医療器機関係の仕事に就くことに決めました。しかしながら，勤務地も職種も転勤の有無などもはっきりしていません。そういうこともあり，現時点でキャリアについては考えていません。ただ，結婚後も働くためには，実家の近くで働く必要があるのではないかと思っています。

　特に志望などのない性格ですが，就職活動をとおして得た自己の分析などをもとに，適職に就ければと考えています（女性p・4年生）。

　高校を選ぶときは，大学か短大へ行きたいと思っていたので，普通科でできるだけいいところに行こうと考えました。

　希望する高校に進学することができ，この頃から「手に職をつけ，専門性を生かした職業に就きたい」と考えるようになり，調理師の学校の資料をみたり，芸術家もいいなあといろいろ空想していました。

　3年生の初め頃は，法学や社会福祉を学べる4年制大学へ行きたいと思っていました。浪人したくなかったので短大から大学まで多数受験し，第1希望の社会福祉学部のある大学はすべり，ムリと思っていたこの大学に合格したので入学しました。

　大学に入学してからはサークルやバイトなど，いろいろな人と出会い視野を広げることができ，この大学へ来てほんとうに良かったと思っています。

　今も就職活動中ですが，明確な希望，目的がないので，だらだらしてしまい，このままいくと4月までに決まらないかも…と思っています。とりあえず簿記の勉強をしているので，それを生かせたらとは思っていますが，高校の頃と考えが全然変わってしまったと思う今日この頃です（女性q・4年

生)。

　3年生の頃にかなり現実的に未来のキャリアを思い描いていた女性も，実際に就職活動の現実に突入するともがいている。特に，近年の大卒女性をとりまく雇用状況は，彼女たちの未来のキャリア像を大きく変更させることがある。未来のキャリアを展望するとき，「明確な希望，目的がないので，だらだらしてしまい」，限定された選択肢への妥協を強いられる。また，「勤務地も職種も転勤の有無なども」はっきりしていないので，キャリアについて現実的に考えられない実情もうかがえる。

(2) 働く自己像を描けない正常性
　これらの事例をみるかぎり，進路選択の際に，教師などによる他者評価によってどのようにラベリングされたにしろ，最終目標である大学に入学できたという事実は，青年に学校歴の内実を実感させる。しかし，仕事の世界については，「実際に働いてみないとわからない」という意見が最も一般的な見通しであろう。多くの大学生は，働くことそのものを現実的に心象化できないので働く自己像を同一視できない。彼らにとって働くことの魅力は，外的報酬以外にはあまり実感がわかないのだろう。職業歴は，このようなあいまいなキャリアの選択から開始する。

　また，一部の大学生が思い描く生涯の夢[2]は，住宅の取得と雇用者から自営業者に転じ独立して開業することである（表3-1）。大学生のなかには，雇用者として働くのはせいぜい人生半ばの40歳までで，40歳前後で組織の構成員としてキャリアを形成する経路から自営業者のキャリアに乗り換えて，職業生涯の後半を過ごそうと考えている人もいる。

　また，働く自己像への気づきから，定職に就かないキャリアを選択した人は，その経緯や理由を次のように説明している（村上，1999)[3]。

　日本企業の年功序列の賃金制度が気に入らなかった。40歳くらいになって

第3章　仕事の世界の空虚感

表3-1　私立大学経営情報学部1年生の学卒後の「夢」

(人)

年　齢	男性（$n=184$）			女性（$n=23$）		
	自宅購入	独立開業	結　婚	自宅購入	独立開業	結　婚
全　体	90	50	159	16	5	21
23〜25	3	5	65	0	0	11
26〜30	15	11	80	2	1	10
31〜35	22	12	10	6	1	0
36〜40	26	14	2	6	3	0
41〜45	13	2	1	1	0	0
46〜50	6	4	1	1	0	0
51〜55	3	0	0	0	0	0
56〜60	2	2	0	0	0	0

(注)　この表は，学卒後の夢とその夢を実現したい年齢を自由に記述してもらった結果のうち，度数が大きい上位2項目「自宅購入」「独立開業」をまとめたものである。この2項目の合計値が，男女それぞれの標本数と異なるのは，「自宅購入」「独立開業」以外の項目は，いずれも度数が小さくばらついていたので，合計値から除外したためである。また，「結婚」は，一般的な人生の出来事（life events）の1つだから，夢とは別に記述してもらった。「結婚」項目の全体の値と全標本数との差は，結婚について未記入の欠測値を表わす。

お金が要るときに突然リストラされたりするのは嫌だ。また，サラリーマンのイメージが悪かった。一度なってしまえば，それがあたりまえになってその生活に満足してしまい，そこから抜け出せない気がした（男性r・22歳・大学生）。

　最初の頃は，4年になったら就職活動はやるものなのだと常識のように考えて活動していた。特になりたいという夢もなく，適当に良さそうなところ（企業）を見つけては受験したり，公務員試験を受けたりしましたが，決まらず，これからどうなるのだろうという不安と，どうして今までもっと真剣に将来のことを考えなかったのだろうという後悔でいっぱいの日々だった。
　そんななかで，ふと友人どうしの間でワーキング・ホリデーの話がのぼりました。…今まで，精神的にも金銭的にも親をあてにしていて，自分で何とかしてみようというのではなく，親が何とかしてくれるだろうという甘い考

えの私を変えてみたかったのだ。ことばも文化もまったく異なる空間のなかで，一人で学校や家や仕事を探したり，現地の人びとコミュニケーションをはかったりしながら，今，何をすることが必要なのかとか，自分でこれだけはやらなくてはいけないだろうなどと考えて行動できるようになりたいと思う（女性 s・22歳・大学生）。

　今の社会システムに疑問を感じたから。みんな高校あるいは中学，大学，まぁ何にしろ卒業したら就職する，それが嫌だった。もっとお金じゃない何かもあると思った。早く死んでも内容が濃かったら，うまくだらだらよりもいいと思う（男性 t・25歳・大学卒業後にフリーター）。

　私は定職に一度は就いたのですが，1年で辞め，今はフリーターです。理由は，私は初めから定職に就くつもりは全くなく，6月まで就職活動はしていませんでしたが，私の両親は私のためを思ってか，「絶対に就職しなさい」「将来のことを考えたら絶対に就職すべきだ」と毎日のように言われ，親の私を思う気持ちもわからなくはないので，「とりあえず」というかたちで，就職を決めました。どちらにしろ1年くらいで辞めるつもりでした（女性 u・22歳・大学卒業後にフリーター）。

　働く自己像を創造する機会に恵まれない日本の青年は，働く自己像を探索するからこそ，ぼんやりした心象しかつかめないのだろう。生涯キャリア発達の観点からみると，働く自己像を探索する青年の態度と行動は，加齢に伴うパーソナリティの標準的な成熟の現れである。青年が描く働く自己像があいまいでぼんやりしているのは，働く自己像を確立するような機会を探し求めても，日本の学校教育環境はまだ充分に整備されていないからなのだろう。学校に通う意義について，日本では，在学者も卒業者も「友だちとの友情を育む」を第一にあげているが，イギリスを除く他の9ヵ国の在学者は，「一般的・基礎的知識を身につける」「学歴や資格を得る」「自分の才能を伸

ばす」を，また卒業者は，日本以外の10ヵ国全てが「一般的・基礎的知識を身につける」「専門的な知識を身につける」を第一にあげている（総務庁青少年対策本部，1998)[4]。日本の青年にとっての学校は，諸外国と異なり勉学よりも友人との交流の場として認識されている。

　また，特定の職務に応じた求人活動をしない多くの日本企業の募集・選抜・採用も，働く自己像を確立していない青年を前提に行われている。そのため，早期離職者や定職に就こうとしない一部の青年は，働く自己像を確立したために，学校歴と職業歴との連鎖にかかわる社会規範から逸脱するしかなかったと考えられる。つまり，パーソナリティの標準的な成熟の観点から青年のキャリア展望をみると，日本社会では，働く自己像を確立していない青年は正常に社会環境に適応できるが，働く自己像を確立してしまった青年は正常に環境適応できないという奇妙な説明になる。

(3) 選抜・採用基準の陥穽

　社会環境に適応できる青年の正常性は，全人格の優秀性を査定する日本企業が有能と評価した結果，青年の学校歴と職業歴とが連鎖することで証明される。選抜・採用の基準は柔軟で，ものさしをあてはめるようなかたちではなく，採用予定者全体の均衡を考えながら人材の混合化の視点から評価している（松浦，1978）。最近の日本企業の採用選考は，メール・エントリー制や提案型面接や大学名不問方式の導入など多様化しているが，面接試験を重視する考え方に変わりはない（栩木・佐々木，1998）。

　働くことの潜在能力を全人格の優劣として見極める基準は，最終的には上級管理職者の面接による主観であり，その主観は組織文化の伝統を反映していると思われる。つまり，選抜・採用は，求職者にとって異文化の社会体系として知覚される組織への適応に関する潜在性を見極める試験であり，確かな基礎能力を組織文化の特性に適合させて表出できる潜在性を評価者に印象づけるような求職者の知能の社会性を，評価者は査定するといえよう。

　組織文化の伝統は，組織を所与の実体として構成員に知覚させ，職場に適

応するようにパーソナリティを変えさせる集団圧力が加わることも考えられる。求職者の協調性をみるという採用試験の面接項目には，組織文化の特性に適合するように自身のパーソナリティを変えられる柔軟性の確認が含まれているだろう。このように，組織文化への全人格の適合を個人に強いる場合，募集・選抜・採用時に，求職者の働く自己像があいまいでぼんやりしているくらいの成熟度のパーソナリティは好都合である。その反面，働く自己像の実体に気づいて早期離職する人や定職に就こうとしない人など，固有の組織文化に馴染めない人もいるだろう。

組織文化への適応の潜在性を募集・選抜・採用の基準にするかぎり，組織構成員のパーソナリティの同質化は避けようがない。異質な人材の採用・選抜を指向する場合の極論は，従来の募集・選抜・採用で不合格とされた人材を合格させることである。しかし，こうした措置も実際は，現行の基準を表とした裏からの評価であり，基準そのものは変わっていない。そのため，選抜・採用された異質な構成員の異質性は，既存の同質性の感性が感知し得る閾値範囲内に限定された異質性であり，当該の組織文化に適応し得る程度の許容された異質性にすぎないといえよう。

したがって，組織構成員の多様で異質な個性を生かして組織の活性化を図る場合，構成員の主観を基準にして，全人格の優秀性を評価する方法には妥当性への疑問が残る。例えば，異文化の感性を評価過程に組み入れて，主観的評価の絶対化を回避するという措置も考えられる。組織文化の伝統をさまざまな視角でとらえ，人の評価について常に新しい価値を付加し続ける態度が必要かもしれない。

2. 仕事の世界の心象

自社の組織文化の特性に適合するようなパーソナリティを新規学卒者に要求する日本企業にとって，働く自己像があいまいでぼんやりしている日本の大学生は好都合である。選考過程をとおして一定水準に達した基礎能力を確

認したうえで，選抜・採用で最も重視される求職者のパーソナリティは，協働集団の新しい仲間としての魅力ある特性である。一般に，その魅力は，青年後期に特有な若さによる奔放な活力や，あまり現実的ではない夢や抱負などから感じ取れる粗削りな素材としての潜在性であろう。働くことについての考えが固まり自己像が強固に確立しているという意味で成熟したパーソナリティは，個として自立しているとはみられても，自社色に染めにくいので敬遠されるかもしれない。

組織を1つの文化社会体系とみる場合，個の尊重と全体の統合との均衡は，組織を維持するための基本課題である。個性豊かで青年らしく明るく素直で元気な新しい仲間を迎えることは，組織を活性化させるために欠かせないが，個性が強すぎると組織文化と調和できずに不適応な状態に陥ってしまう。反対に，はっきりと自己主張せず集団に同調する傾向が強すぎると，組織に過剰適応して自己を喪失しかねない（武田，1997b）。

組織に対する革新（innovation）の効果を新しい仲間に期待するときは，組織文化への同調と組織からの逸脱との中間にあたるような組織行動が望まれる。そのため，組織が人的資源を募集・選抜・採用する前に，特定の組織で働くことを希望する人は，当該組織の文化に関する適度に現実的な心象を形成しておくことが大切である（Wanous, 1980）。しかし，現在の日本の標準的な学校教育環境のなかで，働くことに関する志向や規範や行動様式などを学生が在学中に自身に内化する機会は，アルバイトなどの臨時雇用者として就業する以外にはほとんど見あたらない。最近，一部の企業と大学との連携によって実施されているインターンシップは，学生に正規従業員と同じように仕事を経験させて，企業と学生との相互理解をはかろうとする教育プログラムで，仕事の世界を知らない学生の職業的社会化を促進することが期待される。

そこで，大学生が仕事の世界を覗いて感じたり考えたりしたことを記した報告文書のうち，強く興味や関心を持ったと思われる箇所を取り上げ，彼らが仕事の世界をどのように認知したかについて考えてみよう[5]。学校とは異

2. 仕事の世界の心象

なる仕事の世界に, 自分自身もやがて参入するという認識すら希薄な多くの大学生は, 新鮮な驚きと発見を経験したようである。なお, ここで紹介する事例は, 企業訪問した大学生の質問に対する企業の回答ではなく, 企業の回答から学生が想像し考えた働くことに関する彼ら自身の所見である。企業を訪問した経験を自身で記録し, その内容を内観しまとめたこれらの資料は, 大学生が認知した仕事の世界との隔絶感を探る手がかりになるだろう。

(1) 採用と評価の現実

新規学卒者の採用基準は各企業とも公開していないし, 個別の事情によって柔軟に対応しているので採用基準を定型化することは難しい。しかし, 選抜・採用にかかわる日本企業の考え方そのものの本質には, 日本人の組織に共通する原理があるかもしれない。

採用の選抜基準に関しては, 職種によって求められる能力の違いから, 販売職は4大卒, 技術職は資格取得者と明確に決められている。選考については一般的な手順・方法をとっているが, 面接が何度も行われるという点が他とは少々異なる部分であると考えられる。これは, この会社が人を中心に考えており, 人間性が最も表れる選考方法として面接を行っているからである。

人を大切にしていることは, インターネットでの求人についての考え方にもみられる。(人事課の担当者が)「今, インターネットによる求人が広がりつつあるが, インターネットでしか会社に接してこない者は, 人を基本とする当社にとって必要としていない」とおっしゃるように, 将来もこの会社では面接が重視され続けると考えられる。面接と同様に重視される選考方法として適性検査がある。…その次に重要視される健康診断は, 仕事をするうえで健康上の障害があっては困るため当然だろう。

学力検査については, 一般常識が求められるありきたり程度のものであった。また, 近頃いわれている大学名不問の採用についてだが, この会社でも大学で真剣に勉強する学生が減少したという見方からか, 当然のこととして

第3章　仕事の世界の空虚感

認識されていた。そして，大学名よりむしろ高校名のほうが，その人物の人間性を反映しているという考え方には新鮮さを感じた（男性v・3年生）。

　私がインタヴューさせていただいた会社は，現在，非常に人材の育成（特に，若者に対して）というものに力を入れて，さまざまなことに挑戦しようとしている会社であったため，その意気込みというものが強く感じられた。質問をしていくなかで，採用時のポイントというものを聴くことができた。このポイントには3つある。①育ててくれた親に感謝しているか，②素直に「ありがとう」と言えるか，③話を聞いていて聞きやすいなどの表現力があるか。
　これらのポイントを重視して採用しているという。このポイントにはかなりウェイトを置いていて，どんなに頭がきれる優秀な人材でも，このうちの1つでも欠けていたら（特に，①と②の感謝の気持ちに関して）採用はしないとはっきり言われた。この3つのポイントは，インタヴューを受けてくださった方の考えであるが，その方は営業部の部長さんで，採用に関しては社長とも充分に話し合っているし，営業部の責任を全て任されているので，営業部の採用に関しては，私の意見を優先させてもらっているため，会社の方針と同じと考えてもらってかまいませんとのことだった。これはつまり会社の方針として，「感謝の気持ち」というものを非常に重視しているということである（女性w・3年生）。

　vが訪問した自動車の販売を主な事業にしている企業は，学力よりも人物を大切にしているという。そうした考え方から，大学生は真剣に勉強しないので，大学名より高校名のほうが人物の人間性を反映すると聞いて，vは新鮮さを感じたという。勉学した結果より勉学する姿勢にみられる勤勉性を重視する考え方に，vは何かを感じたようである。
　また，厨房設備の設計施工や厨房機器の製造販売などを主な事業としている企業を訪ねたwは，どんなに頭がきれる優秀な人材よりも，感謝の気持

ちを忘れない人材のほうを採用すると聞かされた。ｖとｗは，仕事の世界では学力の価値があまり重視されていないと認知したかもしれない。

　現在の新規学卒者の採用基準は，成績だけではなくなっているそうです。その点については，すばらしい考えだと思いました。成績や大学名だけでその人の人間性まで決めつけられては，学生も初めからやる気さえなくなってしまいます。大学生活をいかに有意義に過ごしたかとか，積極性や協調性，そして適応能力などの社会性を重視することは，本当の意味での社会人を採用することにも繋がります。
　ただ，女性の採用と同じように，全ての企業がそのような新しい考えをしているわけではないのです。やはり学歴が大いに重視される企業も現実には多いに違いありません。この会社でも，実際には学歴を全く重視していないとは決して言い切ることはできないはずです。本当の意味で，採用に関する差別を現代の日本から消し去るには，まだまだ多くの時間がかかるような気がしました（女性ｘ・２年生）。

　新規学卒者の採用基準に関しては，どんなに個性が豊かでも筆記試験に合格しなくては面接試験に臨めないという点は，一般企業と何ら変わらないのだと思ったが，その筆記試験の中身は，やはり新聞社らしい内容になっていると感じた。また，面接試験の着眼点としては，私の予想（期待）どおりに個性の重視だとか，好奇心の旺盛さなどがあげられた。他の企業でもそういったことを望むところもあるのであろうが，取材により見たものや聞いたものを一般市民に伝えるうえで，画一的ではなくさまざまな視点からものごとを判断し考察できる眼が必要だという証拠なのではないだろうかと思った。他の企業では，逆に，個性の重視よりもその企業の意にどれだけ沿うこと（企業というイエに染まること）ができるかを多く求めるところもあると思う。
　各企業にそれぞれ事情はあるのだとも思うのだが，私は前者の個性重視の

第 3 章　仕事の世界の空虚感

ほうに好感を持っている。なぜなら，現代の多様な社会においては，特に日本で多く見られるような 1 つのことにこだわりを持ったり，みんな同じでなくては気に入らない，はみだした者を無理に押し込めたり，排除したりといった考えを持つ社会は，いつか衰退してしまうと思うからである。…ただ 1 つこの主題で疑問に思ったことは，なぜ，短大卒業者に関しては事務職に限っているのだろうかという点である（女性 y・3 年生）。

　x が訪問したのは建築物の設計や施工を主な事業とする企業である。x は，成績や大学名だけで人間性を決めつけるような採用基準ではなく，積極性や協調性，そして適応能力などの社会性を重視することに賛同している。x と同じように，新聞社を訪問した y も，個性や好奇心の旺盛さを重視する考え方を支持している。ただし y は，どんなに個性豊かでも筆記試験に合格しなくては面接試験に臨めないのは，新聞社に限らず一般企業も同様であることを知っている。

　資格取得に関しては，最近の就職事情において必携のものとして言われているが，実際就職するにあたって，いかにそれが活用できるかというのが自分自身正直いって疑問であった。英検を持っていたほうが有利だからとか言われて取ってはみても，実際現場で使うことのできない人間がどれほどいることか。とりあえずあって困らないから，ワープロやパソコンの資格を持っておこうかといった人が多いのも実際にみて知っている。
　そういった資格が本当にどこまで通用するのだろうか。その場しのぎの資格や，周りが持っているからといったような不安を回避するための資格取得は，逆に自分の首を絞めかねないのではないだろうかという気がする。とりあえずというための資格が，自分のプラスになるのだろうか。
　この話をしてみて，やはり（取得した資格の）質より量という考え方では，どんなに小さな企業でも相手にしてもらえないのではないかという気がした。とくに小さい企業であればあるほど，その質についての考え方は大変

2. 仕事の世界の心象

しっかりしていて，それに対するヴィジョンもしっかり持っているのだと思った。多く取ったほうが勝ちとか得とかではなく，その資格を一体何に使いたいのか，どうして自分がその資格を取ったのかという明確なヴィジョンがこちら側にもなければ，いくらどんなにすばらしい資格を持っていたとしても宝の持ち腐れになるように思われる（女性 z・3 年生）。

建設会社を訪ねた z は，選考過程における資格の効用について考えた。その場しのぎや不安回避のための資格取得は無意味であり，働く自己像に関連づけて資格を取得する必要があるという z の主張は，実際に正しいといえよう。

「採用試験の妥当性を確かめることはされているのですか」という質問には，「特には行っていない。仕事をしていくなかで，あまりにも失敗が続いている者がいる場合，その人の採用試験の結果がどうであったのかを見直すことはある」という回答だった。採用試験の結果は，採用基準に用いられることが主で，その人の入社後，見直すことはほとんどされていない。
しかし，採用試験の結果は，もっと活用できるものである。したがって，入社後のその人に関する参考資料として確立することが望ましいと思う（女性 aa・2 年生）。

評価制度を明らかにできないというのはわかる気もするが，うちの会社は，「こうこうこのようにきちんとした評価をしています」というのを明らかにしてくれれば，会社を受けようとする身としてはありがたいのだが。もし，きちんと就職したら，評価制度を簡単に知ることができるように働きかけてみたいと，ふと考えた（男性 ab・3 年生）。

aa が訪ねたのは地元の金融機関である。採用試験の結果と入社後の職務遂行との関係性から，採用試験の妥当性を確認する作業について指摘した aa

の意見は重要である。また，新聞社を訪問した ab は，評価制度を公開するように提言している。働くことの能力より態度を偏重しがちな日本企業も，熱意ある態度だけでは達成できないところに，仕事の成果として表れる能力の個人差を，個別に評価し一人ひとりに通知しないわけにはいかない。その評価結果は処遇と無関連ではないので，これから仕事の世界に入ろうとしている大学生にとって，評価制度の仕組みは企業選択の気がかりで重要な項目の1つである。評価制度と評価の現実については，第6章で論議する。

(2) 女性の選抜と採用の現実

最近の厳しい雇用情勢下で，女性の採用と選抜への関心は学生の間でも高い。女性の新規採用者数が男性に比べて少ないことについて，女性への一方的な差別を感じていた学生も，仕事の世界の実情にふれて少し見方が変わったようである。

質問に答えてくれた方は「うちの職場は，男性も女性も同じように扱っている会社です」と答えてくださった。細かくみていけば，それなりの不平等部分が生じてくるが，たしかにこの会社は，評価制度も採用も昇進も男女とも差はないかもしれない。その職場で働いている女性も「他の会社の女の子に聞いても違いますね」と（上司の前で）おっしゃった。

これは私には，とても疑問だった。ならば，どうして管理職の女性がもっといないのか。女性が企業の戦力となっていないのか。答えは簡単で，女性自身が企業の戦力になることを希望していないのだ。会社がいくら窓口を開いても，女性は申し込もうとはしないのである。よって，会社は女性を企業の戦力にはできないのだ。…それは，女性が仕事を続けていくことを考えると，結婚，出産を考えないわけにはいかないだろう。そのとき，現実を目の前にして，会社の対応がまだまだあいまいであること，仕事をするということが，そんなに甘いものではないことを女性は知っている。そのため，女性は企業の戦力となることを避けているのかもしれない（女性 ac・3年生）。

2. 仕事の世界の心象

　…したがって，もし，長期にわたって勤続してくれることを期待していた社員が，3～4年のうちに退職してしまえば要員計画は崩れてしまう。ここで問題になるのが，まさしく女子社員の採用である。均等法が施行され，多くの女性が平等であるということだけを頭に入れ，能力評価やこのような懸念を無視している点もあるのではないかと私は考える。

　このため面接などをとおして，「長期にわたって勤続する意志があるかどうか」「男性と同じ労働条件であっても職務に耐えられるかどうか」「多少残業があってもできるかどうか」「職場変更に耐えられるかどうか」なども，必要に応じて聞く必要があると思う。そして，それに応じた採用をすべきである。そうでなければ，均等法を施行することで，会社のデメリットも生まれるだろうし，形だけの平等にとどまることになるのではないだろうか。

　ここの会社では，評価制度に年功序列制度が根強く残り，女性の採用や女性の進出は少ない。実際，T営業所では，女性社員はお話をうかがった1人だけであった。彼女は主に事務の仕事をし，他にも全般的に仕事をこなしている。採用試験時のお話もうかがったが，面接時も女性は1人しかいなかったという。…女性の採用が補充的なものであり，1人辞めれば1人採用し，辞めなければ採用されない。システム・エンジニアや営業では例外があるようだが，その業務で男性と対等にノルマをこなすことは，かなり大変なことであるという話もあった。そのため，なかなか好んで女性が飛び込まないのが現状だった。これでは，この会社では女性の採用が多くはならない。

　今回，特に私が感じたことは，近年，女性の新規採用が少なくなっていると言われていることについて，女性だけ差別され採用されないということだけを考えて，平等でないと感じていたが，実際は，仕事への女性の進出により仕事を辞めない人が増加していることも関係があるということだった。この会社だけでなく，他の人からも聞いたのだが，男性は昔から基本的に定年まで働く場合が多く，会社を維持するために採用計画を立てやすいが，昔は結婚すると仕事を辞めていた女性が少しでも残るようになると，会社の規模を拡大しない限り，新規の女性の受け皿がどんどん狭くなりうまく循環しな

いということになる（女性 ad・3 年生）。

　ac が訪問したコンピュータや OA 機器などの販売を主な事業にしている企業では，採用や評価や処遇の男女差がないのに女性の管理職者が少ないという。こうした事実について ac は，女性自身が企業の戦力になることを希望しないので，会社がいくら窓口を開いても女性は申し込もうとしないと考えた。その背景には，結婚や出産に直面したときの会社の対応のあいまいさを予想して，女性はあえて企業の戦力になることを避けている事情があるのではないかと ac は推察した。

　また，同じ会社を訪ねた ad は，これまでの結婚退職を前提にした女性の採用計画が，結婚後も働き続ける女性が増えている現状と適合していないと指摘した。ac と ad は，女性の働く自己像の変化に組織が対応しきれていないと認識したようである。

　しかし反対に，一時的な腰掛け就職をする女性が多い実態を垣間見た ae のような場合もある。ae が訪問したのは総合証券会社だった。

　この会社で一般職を希望する女性は永続性がなく，入社しても一時の腰掛け式の人が多い。したがって，会社側としても OJT で教え込んでもムダになることもあると考えてしまうのだろう。この会社だけではなく，結婚相手を探すためなどの一時的な腰掛け就職的な社員はどの会社にもいると思う。

　しかし，実際に働いている女性社員の側からは，全く同じ学歴，同じ年齢，同じ採用試験等でありながら，たんに女性というだけで給与の差や昇進の差をつけられる，重要な仕事はさせてもらえない，いつも男性社員の補助役を押しつけられるなどの不満の声はあがっていると思う。女性だからといって劣等感を持ったり，あるいは逆に抵抗ばかりしたりでは，自分の良さを十分に発揮することも向上することもできないと思う。…この会社の女性選抜の制度で疑問に思ったことがある。女性の採用，選抜では男性と差別していないと言っていたが，女性社員を総合職，特定職，一般職と分けること

自体が新たな差別ではないかと思った（女性 ae・2年生）。

　一時的な腰掛け就職をする女性が多いから総合職，特定職，一般職に分けるのか，それとも総合職，特定職，一般職に分けるから一般職の女性は一時的に腰掛けるのか。女性のキャリアへの欲求を3つの選択肢に制度化したことが，ae には差別と映った。
　一方，結婚や出産・育児をはじめ家庭生活への配慮が制度化されている会社で，仕事と家庭とを両立しながら女性が働き続けている実態もある。

　このように女性の労働が自然なことになってくると，女性のみが抱える問題や，家庭というもう1つの職場との両立が難しい問題となってくる。この会社では，女性のためのさまざまな制度の導入が積極的に行われている。例えば，生理休暇，結婚休暇（女性に限らず），産前・産後休暇（産前6週間，産後8週間），育児休職制度（満1歳未満の場合に1年間，必ず復職することが原則），介護休暇（女性に限らず），ボランティア休暇（女性に限らず）などである。これらの休暇の間は有給である。
　実際，これらの制度を利用する人は多いのかという質問をしたところ，かなり多くの人が利用しているようである。女性の意識も変わり，会社は結婚までの腰掛け，結婚したらすぐ会社を辞めるという人が少なくなってきているようである。そのようなことから，こういった制度をフルに活用し，家庭と仕事の両立をはかっているようである（女性 af・3年生）。

　af が訪ねたのは電力会社である。af によると，この会社では採用や昇進や賃金などの男女格差はないので，仕事についても男女が同じように扱われるという。このような取組みに af は好感を持った。

　自動車部品の製造業だけあって圧倒的に男性が多い。従業員数は，女性228人に対し男性は1285人だった。意外だったのは，平均年齢が女性のほうが高

いことである。

これは、パートとして働いていた人が正社員として登用されることがあるかららしい。

また、男性の平均年齢が比較的に低いのは、現場で働いている人に高卒者が多いからである。

ドラマなどで、女性がお茶くみをしている場面を見かけるが、話によると今ではそういうことはないらしい。そういう面では、女性は職場の花的考えは減ってきているのかもしれない。この会社ではお茶が飲みたいとき、男性社員は自分で買ってくるのだそうだ。これはよいことだと思う。ただ、もし来客があったときはどうするのだろうかと思ったが、そういうときは総務の女性がお茶を出すことになるという話だった。

1986（昭和61）年に男女雇用機会均等法が施行されたが、まだまだ男性優位の傾向は消えていないと思う。この会社でも女性が優遇されているとは思えなかった。しかし、不景気のために一般職の女性よりも、総合職や現場で働ける男性を採らざるを得ないということもあるのかもしれない。事実この会社では、近年は、ほとんど女性は採用していない（女性 ag・2年生）。

ag が訪問したのは、主に自動車部品を製造している企業である。経済情勢の変動に伴う好不況の波は、女性を雇用の調整弁とする現実を ag に認識させた。

(3) 有能の多義性

新規学卒者の採用は、学業成績が良くなくても人物として優れている人を採用するという方針に、学生は賛同している。勤勉性、積極性、協調性、適応性などのパーソナリティ特性は、日本企業が行う選考の評価項目として一般的であるが、これらの特性と学業成績とは相関しないのだろうか。日本企業が学業成績をあまり重要視しないのは、「大学で真剣に勉強する学生が減少したという見方から」なのだろうか。学業成績が良い学生については、は

たしてどのような見方をしているのだろうか。学業成績の優秀性と人物の優秀性とを区分するとは、どういう選抜・採用の論理なのか。新しい仲間としては、学業成績が良くなくても人物として優れている人のほうが協働しやすく安心なのだろうか。日本企業は、採用選考過程で、人物の優秀性に関する基準をどのように具体的に設置し、自社内で共有しているのだろうか。

しかし、こうした疑問について、経験科学の成果から人物の優秀性を評定するための選抜・採用基準を一般化することは困難と思われる。そのような明確な基準を設置しないで、あらゆる人物特性に関する任意の診断水準に照らし、面接者の個人的な認知による人物の優秀性への感受を、「有能」とラベルづけすることで、個別的で多種多様な有能の雑居を認めるという原理が、新しい職場仲間を選抜・採用するとき、日本の多くの経営組織が行う採用選考の本質ではないかと考えられる。志望学生と対話する面接者は、働くことの多様な心象を把握し、そのばらつきを主観的に標準化して評価しているのだろう。

また、女性の選抜と採用については、まだ、求人求職ともに多様な考え方が混在しているようである。女性が働くことについての組織文化の伝統を、制度改革によって一応は刷新したようにみえる企業への学生の印象は総じて良い。女性への門戸を開くようにしている企業が、実際に成果をあげている事実が数多く報告されるようになると、女性の選抜と採用をめぐる事情も変わるだろうが、そうした状況になるまでには、まだしばらく時間がかかりそうである。

3. 仕事の世界への移行問題

日本の多くの青年は、閉ざされた学生生活のなかで働く自己像を探索しているので、ぼんやりした心象しか描けないのだろう。卒業を間近にして、社会に出ることへの諦念（稲泉, 2001）が蔓延しているようにすら思える。そのため、大学で学ぶことは卒業後に働くためというより、友だちづくりの場

第3章　仕事の世界の空虚感

になってしまっているのが現状かもしれない。大学での勉学は，卒業して働くときに大して役立たないと学生は思っているようである。そうした想像は，前述した学生の報告内容からも読み取れる。

　具体的には，勉学して身につけた知識等より，勉学する姿勢にみられる勤勉な態度を企業はみているという学生の認知は，日本企業の職場内訓練を主体とする教育体制を前提にすると，大学教育で習得する知識等の実用度の低さは，志望学生の知識面への期待よりは勤勉な態度を重視させ，選抜・採用後の速やかな適応を要求していると考えられる。

　また，「育ててくれた親に感謝しているか」「素直に『ありがとう』と言えるか」「話を聞いていて聞きやすいなどの表現力があるか」を採用時に重視しているという説明を聞いた学生は，感謝の気持ちの重視が印象深かったようである。この事例も，大学での勉学内容と直接には関連しない人格特性が，選抜・採用の評価項目になっている実情を示している。

　このように，日本企業の選抜・採用は，面接者の主観に左右されがちである。そのため就職試験では，仕事に関する能力や適性や知識の専門性より人物重視という印象を志望学生が抱いても不思議ではない。しかし，選抜・採用の実質的な採否が決まる面接の評定項目や評定基準については，採否の結果にかかわらず，なぜ，採用された／されなかったのか本人にもよくわからないようである。

　日本企業では一人ひとりの職務区分があいまいなので，特定の職務内容に対応する特定の能力や適性を選抜・採用できないから，必然的に面接の評価項目や評価基準もあいまいになる。眼前の志望学生が，入社後にどのような職務に配属されるかを面接者自身は知らないので，具体的な仕事内容そのものについての質疑は成立しない。志望学生も，入社したい会社の事業や基本的な雇用条件などの情報は事前に集めているが，就業することになる仕事の内容については漠然とした心象でしかない。おそらく「サラリーマンになる」という程度の気持ちだろう。つまり，実際の採用選考の場では，個別の職務内容に関する能力や適性が，面接によって評定されているわけではない

のである。つまるところ，志望学生の職場仲間としての相性が，一部の組織構成員によってわずかな時間の間に評定され，採否が決まるのが実情であろう。このようなあいまいな面接試験の結果によって，学校から仕事の世界への移行が規定されているという見方は，社会で成功する要因として，努力や才能以外に，運やチャンスを重視する日本の青年が，諸外国に比べ著しく多いという報告（内閣府，2003，2009；総務庁青少年対策本部，1994，1998）とも整合する。

したがって，欧米で論議される生涯キャリア発達論において，学校から仕事の世界へ移行する際に重要とされる予期的社会化（anticipatory socialization)[6]や，ありのままの現実的で正確な職務情報の事前呈示（realistic job preview)[7]などの概念が重視する本来の意味合いは，日本ではあまり有効でないように思える。なぜなら，志望学生が組織社会化を先取りしたり，面接者が仕事や職場のありのままを開示したりするとき，その中核にあるはずの個別職務の具体的な内容が，選抜・採用時には，まだ当該の志望学生別に定まっていないからである。

こうした情況は，新たな問題をひき起こす。特に，新入社員がキャリア発達の早期に経験する現実ショック（reality shock）は，離職や転職など，新入社員の定着率に影響するので見過ごせない。入社前に集めていた仕事や処遇に関する情報と，入社後の実際との落差に少なからずショックを受けた新入社員の働く意欲が，急速に低下していくことは容易に理解できるだろう。とりわけ高い潜在性に期待が寄せられている人材ほど現実ショックは大きく感じられるようで，なかには大変な思いをして入社した会社に見切りをつけて，他の進路にキャリアを変更する事例もみられる。そのため，一定の定着率を見越して採用者数を割増しているような企業もある。

また，人生80年時代の少子化は，大学全入が話題になるほど大学進学には好条件である。大学進学率が高まると，生涯のうち約4分の1の時間は学校で過ごすような人生が，日本人の生涯キャリアの標準になるかもしれない。学生として過ごした時間は，専ら学力を目安にして在学校や在学校内で占め

る位置を，就学段階の移行を時系列に繋いだ軌跡になる。この軌跡の客観的な側面は学校歴そのものであるが，学校歴を構成する複数の要素は，1つの構成要素が別の構成要素と連鎖する時点で，新たな価値が付加されキャリアは変化する。

そして，キャリアが変化して生まれる節目は，他者による評価の結果でもある。具体的に，入学試験や進級審査などを考えてみよう。学校歴の構成要素間の連鎖部分には，進路選択の諸事情が潜んでいるが，進路は個人の選択が最終の意思決定であるなら，人は自ら考え選んで，自身のキャリアを創造するといえよう。

しかし，個人が選択した進路を他者が評価するとき，キャリア変化には，個人の選択は他者の承認によって成立するという側面が現れる。ラベリング説（labeling theory）の考え方（Becker, 1963）を参考にすると，個人の学校歴の構成要素となる新しいレッテルを，他者が貼ることによってキャリアは社会的に変化したことになる。つまり，個人のキャリア選択は，他者の承認を伴うという社会化の本質にかかわる性格を備えている。

個人の生涯キャリアは，他者の評価や承認によってつくられるとみる場合，生涯キャリアの発達の鍵は，他者評価にある。個人の態度や行動に対して，他者がどのようなレッテルを貼るかが，本人のキャリアの発達に影響する。例えば，ホラハンとホラハン（Holahan & Holahan, 1999）は，ターマン（L.M. Terman）が行った天才児の研究で対象となった人たちへの追跡調査をして，20歳代半ばに自身が天才児のレッテルを貼られていることを知った人は，中年期まで天才児に恥じないように生きてきたとはあまり考えておらず，80歳になったときもそれほど幸せ（psychological well-being）に感じてはいないと報告した。この結果について，ホラハンとホラハンは，若年期における天才児のラベリングのような非現実的な期待は，自己の価値を永続的に引き下げ，否定的な情動を育むように作用すると説明した。この報告は，他者評価が生涯にわたって人の幸福感を規定するという事実を示している。

3. 仕事の世界への移行問題

　ところで最近，学校組織での他者評価は，教育評価をめぐる議論[8]，また，経営組織での他者評価は人事評価についての論議[9]を触発している。教育評価については学校組織の枠組みのなかで検討され，人事評価については経営組織の枠組みで考えられているため，学校組織と経営組織との間に他者評価，つまり，学生ないし社員の評価に関する共有された認識が欠如しているのではなかろうか。他者評価が伝える情報の価値という観点から学校歴と職業歴との関連性を考えることがあまりないので，採用試験で評価される学生は，自身のキャリアについて，学校から仕事の世界へ通ずる連続性や一貫性を探るとき，学校歴と職業歴とを結びつけることに苦慮し，ぼんやりと将来のキャリアを展望するような状態に陥っているのではないかと思われる。

　学校から仕事の世界への移行を，学生が円滑に納得いくように解決するためには，大学の教学体制を見直す必要もあるだろう。日本の場合，長い学校教育の最終段階である大学に入学した途端に燃え尽きたかのような学生に，学生生活よりずっと長い卒業後の職業生活への興味や関心を抱かせ，自らが能動的にキャリアを創造していくための環境づくりを大学も考えなければならない現状にあると思う。

注
1）これらの事例は，1997（平成9）年10月に，愛知県内の私立大学文学部の講義で，「大学に入学するまでのあなたのキャリアについて，あなた自身は，どのように考えていますか。見出しをつけて自由に記述しなさい。また，大学を卒業した後のあなたのキャリアについて，あなた自身は，どのように考えていますか。同じように見出しをつけて自由に記述しなさい」と記した用紙を配布し，出席していた学生に記述してもらった結果の一部である。そのうち本章では，同じような内容のいくつかの記述のなかから，任意に選んで紹介した。なお，記述内容は，原文の表現をそのまま記したが，誤字や脱字などは修正し，文意を損なわないように要約した箇所を含む。
2）原調査は，愛知県内の私立大学経営情報学部の講義で，1年生の男性184人と女性23人を対象に，1998（平成10）年10月に行った。最初に，調査対象者に白紙を配り，現在の年齢を始点，自身が予想する死亡時の年齢を終点にした直線上に，年齢の目盛りを任意に記してもらった。次に，「大学を卒業した後，あなたが経験すると予想される生活の出来事を，その出来事を経験すると思われる年齢といっしょに年齢直線上に記入してください。予想される生活の出来事のうち，あなたにとって生涯の夢の出

第3章　仕事の世界の空虚感

来事は，他の出来事と区別して記入してください」と教示して，それぞれ自由に記述してもらった。
3 ）村上（1999, pp. 3-4）は，大学在学中に卒業後の進路について悩んだ自身の経験から，「多くの人は定職に就いて働くが，なかには定職に就かない人もいる。私はそのような人びとに焦点をあて，なぜ定職に就かないのかを探ってみたいと思った」。そして，定職に就こうと考えている大学在学者3人，定職に就いている大学既卒者3人，定職に就こうと考えていない大学在学者3人，定職に就いていない大学既卒者3人，定職に就いていない大学退学者1人を対象に，①なぜ，定職に就く／就かないのですか？　②現在，何をしていますか？　③これからの進路をどのように考えていますか？　④最終的にどんなことをしたいのですか？　⑤定職に就く／就かないことで良かったこと，また，悪かったことは何ですか？　⑥大学時代に感化されたことは何ですか？　⑦大学での勉強は役に立ちましたか？　⑧現在の収入・支出の内容を教えてください　⑨家族や友人は，あなたの選んだ進路についてどのように思っていますか？　⑩自分の進路を決定したきっかけは何ですか？　⑪家族のなかでのあなたの立場はどうなっていますか？　⑫小さい頃の夢は何でしたか？　⑬今，自分のなかで一番熱いことは何ですか？　の13項目について，面接法で聴き取った結果をまとめた。なお，本書での記述内容は原文の文章表現のままであるが，誤字や脱字などは修正した。
4 ）原調査は，青年の生活意識や人生観などの把握を目的に，日本，アメリカ合衆国，イギリス，ドイツ，フランス，スウェーデン，韓国，フィリピン，タイ，ブラジル，ロシアの計11ヵ国の18〜24歳の男女を対象に，1998（平成10）年2〜6月にかけて各国とも1000標本回収を原則とした調査員による個別面接法で行われた。
　　ちなみに，「第7回世界青年意識調査」は，日本，アメリカ合衆国，ドイツ，スウェーデン，韓国で，2003（平成15）年2〜6月に，また，「第8回世界青年意識調査」は，日本，アメリカ合衆国，韓国で，2007（平成19）年11〜12月に，イギリスとフランスでは，2008（平成20）年9〜10月に実施された。どちらの結果も，日本の青年だけが「友だちとの友情を育む」ことを学校に通う意義とする傾向に変わりはない。
5 ）これらの事例は，愛知県内の私立大学文学部の講義で，履修した2〜3年生に，①評価制度の改革，②若年者の管理，③中高年者の処遇，④事業計画の見直し，⑤中途採用，⑥女性の採用と選抜，⑦海外への移転，⑧海外経験者の採用，⑨新規学卒者の採用基準，⑩定年退職制度の見直しのなかから3つ以内の主題を選び，1996（平成8）年8〜9月に，各自が任意に選んだ企業を訪問し，担当者への面接法による聴き取り調査をして，取り上げた主題別に当該企業の現状と今後の課題についてまとめ，自身の感想や意見を記述するように教示した結果である。そのうち本書では，多くの学生が主題とした⑨新規学卒者の採用基準と，⑥女性の採用と選抜に関する事例の一部を紹介する。なお，記述内容は原文の文章表現のままであるが，誤字や脱字などは修正した。
6 ）マートン（Merton, 1949）が準拠集団（reference group）との関連で提唱した概

3. 仕事の世界への移行問題

念で，特定の集団に所属する前に，当該集団の規範や行動様式を学習し内化することを意味する。社会化の先取り，将来を見越した社会化ともいう。

7) ワナウス（J.P. Wanous）が提唱した概念で，人材を募集する際に，仕事や会社などに関するありのままの正確な情報を入社志望者に提供するほうが，入社後に，新入社員が実際に働いたときに経験する現実ショックは小さくて，仕事や会社に円滑に適応できるという考えである。

8) 例えば，国民教育文化総合研究所（1997，1998）が編集した教育評価の現状と問題点についての論議は，教育評価改革に向けて，評価の意味の転倒を克服するため，①学校を地域に開く，②子ども自身を評価主体とする，③教師の役割を子ども自身の生きた経験を支援することに求める，評定の過剰を克服するため，④評定段階を大括りなものにする，⑤評定対象を厳選する，⑥指導要録を廃止する，評価の権力性を克服するため，⑦内申書を開示する，⑧権利的評価を追求する，真の意味での評価を充実させるため，⑨リフレクションの場を確保する，⑩コミュニケーションとしての評価を充実させる，⑪子どもの姿が見える評価につとめる，従来欠落していた評価の視点を導入するために，⑫スクール・レポート（学校白書）を作成することを提言している。これらの提言は，「何のための教育か？」「何のための評価か？」という教育評価の根本的な意味についての再考からまとめられたという。

9) 例えば，現代経営学研究学会（1998a, 1998b）が編集した人事評価にかかわる現状と今後の方向性についての特集によると，個人の業績や成果にもとづく能力主義管理の考え方にしたがって，日本企業の人事管理制度は変革されつつある。変革の主な課題としては，国際標準をどのようにとらえ対応するか，制度の変革と連動して組織構成員の意識の変革をどのように実現するかなどが指摘された。

第4章
採用された自己の理解

　大学卒業後に就職しようとする学生が，在学中に想像する働く自己像のあいまいさや，仕事の世界について思い描く不確かな心象が明らかになったので，次に，仕事や職場への期待と不安との関連性について，学校歴から職業歴への移行に伴う経験を記述しよう。具体的には，採用内定された志望学生に対して，就職前と就職後の2時点で聴き取り調査を行い，就職前後をとおして，仕事や職場への感情や考えにどのような変化がみられるかを明らかにする[1]。そこでは，ある日本企業が，仕事や職場関連の情報を採用内定者に提供して働く自己像を形成させるため，予期的社会化をねらった入社前自己啓発プログラムが，大学在学中から実施されている現状を紹介する。

　また，組織の募集・選抜・採用活動は，収集／提供される情報が決め手になる。仕事や職場の肯定的な情報だけでなく，否定的な情報も積極的に伝えようとする人的資源の採用戦略は，採用された新人におおむね好感を持たせる（松嶋他，1999）。入社後の仕事経験の実際が新入社員にひき起こす現実ショック（reality shock）の個人および組織への不利益を軽減するためにも，就職前の志望学生には現実的に適切で充分な募集情報を提供することが望ましいだろう。

　しかし，説明会や面接試験の場で，志望する企業の採用担当者を介して得たさまざまな情報にもとづいて熟慮し選んだ会社の現実は，入社前の心象とは微妙に，あるいは大きく異なるかもしれない。このような入社直後の驚き

第 4 章　採用された自己の理解

は，解消し克服しなければならない課題として新人に対処を求める。そこで，入社後早期に困難な問題を経験した人[2]と，その解決として退社しキャリアの進路を変更した人[3]への聴き取り調査の結果を紹介しよう。

1．応募から入社まで

(1) 就職前の意見

仕事の希望　ah はマスコミ志望だったので，大学 3 年生の1998（平成10）年11月から W セミナーに通学するようになった。1998（平成10）年12月には，求人各社に資料請求のための葉書を出した。

最初はマスコミを志望していた ah だったが，A 社で社外からかかってくる電話の応対の仕事をアルバイトでしているうちに，人と接触する仕事を重視するようになったという。しかし，電話による接客業務のアルバイトは，対面ではなく相手の顔が見えない物足りなさが多少ひっかかり，いろいろな人と直に接触したいと思った。

B 社の面接内容　ah が就職志望先として絞り込んだ流通業 B 社の会社説明会は，1999（平成11）年 3 月に開かれた。一部にヴィデオも用いた事業等の説明が 3 時間行われ，それから国語と数学と英語と一般常識の筆記試験が，自己紹介の作文も含め約45分かけて実施された。さらに，店舗見学をしないと書けないような主題のチャレンジ・シートを完成させて持ってくるように指示された。最後に，志望学生 3 人で，「良い店とはどういう店か」について自由に集団討論するように要求された。「考えがまとまった方から手を上げてください」と促され，10分間の討論をした。

その後，第 1 次面接は 4 月中旬だった。午前11時に14人くらいの志望学生が大部屋に集まり，B 社の PR ルームの男性担当者 2 人が和ませるような場づくりをして，それから面接場となった小部屋に移動し，面接終了後は再び大部屋に戻るような流れだった。面接は人事教育部に所属する40歳前後の女性の採用担当者が面接者で，男性 1 人と ah を含めて 2 人の女性志望学生へ

の集団面接を行った。志望学生は全員が地域専任職を希望していた。主な質問は，「(事前に課題とされていた店舗見学について) どうして文具売場を見たのですか」「(文具売場の) 商品を扱いやすいことと，お年寄りから子どもまで幅広い年齢層の顧客を相手にするからです。子どもには良い印象を持っています」「総合職について，どう思いますか」「いろんな地域を体験することで，(自身の) 出身地域の良さがわかるだろうから，総合職もいいと思います」。その他には，将来のキャリア・コースの希望，つまり，「スタッフか店長かスーパーバイザーかバイヤーか」について尋ねられた。

第2次面接は5月下旬だった。40歳代半ばから50歳くらいの店長クラスの男性面接者から30分間の個人面接を受けた。「他社の選考・内定状況」「どうして流通業界なのか」「どうしてB社なのか」「追加の店舗見学をしたか」「売場は文具にこだわるか，鮮魚になったらどうするか」「働きたい業態は何か」「(個人属性について) 趣味，英語力，パソコン・ソフトの使用など」を質問された。こうした質問をとおして，受け答えの中身が確かな裏づけにもとづいて話しているかを確認していると，ah は思った。ah が認知した面接による評価項目は，パーソナリティ特性の信頼性，誠実さ，勤勉性などとの相関が推察される。

この第2次面接後の1999 (平成11) 年6月8日に，ah は B 社の採用内定の通知を受け取った。選抜・採用の評価基準について，「学業よりも人物重視だと思う。『やる気』『コミュニケーション能力』『柔軟性』『積極性』『自信の有無』などが重視されている。積極性は，『採用されるだろう』という (本人の) 前提で話す人とそうでない人との違いや，質問に対して考え込む人とそうでない人との違いである。自信の有無は，(面接の場で) 堂々としているかの違いである」と ah は考えた。

採用内定後には，採用内内定者通信が定期的に送付された。採用内内定者通信の主な内容は，例えば，課題図書を読んで感想文を書いて提出するというような入社前自己啓発課題である[4]。そのなかに，B社が求める人物像が次のように記されていた。「お客さま志向ができる人。小売業に興味があり

喜びを感じることができる人。小売業にロマンを感じることができる人。流通の近代化を図り，お客さまの生活を豊かにしたいという意欲，熱意，誇りがある人。チェーンストアの社会的役割を認識し，消費生活向上の為に何をなすべきか常に考え行動できる人」。

　ah の自己分析　面接試験で，ah は自身をどのように売り込んだかについては，「現状に満足しない前向きな性格の人間なので，向上心を持って会社のために尽くすつもりです。それに，後輩をまとめる経験も豊富で，恨まれずにみんなをまとめるリーダーシップの力があります。有言実行で，人に言われずとも率先してやります」。ah が長所として訴えたパーソナリティ特性は，自己啓発意欲，リーダーシップ，統率力，積極性，始動性などである。さらに，「変化をリスクと思わないので，顧客も勤務地も変わることを気にしません」と付け加えて，柔軟性，適応力も売り込んだ。

　ah は自分自身について，「人から嫌われたことがないと思う。他人に不快感を与えない性格で，人に尽くしたい性格だと思う。噂を信用しないし，世間体も気にしない。先入観で人を見ない」と説明した。

　採用内定を得るのに貢献したと思われる面接での具体的な応答については，例えば，店舗見学をして気づいたことを，「文具売場は，（自分自身の）子どもの頃の印象が大切だと思います。例えば，折り紙が棚の上に置かれていると，子どもの目には留まらないので，手動式の棚の上げ下げ機のようなものを設置したらいいと思います。それに，（文具売場の）通路が狭いと感じました。土曜や日曜は混むので，もっとゆっくりできるように通路を拡張すべきだと思います」と伝えた。このような提言からも，ah の洞察力，創造力などを評価できるだろう。

　ah による B 社の分析　B 社についての ah の心象は，「（店舗見学などによって）職場の雰囲気を体感できた。開放的な企業だと思う。庶民的で生活に密着している。（商品の）安さだけでなく，（店員の）対応が丁寧で，CS (customer satisfaction：顧客満足) を重視していると思った」。また，商品の購入目的だけでなく「（B 社の店舗に）行くと楽しい」と ah は感じた。そ

の理由について,「(B社の店舗は)アミューズメント的な性格が感じられる。(顧客を集めるための)戦略だと思う」と考えている。

このように認知したB社の心象とah自身の性格とは,「適合しそうだと思う。読むように指定された課題図書の著者が主張していることが,B社のイメージそのものだと納得して,自分としても共感できる」。

B社で働く自己像 入社後の仕事について,「まずはアルバイトと同様に,陳列や在庫管理などの仕事を覚えていくことから始めようと思う。(入社)1～2年後には,売場レイアウトについて何か提案できるかもしれない。その頃には,正規従業員として稼働できるだろう」とahは予想している。「顧客の視点を忘れないようにしたい」と,仕事の心構えを自覚している。

また,B社で働く場合,「①自己啓発の方法がわからないときは,支援体制や教育体制が充実している,②努力した成果を公正に評価してもらえそう,③選抜・採用では学生の立場に立って選考してくれたので,(自分自身も)相手の立場に立って考えられる人間になれそう」と,自己の成長を望んでいる。

(2) 採用内定後の経験

採用内定関連の書類 1999(平成11)年10月1日付で,職務系統区分が総合職の採用内定証を受け取ったahは,2000(平成12)年4月に入社するまで,多数の書類を準備するように指示された。それは,内定の関連書類,入社内定者自己申告書の関連書類,返信物の関連書類,その他だった。内定に関する主な書類は,①採用内定証,②内定者ご家族様,つまり,本人の家族への挨拶状,③約定書だった。入社内定者自己申告書に関する主な書類は,④入社内定者自己申告書,⑤各事業(本)部ご紹介だった。返信物に関する主な書類は,⑥就職アンケート,⑦公的資格証明書送付用紙だった。その他の主な書類は,⑧フレッシュ・ピープル・ツアーご紹介パンフレットだった。

②内定者ご家族様に記された文面から,B社の経営理念が読み取れる。

第 4 章　採用された自己の理解

「弊社は，誕生以来『お客さま第一主義』を経営理念に掲げ実践して参りました。変化が著しい時代にこそ，今一度原点に立ち返り『お客さま満足の実現』に向けて，お客さまのニーズに対応する新業態の開発，商品や売場の再構築等，果敢な変革に取り組んでおります。さらにこうした事業展開に加え，地域のお客さまに密着した店づくりを目指し，様々な環境保全・社会貢献活動をお客さまとともに推進しております。そして，常にお客さまにとって魅力あるショッピングセンターを，若々しい活力と柔軟な発想をお持ちの方々とともに築いていきたいと考えており，ご令嬢様にもそのお一人として存分にお力を発揮して頂ければと期待を致しております」。

　また，ah が送付する B 社社長宛の③約定書は，「このたび貴社へ就職が内定いたしました。つきましては下記の通り約定いたします。1．今後とも現在の健康を保持し，入社の日まで学業に務め学生として本分を忘れず生活いたします。2．会社の定めた提出書類については，期限内に提出します。3．住所変更，その他一身上の変化につきましては直ちにお届けいたします。4．内定者面談等で会社からの参加要請がある際は，必ず参加いたします。万一，参加できない場合は必ず連絡いたします」と記された内容について，本人の学校・学部科名，氏名，生年月日，現住所を，1999（平成11）年10月1日付で記入し捺印するという書式である。付記された条件として，「上記の約定を履行されます上は，あなたの入社を決定いたします。ただし，本年度学業を卒業し，入社指定日より就業できることを条件といたします」。

　④入社内定者自己申告書については，次のように説明されている。「自己申告書は，自分の将来についてあなたの考えていることを具体的にご記入頂き，配属育成の資料として活用させて頂くものです。今までの面接等で述べられなかった事も詳しくご記入下さい。（作成後は，コピーを取り，必ず控えを保管下さい。）」。なお，③約定書と④入社内定者自己申告書と⑥就職アンケートと⑦公的資格証明書送付用紙は，1999（平成11）年10月21日必着で返送するように指示されている。

1. 応募から入社まで

配属先通知と入社前面談　その後，1999（平成11）年12月1日付で配属カンパニー・事業（本）部決定通知と入社前面談の日時・会場案内がahに送られてきた。そして，1999（平成11）年12月23日に実施された入社前面談では，カンパニー・事業（本）部の概要説明，1人30分程度の個人面談，次回の課題の説明，グループ・ワークとフレッシュ・ピープル・ツアー案内が行われた。個人面談では，将来の希望や現在，不安に感じていることなどを話すように求められた。

また，グループ・ワークのために，次の主題について考えてくるように指示された。「12月から1月にかけまして，お客さまの生活には，さまざまな変化があります。そのなかでも，特に大きく変化するのは，『お客さまの食卓』です。そこで……この期間，『お客さまの生活』のなかで，①どのような社会行事・地域行事があるのでしょうか。その『お客さまの生活の変化』をふまえて，②お客さまは，農産売場に対して，どのような商品をお買い求めになるのでしょうか。（売場で扱う商品群については，内定証送付時の『自己申告書のご案内』をご参照ください。）小売業の使命は，『お客さま満足の実現』です。今回は，食料品売場に焦点を絞って，お客さまが何を求めて，お店にご来店されるか一緒に考えてみましょう。当日のグループ・ワークの時間で，皆様でお互いの意見をまとめていただきます」。

そして，実際のグループ・ワークは，5～6人の集団で生活カレンダーをつくる作業をした。年末年始の生活要求について，特定の商品群を対象に「何を売れば良いか」を考えさせるねらいだった。ahのグループは農産について話し合ったが，他には水産やデイリーなどがあった。「別に答え合わせをするとか，何が正しいのかという問題ではなく，自由にディスカッションしたことに意義があったようだ。最終的に人事担当者は，『今日話し合ってつくった生活カレンダーを持って，ぜひ実際の売場を見に行ってくださいね』と言って締めくくった。内定者どうし初顔合わせということもあり，大変和やかな雰囲気で楽しめた」。

さらに，2000（平成12）年度のB社新入社員を対象としたフレッシュ・

第4章　採用された自己の理解

ピープル・ツアー案内では，2000（平成12）年1～3月の間にロサンゼルス6日間の視察旅行が紹介された。この視察旅行の主題は，「アメリカ人のライフスタイルはなぜ魅力的なのか，それを支える小売業を見てみよう」「アメリカの小売業はどうしてこんなに種類があるのか，違いは何か，自分の目で確かめよう」「なぜB社グループはショッピング・センター（商業集積）の開発にこだわるのか，ロサンゼルスで理由を探ろう」だった。その内容は，アメリカ人の生活習慣についての解説とロサンゼルスのさまざまな店舗視察とが，観光を交えて計画されていた。

(3) 就職後の意見

入社後の試験　2000（平成12）年4月から働き始めた ah の職場経験をまとめておこう。まず，2000（平成12）年11月2日に，入社後6ヵ月間のOJTの成果の試験が行われたことが大きな出来事だったという。この試験は，筆記と面接とから構成されている。筆記試験は，作業内容や顧客の心理について，記述や穴埋めで解答するようになっている。面接試験は，店長と課長と主任それぞれ1人と ah との個人面接だった。質問されたのは，①売れ筋商品の定義を，具体的にセールス・ポイントをあげて説明すること，②所属する自部門自グループの今年度の予算実績の昨対比，③仕事の基礎知識や重点販売商品の知識などを説明すること，④売場で発生するいくつかの想定される偶発的な状況（例えば，顧客が「この子迷子になってましたよ」「落とし物を拾ったんですよ」などと言ってきたとき）への対応，⑤競争店（TVショッピングなども含む）の店単位や部門単位の定義について説明することなどだった。

この試験によって，B社入社後の職場内訓練の成果を評価される。1回目のOJT終了試験から1年6ヵ月後に2回目のOJT終了試験が予定されていて，2回目の試験に合格した時点でB社の一人前の社員として認定される仕組みになっている。

B社で働く自己像の現実　ah は，インターネットを利用して事前にB社

の情報を集めていた。「サーヴィス残業が多い」「レジばかりで社員らしい仕事ができない」など，良くない評判も承知していた。ある程度は現実的に想像していたB社での就業について，実際に働いてみたahの感想は，「仕事をしていても出る杭が打たれない。職場の課長も『（所属する）店舗の新しい同期のなかでは，（ahを）一番期待している』と口頭で伝えてくれた。売上げを伸ばすように努力すればそれなりに評価される」。

B社内で中級管理職に到達するまでのキャリア経路は，担当者から売場リーダー，主任（つまり主事），課長となっている。課長昇進は，早い人で35歳という前例があるという。女性の場合，主任から課長への昇進の時期に，結婚や出産などの理由でやむなくキャリアを中断してしまう傾向がみられ，そうした事態はahも少し気がかりに思っている。

B社の選抜・採用基準の認知　改めて選抜・採用の基準についてどう思うかを尋ねたところ，「顧客の視点や感覚を持っているかを重視しながら，独力の『問題解決能力』『問題対処能力』をみていると思う」。志望学生へのそうした要求に応えるには，「（面接試験で）尋ねられたことについて，どんな状態でも自信を持って，相手（つまり，面接者）に安心感を与え，自信や責任を持って答えられること，『こいつになら店舗を任せられる』と感じさせられることが大切だと思う」。

B社に採用されたことと大学生活で経験したこととの関連性については，「いろいろなタイプの人と接触した経験が良かった」。

2．なぜ，採用内定されたのか？

日本企業が新規学卒者を選考する過程で，どのように選抜し採用内定しているのかについては，実態が明らかではない。人的資源の選抜・採用基準が公開されていないので，採用内定された志望学生を調査することによって，日本企業の採用管理を考えてみたい。志望学生が，採用内定された理由をどのようなことに帰因し，自身のキャリア選択を自己統制しているかについ

第4章 採用された自己の理解

て，彼らが採用選考過程で経験したことを聴き取って検討した。ここでは，その結果にもとづいて，次の5つの疑問を中心に考えてみよう。

① 採用内定された大学生は，募集・選抜・採用の過程でどのような経験をしているのか？

② 採用内定された大学生は，採用内定した企業をどのように心象化しているのか？

③ 採用内定された大学生は，採用選考の過程で自身のどのような潜在性が評価されたと思っているのか？

④ 採用内定された大学生は，採用選考の過程で自身のどのような潜在性を売り込んだのか？

⑤ 採用内定された大学生は，採用選考の過程で働く自己像をどのように形成しているのか？

(1)「あなたは何をしたいのですか」へのとまどい

もともと旅行業界を志望していたaiは，1999（平成11）年5月にC社のホーム・ページで資料請求の募集を見つけて応募した。業界最大手のC社はaiの第1希望企業で，C社のホーム・ページから，地域限定職や総合職などの職種構成，旅行部門や出版部門などの組織構成，試験内容の情報を入手した。そこには，「あなたは100年後の旅行会社の社員です。お客様にどのような旅行を提案しますか」という主題について，手書きやイラストなども含め，A4判白紙1枚に自身の考えを自由に表現するという課題も紹介されていた。このような情報を入手したことによって，就職に関するaiの「漠然としていたイメージが鮮明になった。旅行業界ばかりでなく，他の業界にも興味を持った」。

その後1999（平成11）年9月に，大学主催の就職ガイダンスに出席して，一般常識とSPIに関する書籍を購入した。10月には，R社の適性・性格特性を診断する適職発見検査を受けて，旅行代理店，フライト・アテンダント，販売職，営業事務サポートなどがむいていると判定され自身の希望に確信が

持てた。この適職判定について，aiは「就職活動の判断や選択の重要な材料になった。専門知識や資格を身につけて，キャリア・アップをはかろうという展望を持った」。

11月に，大学主催の就職総合検査と一般常識模試とSKK式クレペリン検査を受け，C社の業界研究講座に出席した。その講座では，30歳代くらいの人事担当者の男性が，旅行業界やC社の採用方針などについて話した。講話の内容はほとんど記憶していないが，aiは人事担当者の爽やかなイメージを記憶しているという。「人事担当者から直接に生の話を聞いたのが刺激になった」「受講者の多さに驚いて，いい意味での焦りを感じた。必死にメモをとって，熱心に聞いている人が多いので驚いた」。

この経験が直接のきっかけとなって，aiは「（C社を）受験したい」という意志を強く持った。さっそく就職活動ノートをつくって，就職課で昨年の活動報告書のなかからC社の就職活動体験談を複写して貼り付けた。12月に大学主催のエントリー・シート対策講座に出席したとき，旅行業界の志望者が以前より増えていたので焦った。2000（平成12）年1月の大学主催の就職ガイダンスでは，会社訪問の仕方，資料請求葉書や履歴書などの書き方，各種証明書の発行手続き，採用内定後の諸手続きの説明を聞いた。

予め往復葉書で申し込んでおいたC社の説明会にaiが出席したのは，2000（平成12）年4月15日だった。用意してきた履歴書と課題報告書を提出した。それらと引き換えに自己紹介カードを渡され，その場で記入した後，C社独自の95問の能力検査，20問の英語，9問の国語，11問の時事政経，10問の観光地理，15問の算数，30問の知能検査を45分で回答する筆記試験と，「コンビニの将来」か「あなたが考える国際交流」のどちらかについて作文する記述試験を受けた。この筆記試験は「難しかった」が，「4月21日以降に合格者には通知します」と言われていた合格の知らせを2000（平成12）年4月25日に受け取った。

そして，4月27日に1次面接を受けた。1次面接は，志望学生9人に2人の面接者が質問する集団面接だった。9人の志望学生は全て女性で，どちら

第4章 採用された自己の理解

も30歳代前半に見える男性の面接者は，人事担当者と営業担当者だった。人事担当者は，思いもよらない質問や圧迫気味の質問をする傾向があり，営業担当者は，自己紹介カードに関する質問が多かった。

　面接試験は，志望学生が順番に２分間の自己PRと志望動機を話し終えてから，面接者が自己紹介カードの記入内容を含めいくつかの質問をした。aiが覚えているのは，自己紹介カードに記した友人の結婚式の披露宴で司会をした経験の感想を聞かれたことである。他の学生は，「あなたの欠点は何ですか」「あなたを色にたとえると何色ですか」「なぜ，アメフトのマネジャーをやっているのですか」「当社じゃなくてもいいんじゃないですか」「（アイルランドを旅行したと話した学生に）アイルランドに行きたくなるようにプレゼンテーションしてください」「10年後のあなたは，どんな仕事をしていますか」などを尋ねられた。

　このような質問に答えた後で，「あなたたちは採用担当です。いい人材を採るためにどんな方法で実行しますか。それについて話し合ってください」と指示され，リーダーを決めて15分間の集団討論をした。aiはリーダーに立候補して，どんな人が欲しいか，その人のどこをみるか，どんな選考方法があるかについて議論するように問題提起した。話し合いの結果，１次選考は集団討論と，誰にも負けない人にはできない一芸の披露，２次選考は個人面接，そして，２次選考の合格者には最終選考までの間に旅をしてもらい，その体験を最終選考で発表するという選考方法をまとめた。

　aiは１次面接の合格通知を2000（平成12）年５月１日に受け取った。そして，５月16日に２次の個人面接を受けた。aiは，２次面接の直前に，「今日の面接者は，あなたのこれまでの（採用）試験内容や結果を全く知りません」と伝えられた。面接者は40歳代後半くらいの２人の男性だった。aiは，自己紹介し志望動機を話して，質問に答えた。「字がきれいですね。性格はまめなほうですか。几帳面なほうですか」。それから，高校生のときに行った合唱部のヨーロッパ演奏旅行について質問された。aiは，ここで少し雰囲気が変わったと感じた。

他社への就職活動の状況について,「いろいろな業種にまたがっているけど, 結局, あなたは何をしたいんですか」と聞かれ,「旅行業界が第一志望です」と ai は答えたが,「その理由を充分に説明できなかった」。他の想定された質問には, 前もって100字程度の答えを準備していたが,「こんな質問をされる (選考) 段階ではないと思っていたので, 予想外の質問だった」。「C社への就職を希望する熱意や強い意志や情熱を確認するのがねらいだと思うし, それをことばで説明できるかが重要だと思う。それができなかったのは, よく考えていなかったからだと自分でも思う」。

　面接者の「いろいろな業種にまたがっているけど, 結局, あなたは何をしたいんですか」という質問のねらいを,「C社への就職を希望する熱意や強い意志や情熱を確認する」ためと ai は認知した。ai は, 選抜の基準として熱意, 強い意志, 情熱を想像した。

　その後は,「一人でやる仕事とチーム・ワークの仕事とどちらがむいていると思うか」「(一人が希望だが) チーム・ワークが好きだ」と答えた。「カウンター業務とアウトセールスのどちらを希望するか。また, その理由は?」「(自己紹介カードに記入した『C社のお客様への心遣いに感動した』という記述について) その『心遣い』とは何か」「(趣味の欄に記入した電子メールについて) お金はかからないのか」「結婚式の披露宴に出席するような親しい友だちは何人くらいいるのか」。そして最後に,「合否については2週間以内に連絡します」と言われたが連絡はなかった。

　ai は,「いろいろな業種にまたがっているけど, 結局, あなたは何をしたいんですか」と尋ねられたとき, 面接者は ai を「(入社できるなら) どこでもいいんだ」とみなしたのだろうと思った。「あのときは, 自分自身でも考えがまとまっていない状態だった」。

　しかし, 原調査に協力し, C社の面接試験で経験したことを話しているうち, C社への志望動機の中核には, 高校生のときのヨーロッパ演奏旅行の体験があることに ai は気づいた。その演奏旅行は, 女子高生約100人が2週間で5ヵ国6都市を訪問する旅程だったが, 30歳くらいの男性2人と女性1人

第4章　採用された自己の理解

の添乗員はC社の社員だったという。「私たちの演奏に感動して泣いてくれた」「見るからに大変な仕事を楽しそうにしていた」3人の添乗員と，旅行が終わる頃に話したとき，「大変だけど楽しい」と聞いて，aiは「こんな大変な仕事を楽しくやらせるC社に入りたいと思った」。C社を志望する理由が，このような自身の体験に動機づけられていたことをようやく認識して，面接試験を受験するまでにその経験を核とした働く自己像に結晶化できていなかったことをaiは後悔している。

(2) 選抜・採用基準の噂

　2000（平成12）年3月10日に，aiは静岡県H市内のホテルで開催されたDグループ合同説明会に出席した。午前中に，大会場で質疑応答を含め約2時間にわたってDグループの概要について聞いた後，所定の用紙を渡され第1希望から第3希望まで，Dグループ会社名を記入するように言われた。同時に，「これから面接を行うので，第1希望の会社の部屋へ移動してください」と指示され，その日に面接試験があるとは予想していなかったaiは，志望動機や自己紹介の準備をしていなかったので驚いた。

　第1希望のグループ会社D社の面接場では，5人の学生に1人の面接者が応対する組が計4組設定されていた。aiは，男性3人と女性1人の志望学生とともに，30歳代前半くらいの男性の人事・採用担当者から面接を受けた。5人の学生が1列に並ぶ端にaiは座ったので，彼女から自己紹介が始まった。自己紹介に続いて，「学生時代に一番力を入れたことを1分から1分半くらいで話してください」「今，あなたが住んでいるところに，私（面接者）が行きたくなるようにプレゼンテーションしてください」と要求された。

　この1次面接は約1時間で終了し，そのときにもらったエントリー・シートを3月末までに提出するように指示された。そして，「3月中に2次選考に進む人だけに連絡します」と告げられた。1次面接を終えて，aiは「（面接者が）良い印象を持ってくれた」と思っていたが，2次選考の案内はな

かった。

その後，D社が2次選考に入った2000（平成12）年3月末から4月初旬の頃，「D社は面接を受けた大学生の出身高校を基準に，1次面接では静岡県西部の上位2校の卒業生しか選抜しない」という噂が流れた。ちなみに，D社のエントリー・シートには，在学している大学名や学部・学科以外に，出身高等学校名や高校3年時のクラス，高校在学中の部活動，大学および高校で一番力を入れたことなどを記入するようになっている。

この噂について，①D社の地元密着性と経営体質，②選抜・採用基準としての大学名の効用の観点からaiは考えてみた。aiは，族閥が経営するD社は地元に密着し，地元からも信頼されている企業なので，地元の優秀な人材しか採用しない方針ではないかと考えた。志望学生の「高校3年時のクラス」「高校在学中の部活動」などの情報を，「静岡県西部の上位2校」を卒業したD社の先輩社員が選考しているのかもしれない。Dグループの概要説明のなかで「住宅手当や寮はない」と聞いたとき，aiは，地元出身者以外の人は不利なのかと思ったが，D社が地元の応募者を優先して選抜するなら，住宅手当や寮は必要ないという合理的な採用ともいえよう。しかも，常に安定した雇用機会を提供するD社という地元からの信頼も得られ，地元との密着度は強化されるだろう。3大都市圏と比べて地方の地元企業による選抜・採用活動は，各地域の歴史や文化に根付いた固有の慣行に従う傾向がある（武田，2008）。

また，「（大学生の優秀性を評価する場合）大学名はあてにならない」とaiは思っている。「優秀な高校に進学しなくても，例えば，短大に進学して4年制大学に編入学するのは，いきなり4年制大学に入学するよりも易しいから。地元企業はそうした実態を見抜いているので，大学よりもむしろ出身高校のほうが，学生の優秀さを評価する基準になると考えているのではないか」。愛知県内にも，大学名より高等学校名のほうを重視するという地元企業がある[5]。

さらに，高校入試の合格判定に関する考え方も関係しているようである。

中学校在学中の内申書が合否に影響するので,「内申書を良く書いてもらいたいから,生徒会役員や部活動などでリーダーシップをとるように,みんな猫をかぶる」という。眼前の現実である進学という課題に対峙する青年前期から,課題対処の有効な実践として集団活動のリーダーシップを動機づけるような学校教育環境を考慮して,特定の高等学校に進学した優秀な学生は,在学大学名ではなく出身高校名を基準に選抜・採用できるという考えなのだろうか。

(3) 楽しかった面接試験

2000（平成12）年3月25日に,aiは予行練習のつもりでE社の説明会に出席して,英語と数学と国語と性格適性のSPIを受けて合格した。説明会では,TV電話で東京にいる人と会話する実演があった。1ヵ月後の4月25日に,7人の志望学生といっしょに昨年入社した女性の人事担当者1人から集団面接を受けた。志望学生はみな女性だった。まず,1分間の自己紹介をしたが,面接者はストップウォッチできっかり1分を計測した。

次に,プレゼンテーション・リレーを行った。それは,楕円形の机の両側に,7人の志望学生が3人と4人とに分かれて座り,互いに対面する2人1組の一方が客の役割,他方が店員の役割を想定して,机上に置かれた各自1枚ずつのB4判の旅行関連のパンフレットを使い,最初に1組目の客と店員が30秒間で即興会話をして,2組目の客と店員が,やはり30秒間で1組目の会話の続きを演じるというようにして,順に2回繰り返した後,客の役割と店員の役割を交替してさらに2回繰り返すゲームだった（図4-1）。なお,3人と4人とに分かれたので,4組目の片方の役割は,3人の列の最初の人が演じた。プレゼンテーション・リレーを始める前に,面接者は「話を繋げるように」と指示した。

プレゼンテーション・リレー終了後,面接者から「今まで運動部に入っていた人はどれくらいいますか」と聞かれ,aiを除く6人は該当した。続いて面接者は,「あなたに子どもが生まれてスポーツをやらせることになりまし

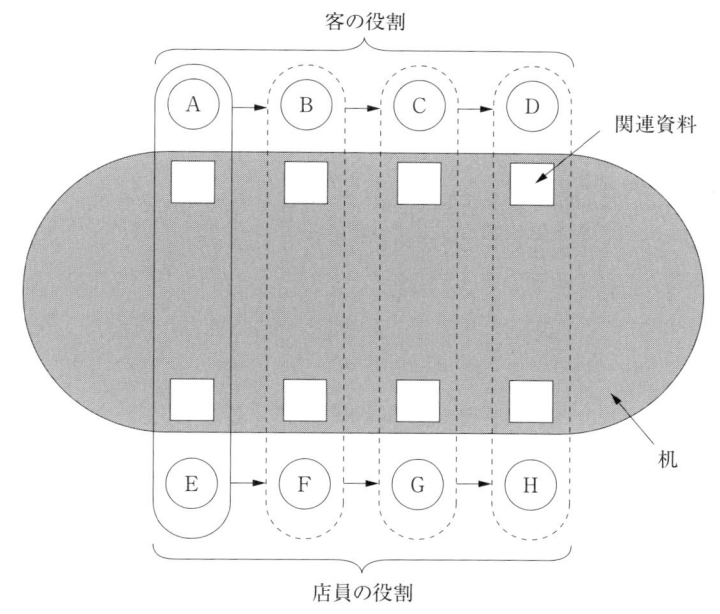

図4-1　プレゼンテーション・リレーの配置

た。個人競技と団体競技のどちらをやらせたいですか」について，司会者を決めないで15分間の集団討論をするように指示した。aiは個人競技の立場で参加し，積極的な討論になった。

aiは，「この面接試験は楽しかった」と述べたが，aiの他にも「面接自体はとても楽しかった」という感想が多かったという。aiは，友人からもE社の面接はどこも好評だったと聞いている。「結果は1ヵ月以内に連絡します」と言われて，5月16日に次の面接の通知を受け取ったが，C社の試験と重なってしまったので欠席した。

E社は，女性が結婚や出産で退職しても，15年間は優先して再雇用する制度を運用しているためaiは魅力を感じていたが，Eグループ採用だったので，勤務地や仕事内容への不安から躊躇した。それに，「携帯電話やTV電話まで売らされる」という噂が，たくさんの先輩や友人や電子メールに広

まっていたし,「内定辞退者にも『考え直さないか』としつこく勧誘してくる」と聞いたのであまり良い印象はなかったという。

(4) 魅力のない説明会

2000（平成12）年4月末に開催された「F社の説明会はつまらなかった」が，受験票をもらうために5月21日の説明会にaiは出席した。午後1時からF社の本社体育館で説明会は始まったが，残響がひどくてよく聞き取れなかった。まず，役員が30分くらい挨拶をして，次に営業部門，取材部門，編集部門の順にそれぞれ1時間ずつ業務内容の説明があり，最後に約30分の閉会の挨拶があった。取材部門の話は比較的におもしろかったが，全般に「いかにマスコミが大変かという内容で，だらだら話しているだけでおもしろくなかった」「それに（説明会の）段取りが悪くて，1人の説明が終わるたびに15分間も休憩をとった」。

また，志望学生との質疑応答の水準の低さにaiは驚いた。例えば，「他の業界と掛持ちするような人には，正直言って入って欲しくない」という発言に対して，ある女性が本気で怒って「あなたはここ以外は受けなかったんですか」と詰問したところ，「Gビールを受験しました」。また，T大生が「取材には何で移動するんですか」「電車や新幹線も使いますが，車が主です」「（車に）酔わないんですか」。

aiは「こんな質問で時間を使うな」と憤りを感じたので，帰宅後に電子メールで静岡県内で就職活動している人たちのメール・リストに，「F社の説明会に出席しました。段取りは悪いし，レヴェルが低いし，話は長いしで，こんなにつまらない説明会は初めてだった」と発信した。それに対して1人の女性から，「私も今日行きました。取材部門の人の話はおもしろかったけど，他の人の話は意味がない。いかにマスコミが辛く厳しい業界であるかということに終始していた。両隣それぞれ3人の人たちは眠っていました」と返信があった。

このようにaiにとって，F社の説明会の印象は良くなかった。しかし，F

社が発行しているタウン誌の仕事をしたかったaiは，時事問題と時事英語と国語の筆記試験，それに「私の好きな場所」「インターネットの功罪」のいずれかについて1200字でまとめる作文の試験を受けたが，約400人の受験者のうち上位100人の合格者に入ることはできなかった。

また，2000（平成12）年4月12日に出席したH社の説明会も，aiは「わかりにくかった」という。「柔軟な感性の持ち主を望む」と言われても，「抽象的すぎるので，もっと具体的に説明してほしい」。「営業マインドの持ち主を望む」については，「『営業マインド』って何って感じ。意味不明」。「旅行に対する知識，旅行業界への理解」は，「たんに『旅行が好きだから』とか，憧れだけで入るなということかなと思った」。このように，H社の説明会は，「全般に地味で，抽象的な内容でわかりにくかった」という。

(5) 不合格と思ったのに合格だった面接試験

ホーム・ページでは「今年の採用は未定です」となっていたI社から，2000（平成12）年6月20日に資料が届いて，aiは「来た！」と喜んだ。資料のなかのエントリー・シートには，全社運用社員，地域運用社員，地域契約社員のどれかを選択する欄があった。全社運用社員は，4大生に限定された転勤を伴う正社員である。地域運用社員は，4大生に限定された転勤を伴わない正社員である。ただし，2000（平成12）年度は採用がなかった。そして，地域契約社員は，4大生以外に短大生や専門学校生も対象となる転勤を伴わない契約社員であり，第1希望と第2希望の勤務地を選択できる。aiは，転勤は嫌だと思ったので地域契約社員を選んだ。エントリー・シートの締切りは7月5日だったが，7月22日に合格通知を受け取った。

8月3日にI社の筆記試験と集団面接試験を受験した。筆記試験は，国語が40問を30分，数学が30問を40分で回答するSPIで，他に300問の適性を検査するSPIを受けた。その後，約30分間の集団面接があった。志望学生は男性2人と女性2人，面接者は人事担当者1人と役員1人で，どちらも40歳代後半くらいの男性だった。自己紹介してから，「カウンターとアウトセール

第 4 章　採用された自己の理解

スのどちらをやりたいですか」「当社を何で知ったんですか」「当社の商品について知っていますか」「当社はどこが出資しているか知っていますか」「鰻の生産高日本一はどこだか知っていますか」「サッカーはどこのチームが好きですか」「当社に点数をつけると何点ですか」などの質問を受けた。「8月15日までに結果を連絡します」と言われたが，ai は「不合格だ」と思ったという。「何をみているのかわからない面接だった」。しかし，合格通知を受け取り 9 月 1 日の最終面接を受けた。

　最終面接は，「顔に威厳があったので，すごい人たちだと思った。(これまでとは) 雰囲気が違うし，みなさんとても落ち着いた感じだった」という50歳代くらいの 4 人の男性による個人面接だった。主な質問の内容は，「今まで旅行したなかで一番印象に残ったところを教えてください」「H 駅から自宅までどのくらい距離がありますか」「他から内定をいただいていますか」「もらっていません (この返答に, 面接者は少し驚いた様子だったという)」「(教職課程を履修していると履歴書に記したので) 教育のほうが安定しているのに, どうしてそちらに進まないの？」「教員になりたい気持ちはありますが, 私以上にそういう気持ちの強い人が他にもたくさんいることが大学入学後にわかったので, 中途半端に教師になってはいけないと思いました」。面接が終わって「 9 月10日までに連絡します」と言われた。ai は「それなりに手ごたえは感じた」が， 9 月 8 日に合格通知を受け取った。

　I 社に採用内定された ai は，合格した理由について，「(最終面接の時点で, 他社からもらっていた採用内定数や教職の進路を選択しなかったことについて) 嘘はつかなかった。思ったとおりのことを発言できたことが合格に繋がったと思う。『(面接者は) わかってくれた』と感じた。ちゃんと伝わったと思った。(その瞬間に) 面接の山は越えたと思う」。しかし,「(短大生や専門学校生も採用対象になる地域契約社員に応募した) 4 大生だったので採用内定されたのではないか」と, ai は気がかりだった。そのため, 11月下旬に開催される内定者懇親会で, ai は「専門学校生や短大生が採用されていないかを確認したい」と思った。

なぜ合格したのかわからない集団面接に続いて，最終面接でも，aiは「失敗しそうだ」と感じたときがあったという。それは，その時点で，他社の採用内定を1つももらっていなかったことである。aiは，「選り好みしているから内定をもらえないのだろう」とI社の面接者に思われたくなかった。そのため，「他から内定をいただいていますか」と尋ねられて動揺した。「1つでも内定を持っていたら，もう少し堂々としていられたかもしれない」。

　しかし，「旅行業以外の業界で働いている自分自身の姿は考えられなかった」aiは，「旅行業界でしか働きたくないとずっと思っていたし，契約社員でも入社したかった」。「『(周囲の人たちから)選ばなければ(仕事は)あるよ』と助言されたが，割り切れなかった」。旅行業界で働くことへのこだわりが面接者に伝わって，合格評定に影響したのかもしれない。

　正規雇用者としての就業経験がないaiは，旅行業界の内実をまだ知らないが，高校生のときの原体験を理想的に膨らませた働く自己像が動因となって，旅行業界への架橋を渡って行った。

(6) 合格と思ったのに不合格だった面接試験

　2000(平成12)年7月18日に，aiはJ社の説明会に出席し筆記試験を受けた。ハウジング・アドヴァイザーの職種に限定した募集で，集まった志望学生12人のうち1人が男性だった。筆記試験はSPIと適性検査だった。7月21日には，男性の人事・採用担当者1人から45分間の個人面接を受けた。面接者が，他大学でaiと同じ部活動をしていたリーダーだったので，話が合い「しゃべりすぎた」と反省したが合格だった。

　その後7月28日に，15分間の役員面接を受けた。男性の取締役と専務部長の2人が面接者で，「高校はどこですか」「私の娘も同じ高校です」「(高校では)部活は何をやっていたんですか」「(部活の演奏旅行で)どこか行ったんですか」「大学まで通ってるんですか？　どのくらい時間がかかるの？」「(住宅の)展示場には車で通うことになるけど，(運転免許証を持っていないが)どうするの？」「展示場は土日にお客が来るから，土日は休めないけ

第4章 採用された自己の理解

どいいの？」「お父さんは何をしているの？ お母さんは？」などについて尋ねられた。役員面接を終えて「8月5日までに結果を出します」と言われたが，合格通知は来なかった。

役員面接は，「すごく和やかで，（面接者が）にこにこしながら聞いてくれて，いい感じだった。役員相手なのにリラックスできた」という。ai は「合格した」と思っていただけに，「不合格の理由が今でもよくわからない」。役員面接試験が始まる40分も前から待っている間，個人面接の面接者だった人が，「最初に（部屋に）入ったときの挨拶と座ったときの姿勢に注意してください。けっこうふわっと（ソファに）沈むので，座ったときの姿勢に気をつけてください。それで合否の50％は決まるので注意してください」と助言してくれた。「気をつけていたけど，（ソファは）ふわふわしていたから姿勢が悪くて，それで落とされたのかな」と，ai は不合格の理由を想像している。

しかし，ai は J 社に好感を持っている。それは，①会社説明会で，「学生としてではなく，お客さんとして応対してくれた」こと，②会社の事業内容の説明が，「私が聞いたなかで一番よく理解できた」こと，③ヴィデオによって，「入社後に何をするのかのイメージがよくつかめた」こと，④人事・採用担当者の人柄に好感を持ったこと，⑤役員の人柄に好感を持ったことによる。③のヴィデオは，自身の家を建てたい人が J 社に来社するところから始まって，最後に，その家が完成するまでの過程で関連する職務を全て紹介する内容だった。具体的には，営業職，ハウジング・アドヴァイザー，インテリア・コーディネーター，エクステリア・プランナー，現場の工事責任者などが，建築工程にしたがって順番に登場する。また，④の人事・採用担当者の人柄への好感は，個人面接の際に面接者から名刺をもらった体験が強く印象に残っているという。ai は，「こんな面接は初めてだったので，何だここは！ すごいなと，良い印象を持った。入社したいと思った」。

(7) 素直な学生の選抜・採用

　ajは，1999（平成11）年11月から説明会等の情報を集め始めた。2000（平成12）年2月には，30社くらいの予約を取っていたが，ajは「本当に入社したいと思った会社は半分以下しかないことに気づいた。会社の中味も知らないのに，なぜ，私はエントリーしたのか。住宅や介護用品の会社にもエントリーしたが，なぜ，住宅や介護用品の営業なのか自分自身でも上手く説明できなかった。K社については，生徒として通っていたので，仕事の内容についてイメージできたから働きたいと思った。パソコンを習っていたことと，パソコンを使いたいという希望があった。でも，事務は嫌だったので，インストラクターならやってきたことは無駄にならないと思った」。

　2000（平成12）年2月8日に，ajはN市内でK社の説明会に出席した。会社概要と募集職種，職種内容，給与規定などの説明を聞いて，適性検査と100字の自己PRと200字の志望動機を40分間で書いた。また，会社説明のとき，東京本社の社長が，東京と大阪と名古屋の会場に集まっていた人たちに衛星放送で話をして，「この携帯電話で社長に1つ質問できます」と会場の担当者が呼びかけるような実演が行われた。

　3月上旬に，B5判4枚の国語と算数と理科と英語の能力検査を受けた。ajにとっては簡単な選択問題で，「相当なバカ以外はいらないというような易しい問題だった」。試験時間は90分だったが，約30分で全て解答してしまった。5日後に合格通知を受け取った。

　3月中旬に，入社4年目の男性の人事担当者1人と，20歳代後半くらいの男性の採用担当者1人と，40歳代くらいの男性の採用担当者1人が面接者になって，女性ばかり13人の志望学生に，「いい会社の選び方について1つだけ答えを出してください」と，司会者を決めない30分くらいの集団討論を指示した。

　討論は「いろいろと新しい意見は出るが，まとまらない状況だった」。残り時間が15分になってajは，「みなさん自分の意見を言ってくれてそれぞれいい意見だったと思いますが，意見が増えてきてこのままいくとたくさんに

なって絞りきれないので，1つに答えをまとめるため，今まで出たなかで反対や賛成できる意見があれば，それについて話し合ったらどうですか」と発言した。この集団討論の後，「これから1人ひとりに個人的に質問します」と言われ，ajは最初に尋ねられた。「あなたが最初に配属された職場は，あらゆる面でやりがいがあるとあなたは感じていますが，ある日，人事異動で他の部署に異動してほしいと言われたら，あなたはどう感じると思いますか」「今の職場にやりがいがあると感じているのは，今の職場しか知らないので，自分自身でそう思い込んでいるだけかもしれません。しかし，人事担当者のような第三者の人がみて，私には他の適性があると判断して人事異動を決定したのかもしれないので，私は喜んで異動します」「そうですか。本当にあなたのやりがいのある仕事なんですよ。それでも納得してあっさり行けるんですか」「新しいチャレンジだと思って行けます」。

面接者は，残りの12人にも全く同じ質問をした。そのうち2人は異動を拒否すると答えたが，その他はajと同じ意見を述べた。「2週間以内に合格者だけ通知します」と言われ5日後に合格通知を受け取った。

3月下旬に，集団討論のときの採用担当者2人が面接者になって，男性4人と女性2人の志望学生への約1時間の集団面接が行われた。「今から集団面接を始めます。1人ずつ別の質問をしますから，自分の意見がかたまった方から挙手をして発表してください。過去3年以内のニュースで取り上げられた事件について，何に対して，どういう部分に憤りを感じたかを明確にして答えてください」。6人の志望学生が1回目の発言を終えた後で，2回目の発言に移るということを3回繰り返した。次の質問は，「10年後に，あなたは社会人としてどういうふうに働いていると思いますか」だった。面接後に「2週間以内に合格者だけ通知します」と言われ1週間後に合格通知を受け取った。合格通知といっしょにB5判1枚のアンケート用紙が同封されていたので，記入して最終面接のときに提出した。

ところで，集団面接に合格して最終面接日までの間に，ajは大学の先輩の友人からK社についての話を聞いた。先輩の友人の女性は，入社1年目の

K社の社員である。彼女が体験した社長面接は，数人の志望学生に対して社長１人の集団面接が行われたが，社長が自身の意見を頻繁に変えるたびに，志望学生もそれに影響されて振り回されるような情況だったという。入社式のとき社長は，「社長面接で最後まで自分の見解に固執した学生は落とした」と語った。「頑固な人を社長は嫌うので，気をつけろ。社長はワンマンだから」が先輩の助言だった。「眼鏡の人はマイナス２ポイントだそうだ」という噂もあると聞いた。

　４月中旬に，ajはN本社で最終面接を受けた。面接者は30歳くらいの「ハイ・テンションで，にこにこつくり笑顔の」女性の人事部長で，約20分間の個人面接だった。最初に，「私の性格」という題目に任意の副題をつけて1200字の作文を書くように指示され，書いている途中で面接場に呼ばれた。作文の続きは面接終了後に書き上げた。

　面接者は，「K社に（生徒として）通っているんですね」「どこに通っているんですか」「インストラクターのどこが良かったんですか」「友だちのなかではどういう役割をしていますか」「どういうアルバイトをしたことがありますか。そこではどういう仕事をしていましたか」「（生徒は）いろいろな年齢層の人がいるけど大丈夫ですか」「家庭教師の経験がありますか。どれくらいの期間やっていましたか」「人に教えることについてはどうですか」などの質問をした。その他には，通勤手段についてアンケート用紙の記入内容を確認された。ajは「これまでの選考結果を確認するための面接だと思った」。そして，５月１日に合格通知を受け取った。

　そして，2000（平成12）年10月３日に内定式が行われた。出席した採用内定者は，「みんな毒気がない。個性的ではない。すごくムサイ，すごくウルサイ，すごくハデな人はいない。みんな同じような雰囲気の人たちで，無難な性格で，しっとり落ち着いた感じに見えた」。K社の専務は社長夫人で，２人の常務は中年女性である。常務の１人が挨拶に立って，「K社は元気な会社です。K社はやる気のある人しか求めていません。まだ迷っている方や他の会社に興味のある方は，内定を辞退してくれてかまいません。元気

第4章　採用された自己の理解

よくみんなで声を出しましょう。みんな立ってください。『いらっしゃいませ』（会場の採用内定者が復唱して『いらっしゃいませ』）『ありがとうございました』（『ありがとうございました』）」。

ajは採用内定された理由を，「素顔で自然体で面接に臨むことができた。自分の考えを自分のことばで表現できたし，柔らかい雰囲気をつくることができたと思う。採用内定者の性格などからみて，社交性を重視したのではないかと思う。それに，K社に（生徒として）通っていたので，（インストラクターとして）働いているイメージをつくりやすかった。希望する会社で働いているイメージをつくって面接に臨む必要がある。K社の生徒だったことも（採用内定された理由としては）大きいかもしれない」と自己分析している。

また，K社が選考過程で最も重視しているとajが感じたのは，「学生が素直かどうかだと思う。学生がどういう視点で物事を見ているか，広い視野を持っているか，どういう価値観なのかも重要だけど，一番重視していると感じたのは，会社の指示に対して従順かどうかだと思う」。前述したように，文科系学生を対象にした日本企業の選抜・採用は，人的資源の質よりも量を調整しているようなので，働くことへの個人的な考えに固執するような志望学生は，受け容れにくいのかもしれない。こうした事情は，組織構成員の社会化と個性化とをどのように調和するかという人的資源管理の課題を反映していると思われる。

3．早期離職後のキャリアの再選択

仕事の世界への移行前後で，現職から適職感を得て，働く自己像を変容させる柔軟性を示す青年がいる反面，仕事や職場に適合した働く自己像を形成できずに，キャリアをもう一度選択し直す青年もいる。その場合，一般に，男性より障壁が多いとされる女性が，早期離職してキャリアを再選択する経緯には，初期キャリアの開発にかかわる日本企業の実態が現れているように

3. 早期離職後のキャリアの再選択

思える。仕事に知的な刺激を求める女性（森永，1993）が，なぜ，退社したのか？

ここでは，新卒採用された日本企業を早期に退社した後，アメリカ合衆国に留学した女性 ak，日本国内の大学に再入学した女性 al，別の日本企業に転職した女性 am への聴き取り調査の結果から，入社直後の新入社員が経験した職場の実情を紹介する。

(1) 離職後にアメリカ合衆国へ留学

留学の理由 日本にこのままいても，ふつうに結婚して子どもができてと，夢がなかった。会社にいても勉強できないと思った。

商品部という部署に所属していたが，（仕事に関しては）表に出してもらえなかった。入社後3年目に，転職しようと思って新宿で開催された求人企業合同説明会に出かけたが，（勤務していた会社の給与と）同じ給与をもらえる条件の求人企業はなかった。そこでは，（相談担当者から）「女性ということで差別されているのではないか」と言われた。たしかに，女性だからという理由で，例えば，商談を任せてもらえないことはあった。女性は，主にパソコンの周辺機器を扱う。パソコンの周辺機器のアイテム数は何千点とあって，マウスやCCDなど豊富であるが，粗利（益額）自体が何十円とか何百円くらいの小さな取り引きしかやらせてもらえない。社内の営業マンや管理職者たちは，パソコン本体などの大きな売上げと粗利（益）にしか目が向かない。

また，昇格も女性より男性のほうが速い。同じ職階上の位置づけだと，女性より男性が先に昇格する。女性の課長や課長補佐は1人もいない。たった1人女性の上級管理職者がいるが，同じ職位の間では，例えば，「タクシーを呼んでくれ」などと指図されるらしい。

入社1年目は，昇格・昇進したいと思っていたが，現実をみると無理だと思った。給与は高いが，「夢が持てない」「視野が狭い」「これから伸びる気がしない」「チャレンジさせてもらえない」「サポート程度の仕事しかできな

い」。

　アメリカ合衆国は，全てにおいて進んでいるし，平等だと思ったので留学しようと決めた。東京都内の地下鉄で見かけたアメリカン・ドリーム（の広告）への憧れが強かった。たくさんのエリートがアメリカ合衆国に集まっていると思う。ここ（アメリカ合衆国）では，夢が膨らむ気がする。日本では「夢みたいだね」ということが，ここでは実際に起きている。

　それに，個人株主が多いのに驚いた。株の価値の認識と経済の動きへの敏感度が日本とは全く違う。（個人が）いろんな会社に投資して，株で利益を上げようとしているのにも興味がある。

　日本の大学教育の意義　社会調査実習など，自分自身で調査して集めたデータをパソコンを使って分析し，その結果を報告書にまとめるような経験は意義があると思う。また，コミュニケーションの場，口頭表現の場は重要である。しかし，実用的な英語教育は劣っていると思う。

　選抜・採用された理由　大学在学中に，パソコンのインストラクターをしていた経験が評価されたと思う。それに，集団面接や集団討議や個人面接などの試験をとおして，明るさをアピールできた。特に，当時流行していたゲーム・ソフトや現代社会におけるパソコンについて集団討議した際，（面接者に）良い印象を与えられたような気がする。個人面接では，部長に気に入られたように感じた。

　入社後の仕事経験　新入社員研修では，各部署の説明を聞いて，礼儀作法の講習を受けて，店頭販売の実習を1ヵ月半行った。そして，入社3ヵ月後に，正式に商品部に配属された。

　（勤務する）L社自体は製造しないが，台湾やマレーシアの系列会社で製造するOEMなどの製品または部品の設計や市場調査や価格設定などが，商品部の業務である。そのうち最も重要なのは粗利（益）の予測で，これくらい売ればこれくらいの利益が上がると図表化して試算する。

　しかし，実際にはそうした作業は，ほとんど無意味である。なぜなら，（試算どおりに）製品が売れないからである。製品が売れない理由は，ダサ

イ色や形，ダサイ宣伝・広告だと思う。ソニーのようなセンスが良いと思うが，L社には新しい感覚がない。L社の製品は期待どおりに売れていない。

そうしたダサイ製品の企画は，（現場の）担当者の権限を無視した上級管理職者の独断によることもある。稟議制度にしたがって，直属上司の意思決定は，より上位の上司へ回覧されてその承認を必要とする。稟議書については，「全世界へのリリースでもないたんなる社内の稟議書なのに，（ワープロ原稿の）半画や全画や句読点などの点検，明朝体ではなくゴシック体にするようになどと，（稟議書の作成に）半月近くもかかることがあって，とにかく時間がかかる」。その間に，粗利（益）の損失がふくらんでいく。ひどいときは，上司が出張中だと（稟議書の回覧が）そこで止まってしまう。

こうした実態なので，例えば，几帳面な性格の上司の場合，稟議書を10回以上書き直させられることもある。また，比較的に高い職位の人でも，「部長の印がなければだめだ」と，みんな責任逃れする傾向がある。

入社2年目に，一度独断で，ある製品の設計から包装までの企画を全て系列会社に委ねて依頼したことがある。「ものすごく怒られたが，自分の商品が店頭に並んだときは気持ちよかった。達成感を感じた。あんな感覚は，そのときだけだった。その商品はそこそこ売れたので，会社に損失はなかった」。

直属上司との関係　新入社員は，直属上司に反発してはいけない。「どうしてこうやってはいけないんですか？　こうしたほうが粗利（益）は上がりますよ」などと意見するのは禁句である。直属上司と自分との意見が違う場合，自分自身の意見を主張すると，「（直属上司に対して）反発しているように感じるらしい」。そのうち，周囲の同僚たちと上司との会話を聞いていると，「はい，はい」と返事して，質問などは全くしていないことに気づいた。（直属上司に対して）質問をしない従順な態度をとらなければいけないと思った。

しかし，直属上司の判断は常に正しいとも思えない。いつも，（直属上司は）「部長のところへ相談に行きましょう」と返答する。例えば，（来社し

た）取引先が待っているのに，部長が不在のときは，取引先を帰してしまう。その後，部長が戻ってきて，（当該案件について）課長が，「これこれこうでしたが，部長のご判断はいかがでしょうか？」と尋ねると，「部長はうれしいみたい。（部長に対する）部下の100%の従順さが好きそう」。このように，課長が意思決定しないので，部下が常に困ってしまうだけでなく，部長どうしで喧嘩になることもある。

　人材の評価　人材の選抜・採用に関する人事部の判断と，現場の管理職者の判断とは異なる。人事部は，人材の活用戦略にもとづいて，選抜・採用後の配属などを考えながら判断するが，現場の管理職者は，そのようなことは全く考慮していない。スタッフに比べてラインの権限が圧倒的に強い。

　そうした現状から，(akが)退社することを告げに行ったとき，人事部長が，「本当に教育すべきなのは現場の管理職者だ」と語ったという。

　退社した理由　「安定しているが，古くてかたい」という会社のイメージが嫌いだった。給与は高いし，一時解雇もないし，福利厚生も充実しているが，好きになれなかった。忍耐力が足りなかったのかもしれない。「はい，はい」と言い続けながら給与をもらうのが嫌になった。

　日本企業で働く多くの人たちが，「我慢し続けているのは，すごい」。忍耐力の強さは，有能な人の条件の1つだと思う。「我慢強い人は，偉い人だし有能な人だと評価される」。

　（退社するakの）送別会のとき，1人の管理職者が「私も逃げたいけど，逃げられない」と挨拶した。一般職から管理職まで，同僚の人たちはみんな「辞めたいけど，辞められない。あなたが羨ましい」と言う。自信や度胸がないし，子どもの学費など，家族のために辞められないのだと思う。みんな幸せではないと思う。みんな「この会社に一生いるつもりはない」と言っている

　職場の有能な人　人間関係において，上司の前でその上司を100%おだてて，上司の指示に従順でいられる人が，職場では有能だと思われているらしい。もちろん，仕事ができることは必要な条件ではあるが，いくら仕事がで

きても，上司を平気で褒めることでアピールするような人でなければ有能とは評価されない。仕事ができることは同僚から認められるが，上司にはアピールしない。

また，部長と部長との戦いを眺めながら，どの部長に取り入るかの判断が正確な人も有能と評される。課長の後ろには部長がいて，部長の後ろには取締役がいる。戦いに敗れた人は降格されて，例えば，商品企画のような派手な仕事から，消費者サーヴィスなどのような支援業務へと飛ばされる。本部長は，取締役とほぼ同等の絶対的な権限を持っている。

しかし，40歳前後で課長になっても，年収はせいぜい800万円くらいである。

日本企業が求める人材 （日本企業は）従順な性格の人を求めていると思う。選抜・採用の面接試験のときは，はきはき明るく自分自身をアピールする必要があるが，ひとたび入社した現場では，はきはきと明るく振る舞ってはいけない。

(2) 離職後に大学再入学

日本の大学教育の意義 文化人類学を専攻していたので，研究者にでもなる以外は，大学在学中に現実社会との繋がりをあまり感じなかった。そのため，仕事の世界については探索せざるを得なかった。インターンシップなどを導入すればかなり違うと思う。

それでも，人生についての見方や哲学に関しては，今でも（大学教育は）有意義だったと思う。土台となり基礎となる教養は身についたと思う。（現実社会との）直接的な結びつきはないが…。

選抜・採用された理由 入社試験は，1回の面接で採用が決まった。面接試験では，自分自身をハイ・テンションにするよう心がけた。面接試験では，ある程度は目立たなければいけないと思っていた。企業から気に入られるように，自分を創ったと思う。その創った自分が採用された。

営業職をやれそうな，自己主張し，打たれ強さを感じさせ，エネルギッ

シュな自分を演出した。実際の自分自身はそうではないが，ありのままでは無理だと思った。面接者の質問内容から，打たれ強さを求めているなあと感じたので，そのように演出した。例えば，「あなたがこれまでに辛かったことは何ですか？　そのとき，あなたはどうしましたか？」と尋ねられた。

入社後の仕事経験　入社後に東京都内のホテルで，約2週間の職場外研修を受けた。社外講師が社会人の心構えについて講演した後，営業・販売の仕方や絵を売る練習を朝から夜までやった。新入社員が約10人ずつ4つの集団に分かれ，1〜2人の先輩社員が各集団についた。

研修中は，漂っているような感じだった。営業職の研修で，押し出しの強い人が多かった。研修をとおしてそれを強く感じた。

研修を終えて名古屋営業所に配属が決まった。それから半年間，栄の街頭で絵の展示会の入場券を配る実習をした。東京や大阪の営業所では，研修後すぐに店頭に立つが，名古屋は市場が小さいからである。また，各営業所長の考え方によっても（新入社員の仕事内容は）違う。

街頭に立って絵の展示会の入場券を配る実習は，「辛かった。トイレに隠って泣いたこともあった。精神的に耐えられない気になった。毎日，なんでこんなことをやっているんだろう」と思った。「体育会系のような営業所で，そういうこと（街頭に立って絵の展示会の入場券を配ること）もできないような人に営業職は務まらない」という考え方だった。精神主義的な性格が強い会社で，3日で辞める人も多かった。東京で研修中にも幹部社員が突然辞めたりした。離職率が高かった。

仕事の報酬　営業の賃金は，基本給20万円にコミッション手当が加算される。努力しだいで，月収約100万円になることもある。新入社員の場合，月に400〜600万円の売上がノルマとされる。また，新卒者と中途採用者とでは扱いが違うと思った。新卒者に対しては，育てようとしていると感じたが，中途採用者は（営業）成績を上げて当然とみなしていた。

新卒者は，（仕事にかかわる）辛い経験を繰り返しながら，セールス・トークを身につけるように期待されている。全てに営業所長の裁量が大きく

影響している。所長は，従業員と話をする機会を設けようとしていた。

退社した理由 退社しようと決めたのは，「(仕事が) 耐えられなくなったから」である。数年働いて，大学に戻ろうと思っていた。学費稼ぎのために働いていた。(働き始めてからは) 親からも「性格が歪んできている」などと言われた。

会社の価値観と自分自身の価値観とが合わなかったのだと思う。利益追求を前面に出す傾向が強すぎた。また，「こういうもの (絵画) を持てば心が豊かになる」と言いながらも，先輩社員は，実はブランド大好きな人だったりした。「すごいブランドものを身につけている」。こうした，タテマエと実際との落差を痛感した。

職場の有能な人 日本の経営組織のなかで有能な人は，対人関係処理能力の高い人である。職場では，ヨコとの繋がりが上手くできないと孤立する。ウエとの関係も良くないと，上司に目をかけてもらえない。日本の会社では，上司に気に入られることが重要である。世渡り的な能力が必要である。世渡り的な能力が欠けていると，成長する機会を得られない。「仕事ができるだけではなくて，みんなと遊ぶときは，ほどほどにつき合える力が，仕事をするうえでも大切である」。

また，自分に何が求められているかをすぐに察知できることや，与えられるのではなくて，自ら仕事を見つけられることも重要である。

日本企業が求める人材 日本の会社は，企業理念に同化できる人を求めていると思う。仕事をする力を持つだけではなく，企業の哲学に従える人を求めている。暗暗裏に設定されている企業哲学から逸脱しない程度に独自性を打ち出せる人が求められている。「純粋に独自性を打ち出す人は，やられるのではないか」。

(選抜・採用過程で提示される) 企業理念は高度に抽象的で，それ自体はタテマエだというように理解する志望学生は少ない。「(会社の) タテマエはずっと維持されるので，現実とのギャップに恐いものを感じた」。

(3) 離職後に転職

日本の大学教育の意義　社会人になるための準備期間として，ある程度の知識を身につけ，いろいろと興味を拡げることはできたが，社会に出て実際に役立つという点では，それほど意義はない。しかし，自身の人間性を深めることはできたと思う。自由な時間のなかで，いろいろな人に出会って，自分について考えることができた。人との出会いは意義があったと思う。

新卒採用された会社に選抜・採用された理由　大学在学中の就職活動で，まず，エントリー・シートを送って会社説明会の案内を取り寄せて，説明会で自由記述式の筆記試験と性格適性検査を受けた。次に，インテリアに関する考えを記述する課題のエントリー・シートを送った後で，1人の人事担当者から個人面接を受けた。面接の主な内容は，女性に特有なインテリアへの漠然とした憧れではなく，仕事として考えているかという確認と，希望する職種を尋ねられたので，営業事務を希望すると答えた。

それから，個人面接をした人事担当者と1人の専務が同席して社長の面接を受けた。社長は，圧迫気味の「きつい質問をふっかけた。（性格適性検査の結果が）頑固な性格と出ていたことについて，『お前を使いこなせるような奴はいない』などと言って，（私が）泣くかへこたれるかを見ているようだった。『それでもがんばります』と答えた。社長は，（志望学生の）性格特性を気にしていた。血液型も尋ねられたので，驚いた」。

会社説明会のときは，「（社長は）いい人だと思った。パワフルで人を納得させられる人だと思った」。社長面接のときの印象は，「横暴でワンマンでわがままな感じだった。人事担当者が口を挟むと，『お前はそこまで言う必要はない』と社長は怒った。人事担当者は，（志望）学生の立場に立ってくれ，フォローしてくれた」。それでも志望したのは，「やりたい業界だったから。人事担当者が（私を）気に入ってくれたので，この人の下ならやれるかなと思った」。

採用の決め手となったのは，「自分の意見をはっきり言うことができて，へこたれない弱々しくない子と思われたからだと思う」。

3. 早期離職後のキャリアの再選択

入社後の仕事経験　新入社員研修は，インテリアに関する基礎知識や手形の取扱い方の学習以外に，基本的には社会人としての一般的な常識を身につけることがねらいだった。例えば，（仕事をするうえでの）気持ちの持ちようから，立ち方，座り方，歩き方などの立ち居振る舞い，電話の応対，名刺の受け渡しなどである。指導する人事担当者の前で，実際に立ったり歩いたり座ったりした。

その他，タイル関連の製品を製造している系列会社の大阪工場の見学や，カーテンの縫製工場で直線縫いの作業を2日間体験した。「恐ろしいことに，これも（つまり，この研修作業で縫製されたカーテンも）商品として売られている」。男性新入社員は，ブラインドの製造工場で作業を体験した。

このような研修が，2000（平成12）年3月中旬から4月10日まで続いた。そのため，大学の卒業式も研修の場から抜け出して出席した。研修は名古屋市内の本社を中心に，「あちこち回りながら行われた」。

2000（平成12）年4月10日に配属が決まったが，（私）1人だけが社長秘書だった。研修中に，非公式に内示されていた配属先と違っていた。新入社員研修を受けているとき，祖父が亡くなり，葬儀に出向いた社長が，「大変なときに（私が）しっかりした応対をしたことで，評価してくれたと（後で）聞いた」。

社長秘書に配属されたことについて，「社長が認めてくれて，ありがたいと思った。しかし，希望していた仕事ではなかったので残念だった。社長の怖さをまだ知らなかった」。社長秘書の仕事は，「未決書類の整理とファイルを中心に，日によって違う。（前任者の引継ぎがなかったので）どこを調べたらいいのか，どこに聞いたらいいのか全くわからなかった」。2000（平成12）年4月に，「社長に密着した部が新しく設置されて，（私も）そこに所属していたので，その部長に指示を仰いだ」。

評価と報酬　社員の構成は，20歳代と「社長が連れてきた（上級管理職者の）人たち」が多く，30〜40歳代が少ない。20歳代の社員を育てようという考えがなく，「使い捨てで，評価などしていない」。一方，上級管理職層は

第4章　採用された自己の理解

「大手からの引き抜きが多く，高給である」。総合商社M社などとの関係があるという。

例えば，営業部長も元M社である。営業部は5つの課に分かれているが，キャリアのタテの経路は，せいぜい課長までしか敷かれていない。(新卒採用者で) 課長職より上に昇進した人は1人もいない。そのうえ，昇給もあまりない。「28歳の営業職男性の手取りは約20万円である。結婚を考え始める頃に，辞めていく」。

会社全体の収益は上がっているようにみえるが，「見かけの売りが，かなり高い比率を占めていて，それらは返品として処理されている。しかし，書類上は売れたことになっているため，翌年の目標値がさらに高く設定されるという悪循環である」。そのため，「営業職のノルマがきつくて，身体がもたずに辞める人が多い。毎月20日に締めているが，(その日は)だいたい翌朝の4時頃まで長時間勤務している。だから，取引先の小さな自営業者のところでも転職していく」。

退社した理由　2000(平成12)年7月中旬に退社した。社長に耐えられなかった。「人間としてショックだった。おとなになっても，あんな人がいるのかと思った。気に入らないと怒鳴り散らす」。退社する際に障害は特になかった。「(社長秘書は) 1年間はもたないというのが社内の常識らしい。半年もてばという慣行で配属している。仕事に失敗したら怒鳴る相手が(社長には)必要だった」。

社長は50歳代前半で，営業職出身である。前社長の娘と結婚したが，離婚して社内の女性社員と再婚した。前社長が会社の土地も建物も所有しているので，「土地に絡む問題だけでいらいらしている」「前社長の部下だった社員は，総務関連の窓際の仕事に飛ばして，自分自身の息が掛かった部下で周りをかためている」。

また，社長の前妻との娘が入社してきたし，社長の実父も社内で働いている。現在の社長の妻が役員として役員手当てを受給しながら，ときどき出勤している。「社長は，現在の妻との間に生まれた息子を後継者にしたいが，

まだ幼いので，繋ぎ役を誰かにやらせようと思っている。血縁関係が複雑な会社である」。

このような会社に対して，多くの社員が不満を感じている。実際に，毎年約20人が辞めている。辞めることを見越して，新規学卒者を大量に採用している。「（社長は）社員を使い捨てと考えていて，『ついてこられない奴は辞めろ』という」。会社の業績も下降傾向なのに，「（社長は）自分自身に自信を持っている。そうするしかないのだろう。そうしないと，（自身の）地位を保てない」。

（amの同僚）全員が辞めたいと言っているが，残留している。「みんな（辞める）勇気がないし，（会社の現状に）慣れてしまっている」。

在学中の学生は，社会や会社（の現実）について全く知らない。「1回の就職で，自身にぴったりの会社を見つけられない。会社は，入ってみないとわからない。だから，転職してでも，より適した仕事や職場を探すほうがいいと思う」。

転職した会社に選抜・採用された理由　2000（平成12）年7月に，求人求職情報誌で見つけた総合商社N社の系列で，半導体を製造・販売している会社の採用試験を受けた。その当時，半導体業界は好調だったし，営業事務は業界にかかわらず同じような仕事内容なので，業種にとらわれず営業事務をやりたかった。職種以外には，ある程度の給与をもらえて，会社が安定していて，通勤が便利なことが転職先の条件だった。

他にも2つの会社に合格したが，「今の会社は，会社全体の新しさ，活力，若い社員の元気の良さなど，フィーリングが合うと感じた。他の2つの会社は，どちらも古い体質を感じたのでやめた。一方は，前の会社と同じで，へこたれない強い子という評価のされ方を感じたし，他方は，会社のイメージが派手すぎた」。

まず，履歴書などの書類審査で約80人の志望者のうち10人が合格し，次に，2000（平成12）年8月にSPIと性格適性検査を受けた。その後，名古屋の所長1人と東京の人事担当者1人から個人面接を受けた。面接は雑談のよ

うだったが,「協調性や気配りなど,女の子らしさを見ていたと思う」。最後に受けた最終面接は,所長と人事部長と大阪の西日本営業部長が面接者だった。最終面接に残ったのは3人だったが,そのなかでN大生が合格するとamは思った。しかし,そのN大生は,優秀だが協調性がないと評価されたという。そして,1人だけamが採用された。

最初の勤務先と現在の勤務先との差異は,前者は,社員の仕事への意欲が低く,社内の雰囲気が疲れ切っているのに対して,後者は,社員の意欲が高く,仕事がきちんと評価され,会社が良くなることを目指しまとまりがある。現在の勤務先は,「上層部が下のほうまで考えている。社員に還元しようとする姿勢がみられる。そうした社長の考えが末端まで浸透している。社長がそのように動いている」。

職場の有能な人　現所長は,よく仕事ができる。たくさんの仕事の重要度を的確に評定できる。しかも,その判断が速い。何が重要で,何からやらなければいけないかの判断が速くて正確である。

また,入社5年目の先輩の女性は,常に改善点を見つけ出し工夫している。「半年に1回開かれるアシスタント(営業の補佐)・ミーティングのときにも,(彼女からは)意見がたくさん出てくる」。

現在の勤務先は,新卒採用者の平均年齢が24歳と少し高い。それは,「会社が浪人生や留年生に興味を持っているからである。何か苦労した経験への興味である。苦労するなかで,(本人は)何か考えただろうという興味を持っている。(現在の勤務先には)学力ではなくて,頭のいい人が多い」。

注
1) 原調査は,愛知県内の私立大学文学部を2000(平成12)年3月に卒業した女性ahが,4年生として在学中の1999(平成11)年11月と,卒業後にB社に勤務していた2000(平成12)年11月に行った。1回目に調査した時点で,ahはB社に採用内定されていた。原調査は,B社に採用内定されてから入社後7ヵ月の間に,ahの働く自己像がどのように形成されたかを把握するため,できる限り自由に回答してもらおうと構造化されていない面接法を用いた。この方法によると,回答者は自身の意見の内容とそれを表明する時間の長さとを完全に統制できる。面接時間は,1回目が3時

3. 早期離職後のキャリアの再選択

間，2回目が1時間だった。
2）原調査は，愛知県内の私立大学文学部4年生の女性 ai と aj を対象に，2000（平成12）年10月に行った。調査したとき，ai と aj は採用内定されていた。原調査は，ai と aj が採用内定されるまでのそれぞれの経験を把握することが目的だった。原調査の方法は，注1）と同様である。面接時間は，ai については1回目が3時間，2回目が4時間30分，aj については3時間30分だった。なお，調査者は，特に面接試験の情況を詳細に聴き取ることに努めた。
3）原調査は，愛知県内の大学を卒業し，新卒採用された日本企業を入社後3年以内に早期離職した3人の女性を対象に，離職するまでのそれぞれの経験と離職後にキャリアを再選択するまでの経緯を聴き取るために行った。

 ak は，私立大学文学部を1998（平成10）年3月に卒業し，コンピュータの製造・販売を主な事業とする日本企業に3年間勤務した後，退社してアメリカ合衆国のサンフランシスコで英語学校（English language school : ELS）に通いながら，大学院進学を目指した。原調査は，ak が大学院入試を受験するために準備中だった2001（平成13）年8月にサンフランシスコで行った。原調査の方法は，注1）と同様である。面接時間は，2時間だった。なお，ak が勤務していたL社は，評価制度について第6章で検討している。

 al は，私立大学文学部を卒業し，絵画等の美術品の販売を主な事業とする日本企業に就職した後，退社して愛知県内の国立大学教育学部に再入学し，同大学大学院進学を目指した。原調査は，al が大学に再入学し4年生に在学中の2001（平成13）年8月に行った。原調査の方法は，注1）と同様である。また，面接時間は1時間だった。

 am は，私立大学文学部を2000（平成12）年3月に卒業し，名古屋に本社があるカーテンや壁紙や絨毯などの室内インテリア製品を製造・販売している日本企業に就職後，2000（平成12）年7月に，東京に本社がある総合商社の系列会社に転職した。原調査は，転職先の企業に勤務していた2001（平成13）年10月に行った。原調査の方法は，注1）と同様である。また，面接時間は1時間30分だった。
4）B社は，採用内定者の自己啓発を促すため，在学中にいくつかの課題を用意している。そのうち，2000（平成12）年度は，2冊の課題図書を読んで感想文を提出することが課せられた。1冊は，顧客満足を実現するためのリーダーシップを向上させる鍵について，もう1冊は，日本の商業は科学の論理体系に裏づけられていないという現状認識から，商業復権の方法論が論説されている。前者の感想文は，書式自由でA4判2枚にまとめて1999（平成11）年8月30日必着，また，後者は，同様に1999（平成11）年9月30日必着とされた。
5）例えば，第3章で紹介した大学3年生の男性 v が，新規学卒者の採用について，人事課の担当者から「大学名より高校名のほうが，その人物の人間性を反映している」という話を聞いて「新鮮さを感じた」と記した事例がある。

第5章
選抜・採用の主題

1. 大企業の選抜・採用の特性

　前章で紹介した応募から入社までの経緯にまつわるいくつかの事例から，新規学卒者は，採用内定された主観的な理由を，募集・選抜・採用過程でのさまざまな経験に帰因して，自身のキャリア選択を納得し理解しようとしている。そのような実情にもとづいて，本章では，大企業を中心に日本企業の選抜・採用の特性をまとめておこう。

(1) 潜在能力と全人格の主観的評価

　人を選抜し採用するために開発された能力や適性の検査はたくさんあるが，能力・適性検査の成績だけで採否が決まることはないだろう。検査の結果から一定水準以下の成績の志望学生は不採用にして，採用候補者には面接を行い，能力や適性の検査結果を含め全人格の優劣を評定するという方法が一般的である。

　面接は主観的な評定であるが，複数の面接者の評定にもとづいて採否が決まるので，一定の妥当性はあるとみなされる。しかし，前述したように，組織の文化や風土との適合可能性が採否にかかわる判断材料になると，多数の組織構成員が共有する特定の人格特性との同質性が尊重され，異質な潜在性を感得させる志望学生は排除されてしまう危険性を伴う。

組織の外部環境が比較的に安定し大きな変化が発生しない状況では，考え方や価値観の同質な人たちが集まっているほうが組織は力を発揮しやすいかもしれない。しかし，組織の外部環境が変化して，将来の見通しも不確かな状況では，人材の多様性（diversity）が環境への適応力を保つために有効である。多様な人材の確保は，組織の環境適応力を維持するためにも必要な措置であるが，面接による評定が，この問題に関してどのくらい妥当かについてはさらに検討してみなければならないと思われる。

(2) 集団単位の選抜・採用

採用数をはじめ選抜・採用の計画は，志望学生が所属する社会集団，つまり，性別や大学，学部・学科，出身高等学校，クラブやサークル，出身地などで大枠を決めているようである。その際，志望学生一人ひとりの全人格特性を評定するのではなくて，まず，志望学生が所属する社会集団にラベルづけされたレッテルに付与されている一般的な特性にもとづいて採用候補者群を大別する。そうすることで，綿密な選抜作業に入る前の準備として，特定の集団への社会的評価水準にもとづいて，事前に人材の質量をある程度は確保していると思われる。その後，選ばれた集団の枠に集まった志望学生を一定数まで絞り込んで選抜していくという選考作業を行っている。

このような集団単位の選抜・採用は，個人単位に選抜・採用するより扱う単位数が少ないので短時間に効率よく人的資源を調達できる。しかし，集団単位の選抜・採用方法は，採用後の人的資源の多様性が顕在化し初めて妥当で有効といえる。集団単位の採用をした結果，単位集団あたりどのくらいの確率で人的資源の潜在的な多様性，つまり，所属する社会集団の一般的な特性を個人が体現し得る可能性を得たかについては，採用時を含めて採用後の複数時点で測定診断して確認したほうがいいだろう。採用された個人が所属する特定の社会集団のレッテルから，紋切り型の潜在特性を想像して，多様な人材を集めたことになっているにすぎないのかもしれない。

(3) 開発を前提にした量の補充

　日本企業の人材開発・育成は，実際の仕事経験をとおして技能や技術や知識などを習得させるという職場内訓練を基本にしている。そのため，仕事の専門性に関する知識よりも，協働集団のなかで上司や同僚と適切に意思疎通できるような人間関係能力が求められる。仕事に必要な情報は，職場の人間関係を介して収集しなければならないので，集めた情報の処理だけでなく情報を収集するため有益な経路を構築する能力も重要である。

　こうした実情から選抜・採用された人材は，専門知識などへの評価より職場の新しい仲間として，いっしょに働きやすいかについて合格した人たちといえるだろう。すでに組織の構成員になって働いている先輩社員が，自身と同質の人格特性の仲間として新入社員を迎え入れることが先決で，仕事関連の能力開発はそれから始まる。

　したがって，志望学生が学校で身につけた専門知識は，選抜・採用時にはさほど問題にならない。理工系出身者については，大学院修了程度の専門性が要求されることはあるが，文科系出身者の場合，学部卒業程度の知識は，実務上の専門性と照合して即戦力になるような専門知識とはいえない。そのため，選抜・採用の当事者としては，調達を予定した人的資源の量の問題を考えるだけでほぼ差障りはないと思われる。

(4) 独創型より標準型の重視

　協働集団の仕事仲間としていっしょに気持ちよく働くためには，個性が強く自己主張ばかりで周囲と協調しないような人や，奇抜で他の同僚がしないような働き方をしてしまうような人はあまり歓迎されないだろう。研究開発部門など，他の部門に比べて単独で職務を遂行できる仕事内容の場合はやや事情は異なるが，事務系職種の集団内にあまりに独創的な人がいると，協働しづらいため何かと問題が発生しやすい。したがって，個性豊かでも協調性が欠けるような印象の人材より，全般に無難な標準型の人格特性のほうが，採用後の能力開発の容易さも合わせて高く評価されると思われる。

それでも，通常の採用とは別枠で独創型の個性を求めることもある。例えば，富士通は，2011（平成23）年4月入社の新規大卒見込み生を対象に，「一芸入社」制度を新設する（日本経済新聞，2010a）。この制度は，起業経験，部活動で日本一，数学オリンピックで入賞，弁護士資格など，過去に特定の領域で高い実績をあげた学生を，2回の面接で実績の内容や実績をあげるまでの過程で培った挑戦心を評定し，採否を決める。

　従来の選抜・採用では獲得しにくかった挑戦心や個性豊かな人材を発掘し，社内の活性化をねらうという。富士通の2010（平成22）年4月入社の新卒社員は440人の予定で，2011（平成23）年4月も同程度となる見通しである。新制度で採用する十数人は採用予定数の内数となるが，総数と比べて明らかに少数である。独創型の個性は，標準型の全体を活性化させるための触媒のような働きを期待される希少な部分と思われる。

(5) 異質な思考や価値観への無関心

　日本の社会構造について，中根（1967，1972，1978）はタテの序列構造を指摘したが，日本人の組織も同様に高位置志向の行動原理を基本に成立している。このような行動原理が，組織の階層次元を上昇するように構成員を動機づけ組織活動を活性化させ，組織を1つの社会体系として秩序づけていると考えることができるだろう。組織に固有な秩序の遵守は，個人間や集団間や組織間の関係の多義性（Weick，1979）を削減するが，多義性のうち削減対象となる部分は，組織構成員がすでに獲得し共有している知識もしくは常識では理解できない，よくわからない他と異なる変異の部分である。大多数の組織構成員が理解できないわからない変異は，異質な思考や価値観であり，組織の既存の秩序を乱す要因として排除されるだろう。

　しかし，この異質な変異の部分には革新性が潜んでいる可能性がある。選抜・採用の過程で感知された異質な人材を，肯定的に扱うか否定するかの評定について，再検討してみる価値があるのではなかろうか。

2. 面接重視の理由

(1) 仕事内容の未確認

　学校の世界から仕事の世界への移行は，生涯キャリア発達の最初の大きな転機であるが，仕事の世界を開門する日本企業が，どのように新規学卒者を選考し一括定期採用しているかは，門前の青年にとって不確かである。仕事や働くことについての個人的な希望や期待は，主に業種や職種および働く場の選択後に具体化するが，新しい人的資源を求める組織が，志望学生に何を要求しているかはあまり明確ではない。多くの日本企業の場合，少なくとも仕事にかかわる専門知識・技能は，一部の技術系採用候補を除くと重要な選考項目にはならないといえよう。また，特定の職種を念頭に，志望学生を考査するわけでもない。採用数は決まっているが，志望学生一人ひとりについて，個別に担当職務の適性を検査するわけでもない。

　一般に，日本企業の採用選考では，仕事内容そのものに直接に関係する具体的な試験は行われていない。志望学生が，自己分析などを勧められて自身の適職について熱心に考えるほど，日本企業は，仕事内容に関する新しい人的資源の個別特性をあまり丹念に評価してはいない。

　新規学卒者を一括定期採用する方式は，主に定年退職者などの補充を目的に，組織の人員構成の均衡をはかり，人的資源の量を一定に保つためというねらいがある。入社と退社それぞれの時期が公式に定まっているので，組織構成員の量についての充員計画は定型化しやすい。そのため，新規学卒者の定期採用は，採用目標数の達成を優先して実施される。採用計画は，能力要件や適格要件を原則とするが，日本企業の慣行は原則どおり厳格ではなく，好景気には予定より多く採用し，不景気には全く採用しないなど，採用計画とは異なる別の状況判断で運営されがちである（魚津，1985）。したがって，志望学生の個別の希望や期待に関する情報は，日本企業の募集・選抜・採用の過程をとおして，表面上は選考のための情報として処理されるが，充員計画が特定の職務や職種にもとづいていないので，実際にはほとんど無用であ

る。そのため，入社後の配置・配属先が入社前の希望と掛け離れた状況に置かれて，失望し落胆する新入社員は少なくないだろう。

このように，個人の欲求と組織の要求との調和を基本理念とする組織内キャリア発達論（Schein, 1978）を日本企業について論議する場合，仕事内容に関する個人の欲求と組織の要求との合意を，実際の採用選考では確認できないことに留意する必要がある。

そこで，入社後に毎日する仕事の内容について，個人と組織との合意がなくても採用される／する合理性を，日本人の集団・組織特性の観点から考えてみよう。津田（1985）は，日本企業の特性について，協働集団を最小単位とする連鎖体系と説明する。個人を組織の最小単位としない日本企業は，集団で仕事をする有機型組織の性格が強いといえよう。協働集団では，構成員一人ひとりの成果より集団全体の成果が重視される。

このような組織は，各協働集団の和を保つことで有効である。したがって，新しく採用する構成員は，仕事内容に関する専門知識・技能，個人的な希望や期待より，協働集団の和と秩序を乱さないような人格であることが望まれる。反対に，仕事内容に関する専門知識・技能などが少しくらい劣っていても，人間性の魅力が感じられるなら構成員として採用するだろう。白井（1982）は，新規大学卒業生の採用選考基準として，入社後に開発可能な潜在能力と，企業内社会秩序および人間関係への親和性や協調性を指摘した。

志望学生の能力の潜在性や可能性，親和性や協調性などの全人格特性は，いくつかの能力検査や性格検査の結果を参考に，主に面接試験によって評価される。日本企業が面接試験を重視するのは，組織構成員を代表する複数の面接者が，志望学生の人格のいろいろな要素について，面接者自身の人格への共感を，面接者が自ら確認したうえで採否を決定するため，面接者以外の構成員は，志望学生の全人格が仲間に承認されたという安心から新しい構成員を受け入れ，その結果，協働集団の和と秩序がこれまでどおり維持されるからと考えられる。志望学生の全人格を多面的に評定するため，面接試験では，仕事内容とは直接に関連しないような質問もされる。例えば，前章で紹

介した事例のように，鰻の生産高日本一の産地や好きなサッカー・チームなど，志望する企業の事業とは直接に関連しない質問をされて学生は面喰ったようであるが，面接者は，質問への回答内容より，学生の表情や動作などの反応から，採用候補者の人格を知る手がかりを集めているのだろう。手元にある所定の用紙に記入された志望学生についての情報が，本人と対面する状況下で，非言語の情報も含みながら本人によって口頭表現されるのを面接者は受信して，新しい構成員としての潜在能力と集団成員性（group membership）の内化可能性を期待できるかについて，面接者自身の個人的な皮膚感覚を通じて評価するのだろう。

　有機型組織が新しい構成員を採用する場合，既存の構成員の個人的な皮膚感覚で認知する志望学生の人格要素の同質性は，面接試験によって診断できる。組織外環境が著しく変化するような状況を除くと，組織の秩序が維持されてきた従来の体験にもとづいて現行の体系を存続させる限り，構成員による面接試験の主観性は有効である。つまり，採用選考で面接試験を重視する１つの理由は，それが現行の秩序を維持する有効な方法だからと考えられる。

(2) 仕事仲間としての相性

　協働集団を最小単位とする有機型組織が新しい構成員を選抜・採用する方式は，個人を最小単位とする場合とは異なるだろう。協働集団を最小単位に組織が構成される場合，個人は，協働集団の枠内で集団業務を分担して遂行する。通常，個人の担当業務は，集団の管理職者が配分する。管理職者は，集団業務を部下に配分する際に，一人ひとりの目標を明確に設定するように働きかけるが，業務分担は与えられた集団業務の内容に応じて変わるため，個人が担当する業務とそれを遂行する責任や権利はあいまいである。

　通常の業務がこのように遂行される協働集団に新しい構成員が参入するとき，彼らに求められるものは，仕事内容に関する専門知識・技能ではなく，まして個人的な希望や期待の新鮮さでもない。所属する協働集団の構成員

が，暗黙のうちに共有している仕事の仕方を理解する能力が，新しい構成員に求められる。新しい構成員は，言語読解力や論理思考力に加えて，他者への共感力など，対人認知にかかわる知能の社会性が一定水準を満たしていることを，状況に即した適切な意思疎通で示すように要求される。

　新しい構成員が協働集団の要求を満たすような態度や行動を表出するなら，集団の強固な活動枠のなかで柔軟に作用する集団自体の機能は損なわれず秩序は維持される。つまり，新しい構成員は，仕事仲間として迎え入れられ，仲間集団に準拠し同一化していくだろう。

　日本企業の採用選考で面接試験が重視されるのは，志望学生に対面したとき直に把握できる人格の感触と組織の風土や文化との相性を，互いの感情や考えや意思などを楽に交換できることを確かめ合いながら評定できるからと思われる。そのため，面接者は，質疑応答の話題をいろいろと変えて，志望学生がそのたびにどのように反応するかを見る。

　つまり，志望学生が多くの不規則な質問や圧迫されるような質問に対して，自己を抑制し淀みなく答えられるかが，面接試験で試されているといえよう。働く場では，意見の交換，話合い，討論，議論，要求，説得，解説，説明など，言語を使って他者と意思疎通することが仕事の中心になるので，面接試験での不規則な問いかけにも質疑応答をとおして円滑にやりとりできる採用候補者となら，仕事のやりとりも同様に円滑だろうと予想するのだろう。

(3) 面接者の要件

　主観性に富む面接試験を中核に採用選考する場合，面接者の人格が試験の妥当性に影響する。面接者は自身の仕事経験・記憶にもとづいて志望学生の全人格を評価するので，面接者のキャリアが採用面接の基準そのものともいえよう。面接者は，志望学生に対面した過去の記憶を手繰り寄せながら，高い潜在性に関する主観的な感覚表象や知覚表象を想起し，それらを再構築し眼前の志望学生の未来を予測する（Denis, 1979）。したがって，採用選考の

妥当性を充足するためには，面接者に求められる要件を整理することも課題だろう。

　魚津（1985）は，志望学生の態度を一見して，顔つき，体型，話し方，服装なども含め，自分自身の経験から人を見抜く能力が，面接者には必要という。その他にも，①会社の方針をよく理解し，会社を代表して行動できる，②誰とでも心置きなく接することができ，社交性に富んでいる，③話題が豊富である，④誠実であり，他者にも容易にその誠実さをわかってもらえる，⑤人を見抜く能力や物事を判断する能力など，洞察力に優れている，⑥忍耐力が優れている，⑦広い視野を持ち，柔軟な思考をする態度が身についている，⑧健康的である，⑨（面接者の）年齢は30〜45歳くらい，⑩主任・係長・課長くらいの肩書を持つことを面接者の条件とした（魚津，1985，pp.61-62）。

　これらの要件は，組織を代表して新しい仕事仲間候補の人格を選考する面接者自身に要求されるが，その内容は全般に，加齢によるパーソナリティの発達を基底にした組織社会化の標準理想型人格といえよう（武田，1993）。つまり，初期から中期キャリアの発達段階に位置する組織構成員の人格の標準理想型を基準に，志望学生の採用後の可能性を直接の対話をとおして予測しようとするのが面接試験のねらいと思われる。

　また，水井（1997，pp.46-55）は，志望学生の特性を人間性と能力とに区分し，特に人間性について，面接試験では過去の経験と未来への志向をできるだけ具体的に話してもらうことで，表出される態度，受ける印象，個性，主張，他者への共感や理解などを把握するように示唆した。そして，面接試験で評価可能な人間性に関する項目を次のようにまとめた。

　①　**表現力**として，「抽象的な言葉ではなく，体験が伝わるような具体的な言葉を豊富に選んで話しているか？」「不要なほどの謙遜をしたり，言い訳がましい言葉が多くて論点がすっきりしないなど，話し方に変な癖がつきすぎていないか？」「立場をふまえた謙虚な話し方ができるなど，高慢なところはないか？」

② **理解力**として,「途中まで聞いてわかったような態度を示すのではなく,話を最後まで聞いているか？」「話したいことを話すのではなく,問いに対する答えのやりとりが成り立っているか？」「言いたいことが上手くまとまらなくても修正を試みるなど,自身の話が質問に対応しているかを自覚しながら話しているか？」

③ **話の一貫性**として,「すでに話した内容とのつながりを考えながら,焦らず整理しながら話しているか？」「話が自身の得意なところにずれていってしまうなど,独善的になっていないか？」「論理性があるか？」

④ **知的水準**として,「実体験の豊富さとそれへの敏感な感受性,旺盛な好奇心を感じさせるなど,年齢や経験に応じた常識を持っているか？」「専門用語を安易に使うのではなく,平易な言葉で簡潔に話しているか？」

⑤ **人間的魅力**として,「もっと話してみたいと思わせるような人物か？」「これまでの自分自身に誇りを持っているか？」「失敗を活かして改善に繋げようとするなど,前向きな姿勢が感じられるか？」

⑥ **積極性**として,「顔だけの笑顔ではなく,立ち居振る舞い,姿勢,声などから感じられる雰囲気が人に対して開けているか？」

⑦ **誠実さ**として,「適度な緊張感を持って未来の上司に向かい合っているか？」「謙虚さを合わせ持っているように感じられるか？」

⑧ **明るさ**として,「人に対して開放した部分が見られるか？」

⑨ **率直さ**として,「要領の得ない抽象的なことを並べ立てたりしていないか？」「不要な敬語や過度の謙遜など,形式に頼ってしまっていないか？」「外来語や漢語など,受売りの言葉ではなく,平易でも自身で考えた言葉で話しているか？」

⑩ **冷静さ**として,「1つのことにこだわりすぎずに,話の内容を均衡させているか？」「話をわかりやすくまとめようとしているか？」

⑪ **応対の行儀作法**として,「面接に臨むまでの準備や用意ができているか？」「書類などを見ずに働くための条件や自己分析が整理されているか？」

⑫ **元気の良さ**として,「積極性や意欲ともかかわる心身の健康を感じさ

せるか？」

⑬ **肯定性**として，「物事を否定的にとらえるのではなく，前向きにとらえられるか？」

⑭ **将来の抱負**として，「具体的な仕事の内容に対する希望や抱負と，個人的な夢を持っているか？」

⑮ **志望動機の明確さ**として，「底の浅い動機ではなく，覚悟のようなものが感じられるか？」「事前の情報収集を含め，志望する熱意や心構えが伝わるか？」

⑯ **職業観**として，「働きたいという意思を感じ取れるか？」「産業界に身を置くことを考え，自身の可能性を信じているか？」「生活の一部として，精神的に上手く均衡した有意義な職業生活を送ろうと考えているか？」

⑰ **趣味**として，「具体的な趣味を紹介できるか？」「趣味に関して，その良さを紹介するときに熱意や努力が感じられるか？」「趣味によって自身の世界がどのように広がったか？」「趣味の話から，均衡した心豊かな生活を想像できるか？」

⑱ **学校生活**として，「多くの時間を過ごした学校のなかで，何を体得したか？」

⑲ **自己の魅力の表現力**として，「個性的だと思わせるような具体的な話ができるか？」「『何か質問は？』『あと一言付け加えたいことがあれば』に反応できるか？」

⑳ **質問に対する受け答えの仕方**として，「前置きが長すぎないか？」「質問が終わらないうちに話し出していないか？」

面接試験で評価可能な人間性に関するこれらの項目は，前述したように，加齢とともに生涯にわたって形成される各発達段階に固有な課題（Newman & Newman, 1975）を，志望学生がこれまでの学校生活で一定の時間を費やし充分に達成してきたかについて，その成果を青年後期の人格に直に対面して確認するために設定されると換言できるだろう。

このように，新規学卒者の定期採用は，組織内キャリア発達中期の標準理

想型人格による認知を主な基準に，キャリア発達初期の標準理想型人格を，発達の可能性に関して診断し採否を決定する作業といえよう。その際，最初は，能力や人間性を含む全人格について，一定水準を満たさなかったり，許容範囲を超える結果を示した志望学生を除外する方針で面接するが，しだいに特定の採用候補者を絞り込んで，人間性を深く掘り下げ人物像を詳細に把握するような面接に移っていくようである。そのため，面接者は人に対する興味や関心を持ち，志望学生の長所を的確に発見できることが望まれる。

(4) 採用面接の妥当性

　協働集団でいっしょに仕事をする新しい構成員を採用選考するための面接試験は，志望学生の能力面の潜在性より人間性を重視して行われるので，採用面接の妥当性は，採用後に配属される協働集団の上司や先輩が，志望学生の集団成員性をどのように認知するかで検証できるだろう。とりわけ日本企業の雇用慣行は，雇用者の解雇をできるだけ避けようとするので，新しい構成員の潜在性が見込み違いだったとしても，そのまま受け入れ協働していくように規制される。

　新しい構成員の集団成員性への同一化は，集団目標の共有と達成に向けて業務を分担し，集団の和と秩序を壊さないように自身の能力を発揮することで示される。集団の和は，担当業務の遂行状況を構成員が相互に確認し合いながら，集団全体の進捗を常に考えて自身の仕事をすることで保たれる。また，集団の秩序は，柱となるタテの年功序列に則って定型化された行動を学習し，集団内の勢力が影響する各構成員の位置関係を理解して，職場の社会的身分に応じて適切に行動することで維持される。

　こうして，まず，新しい仕事仲間が，現行の協働体系に逆機能しない人格であることを認めたうえで，早く独力で仕事ができるように助言し指導していく。協働集団の目標を達成するために，集団活動は特定の時空間内で統制されるが，目標を達成するための最適条件として管理統制の対象となるのは，方法 (method) や手順 (process) や動作 (action) 以外に，能力 (capacity），行動（behavior），態度（attitude）など，個人の人格の側面も含める考え方がある（相羽，1969）。

　また，協働集団に新しい構成員が加わったことによって，集団全体の能力にどのような変化が現れるかは，採用面接の成果として問題になる。前章でみたように，協働のなかで発揮される能力の個人差については，採用面接でも集団討論や即興の集団ゲームなどへの参加情況から評価される。

　具体的には，面接試験の場で偶然に形成された小集団の構成員として，定められた役割を短時間で遂行しながら，集団ゲームのなかで組合された役割相互の調和感と，役割の組合せ全体の連鎖への均衡感などが査定される。このような集団ゲームは，協働の模擬作業である。また，集団討論でも個人競技と団体競技とを二者択一させるなど，個人と集団・組織との関係にかかわる志望学生の考えを把握しようと試みている。

　協働集団全体の能力は，構成員一人ひとりの能力を相互に補完するように組合せて高められる。そのため，新規学卒者を人的資源の充員計画にしたがって定期採用する場合，経営計画や職務・役割計画などとも関連させ，全体組織の配員計画にもとづいて創造性の高い協働集団を構成するために新しい構成員を戦略的に採用することが考えられる。個人の潜在性を詳細に把握するような採用面接の結果から，異なる潜在性の最適な組合せを予測し，創造性の高い集合能力体を協働集団として形成する試みである。志望学生の最適業務の摘出を予測するために面接試験の有効性を高めようとする考え方（中井，1978）は，日本企業の場合，個人を協働集団化する前提で検討する必要があるかもしれない。

　日本企業の現行の選抜・採用は，集団・組織の和と秩序の維持の制約下に，異質な潜在性が偶然に集合するよう運営されている。そうした選抜・採用の無作為性の効用は，志望学生の仕事の世界についてのあいまいな理解のうえに実現しているという意味で，個より全を優先する採用管理のように思える。

3. 選抜・採用の課題

　経営組織を文化の観点から考察した林（1984）は，「仕事をするにあたって，集団（あるいは群れ）に頼ろうとするか。個人に頼ろうとするか」への日本と韓国と台湾それぞれの正規雇用者の回答を比較した結果，韓国人（51.1%）と台湾人（51.5%）に比べて日本人（36.3%）は，集団より独力を選択する人が有意に少ないと報告した。日本人は，所属する職場集団に依存して仕事をする傾向がある。

　集団単位で仕事をする日本企業の事例としてトヨタ自動車に注目したベッサー（Besser, 1996）は，アメリカ合衆国ケンタッキー州のジョージタウン工場を調査した。ベッサーは，「共通の目的を持ち，そのために協力し合って働く人びと」と定義したチームを鍵概念として，トヨタ自動車の経営について分析した。そして，チームの構成員を選抜・採用する過程の特徴について，①長時間（願書提出から採用まで最短で6ヵ月を要した）の選抜・採用過程が，就業志望者の意欲と我慢強さの試金石になっていること，②選抜・採用過程への多大な時間と労力の投入が，仕事の役割の重要性を就業志望者に感じさせること，③客観的な能力測定にもとづいた選抜・採用過程であると就業志望者に認識させること，④選抜・採用された就業志望者は，自身を選ばれた少数者であるかのように感ずることを指摘した。

　ベッサー（Besser, 1996）によると，こうして採用されたチーム・トヨタの新しい構成員は，導入教育（orientation）等を経験しながらチーム概念の価値を承認し，個人の成果を無視してチームの成果を特に認識するようになる。チーム・トヨタの新しい構成員は，個が全のために最善を尽くすという考え方で同質化される。

　しかし，組織の存続と成長を組織外環境への適応という観点（野中・加護野・小松・奥村・坂下，1978）から考えると，組織構成員の過度な同質化は，組織の環境適応力を低下させる（Weick, 1979）。加護野・野中・榊原・奥村（1983）は，日米企業の経営を比較して，日本企業の平均的な適応型

は，集団を単位にした帰納的で増殖的な（incremental）環境変化への対応が特徴であると報告し，このような適応型では，「人」の要素が大きな比重を占めると指摘した。

集団単位の帰納的で増殖的な組織の環境適応は，組織文化への同調と組織からの逸脱との中間にあたるような組織行動を予測させる人材の選抜・採用が1つの条件になるだろう。組織に対する同調と逸脱の適切な均衡感覚は，革新性を期待させる。つまり，組織外環境の変化に応じて組織内環境を変化させ得るような潜在性を，選抜・採用の対象にするという考えである。そこで最後に，こうした観点から日本企業による新規学卒者の選抜・採用をめぐる問題点をまとめてみたい。

(1) 採用内定に関する説明

採用された新入社員が，採用内定された理由を理解できるように，ある程度は説明が必要だろう。予言の自己成就説によると，能力や適性の水準にかかわらず採用された新入社員は，選抜・採用の形式だけで自己評価を高め良好な職務遂行を示すかもしれない。

しかし，例えば，課題を与え試験をしても，それに取り組むことにどのような意味や価値があるかを説明し，努力の結果としてどのような向上が見込めるかを明らかにしないと主体的に取り組もうとしない学生が，増えているような気がする。そのため，募集・選抜・採用についても，評定項目や評定基準をある程度は情報開示したほうが望ましいと思われる。どこまで情報公開するかは，個別の事情があるので一律には決め難いが，採用後に選抜・採用基準を新入社員に解説することについて検討してみてはどうだろう。選抜・採用基準の要点を説明することで，新入社員の自己評価が裏づけられ，冷静な自己分析にもとづく自己啓発への動機づけになるかもしれないし，会社への信頼も高まるだろう。

選抜・採用される人材は，選抜・採用されなかった人に比べて，どのような項目や基準で自身の潜在性が評価されたのかが理解できるような事後説明

には，一定の効用が考えられる。募集・選抜・採用の仕組みを明らかにしても，採用する人の質に影響はなく定着率はむしろ上がると思われる。

(2) 面接による評価の妥当性

ある航空会社が，従来の選抜・採用の仕方で採用された従業員の特性を約10年後に質問紙法で調査して，選抜・採用した当時の面接者の考え方と比較したところ，面接者と似たような考え方や価値観の人が数多く採用されていたことが判明したそうである。

帰国子女の評価と採用をめぐる人事管理について，日本企業の実情を聴き取り調査した際，大手の航空会社の人事担当者は，「1991（平成3）年に社内で行った調査を分析すると，かなり似た人を採用しているという結果が出た。これは，うちの企業風土で長年育った人事関係をやっている採用者がみていくと，1つの枠がどうしても出てきた結果であるし，現場からもそのような声がないわけではない。これをきっかけに，あえてこれまでの見方をもう少し広げて見ていきましょうとなった」と説明した（武田，1996）。

この事例から，面接者自身の知性や感性と類似した特性を持つ学生が好まれ選抜・採用される傾向があるのではないかと推察される。

このような面接試験を続けていると，組織構成員はしだいに同質化していくだろう。つまり，組織構成員の態度や行動が定型化し多義性が消失していく。高い同質性の組織は，組織外環境の変化への適応力が低いので，組織構成員の過度な同質化は危険である。したがって，面接者のパーソナリティ特性と対比させながら，新卒者の選抜・採用時の評価と選抜・採用後の評価との比較を定期的に行って，面接による評価の妥当性と有効性を検討する必要があるだろう。

(3) 選抜・採用基準の共有確認

仮に，面接者の間で選抜・採用基準が統一され共有されていないと，例えば，ある面接者の評定は合格だった志望学生が，別の面接者の面接を受ける

3. 選抜・採用の課題

と不合格になってしまうことがあり得る。実際には，実施される複数回の面接試験は，志望学生を絞り込むための選考が進むにつれて採否の権限が増していくような段階制になっているため，同一の段階内で重複して面接を受けることはない。そのため，一連の選考過程が進行するなかで，選抜・採用の信頼性が問われることはない。

しかし，そうした選考の仕方は，どの面接者が評定するかで採否が左右されるかもしれないという偶然性への対策が不備である。前述したような面接の主観性によって，志望学生との相性の良さなどが，隠れた採用基準になって採否の決定に作用している可能性は否定できない。

そこで，選抜・採用の評価方式や評価項目や評価基準などについて，一定程度の共有化を実現し，面接者による評定結果のばらつきを制御する必要がある。面接を構造化して，筆記による検査と同じように面接を標準化し，面接者が変わっても標準化された面接が実施できるなら，面接の主観性に伴う偶然性を統制できるかもしれない。

ただし，こうした考えを徹底しすぎると，人材の多様性がやはり損なわれてしまう恐れがある。例えば，営業部と人事部とでは理想とする人材の特性が必ずしも一致しないとすると，選抜・採用基準の問題は，採用予定の人材の質と量を高い精度で模擬設定し，志望学生のなかから計画どおりに特定のパーソナリティ特性を選抜して採用できるかが論点になる。しかし，人材の多様性を確保するためには，作為的に論理を構築するより無作為な選抜・採用条件のほうが有効と思われる。つまり，面接者自身のパーソナリティ特性を無作為に選定することによって，選抜・採用基準の本質的に重要な設定は実現できるだろう。

(4) 知能の社会性と多様性の診断

国語と算数，つまり，言語読解力と論理思考力を中心に学生の知能を評価する考え方は，従来の選抜・採用の標準だった。しかし，日本企業は，国語や算数の成績以上に知能の社会性や多様性を無意識に高く位置づけて，主に

面接試験によって診断してきたといえよう。例えば，人と接触するときの適切な応対や会話の内容の充実などから，志望学生の人間らしい頭の良さをいろいろな角度から多面評価して全人格の優秀性を診断してきた。

　こうした方針を発展させ，選抜・採用に関係する経験則や経験知の蓄積を整理して，より洗練した採用管理体系を組立てられるのではなかろうか。その作業を進める過程で，例えば，共感力のような知能の社会性や多様性を代表する能力特性が，言語読解力や論理思考力と同等以上に有効であることが実証されるかもしれない。

　今後，どのような選抜・採用の新しい方式や技術が開発されても，良質な思考力の重要性はおそらく普遍であろう。人間らしい頭の良さは，時代を超えて変化はしない。大学生活を通じて，読んだり書いたり話したり聞いたりしながら，深く考えることの基礎訓練を続け，さまざまな社会場面でたくさんの人と交流し，読む・書く・話す・聞く訓練の成果を試してみる経験を地道に繰返すことが知能の社会性や多様性を高める。

　良質な思考ができる新卒者を採用するには，選抜・採用の際，志望学生との質疑をとおして，考える力の習熟度を正確に評定することが基本だろう。

(5) 異質な人材を戦力化する装置

　志望学生と向き合う場で，他の人とは何か少し違う雰囲気を感じたり，自己主張が強かったり，どこか異質で大勢からはみ出しているように感じる人の個性について，それが見かけだけなのか，それとも期待できるようなある種の革新性なのかと，まず，好奇心を持って見極めることを薦めたい。例えば，海外・帰国子女の潜在性などは，慎重に注意深く探求してみる価値があると思う。

　態度や行動の異質性は，海外滞在経験者ばかりでなく日本国内の地域差としても充分に考えられるだろう。例えば，U・Iターンのような地域間移動を異質な人材の戦力化の観点からみると，地域の開発・活性化関連の諸事業の担い手としてU・Iターン者の潜在性が期待される。具体例として，島根

県石見町のゆとり体感イン・アロマティック石見事業は，過疎化が進む中山間地の地方自治体の呼びかけに応じたＩターン女性の当該地域住民とは異質な潜在性を，地域開発事業の原動力に転化させた１つの好事例といえよう（武田・山村，1994；武田，2001a）。

　また，2011（平成23）年４月入社の新卒採用計画を策定している東芝は，首都圏の大学出身者に採用が偏らないように，新卒採用者に占める首都圏大学の出身者比率を，現在の６割弱から５割以下に抑えて，全国各地域の大学から広く人材を募る（日本経済新聞，2010b）。大学生活を過ごした地域によって，学生の行動や考え方が異なると分析し，多様な人材を確保するには，出身地域や性別を分散する必要があるという。外国人についても採用人数を減らさず，例年並みの30人程度を採用し，日本人と異なる価値観を持つ外国人社員の比率は下げないようである。

(6) 経営者の現状認識

　日本企業が新規大卒者を募集・選抜・採用するとき，経営者が唱える抽象的な求める人材像が，現場で扱う具体的な人材要件として，どのような評価項目や評価基準に翻訳されているかを点検し，選抜・採用の操作化の実情を確認することも課題だろう。このような理念から実践への展開を，経営者自身がどのくらい把握しているかを問うことは，採用管理に関する企業の社会的責任ともいえよう。新規学卒者の選抜・採用に関する経営者の認識と現場の認識との間にズレはないか。優れた潜在性を持つ志望学生が，最終面接に到達するまでに振るい落とされないようにするためにも，経営者と現場との意思統一を図ることが大切である。

4. キャリアの自己管理

(1) キャリア教育の時代背景

　学校教育の最終段階である大学に在学中の青年は，卒業を節目に青年期か

第5章　選抜・採用の主題

ら成人期へ移行する（Newman & Newman, 1975）。青年は，人生80年時代の約4分の1を生徒や学生として過ごした長いおとなになるための準備期間（Levinson *et al*., 1978）を終えて，学校で学んだ成果を働くことで体現する段階に進む。そして，働き続けた個人史の軌跡はキャリアとして形成され（Schein, 1978），青年はしだいに一人前の成人に成長していく。

　成人への移行期に関する従来の発達段階説では，発達過程をいくつかの段階に区分して，各段階に固有の発達課題を記述し説明した。記述の対象はそれぞれの学説によって異なるが，いずれも共通して，生物個体にみられる系統発生の原理のような諸段階間の非可逆的な移行が，一連の発達過程の全体を形成している。主要な発達段階説の成人への移行期についての記述をまとめると，表5-1のようになる。

　また，加齢とともに社会生活の場が学校から仕事の世界へ展開すると，生活の形態も働くことを支柱にした構造に変わる（中鉢, 1975）。青年期と成人期とでは生活の安定度が異なり，就業して会社の要求に応えるように毎日を過ごす生活様式は，好むと好まざるとにかかわらず生活の形態を整え安定させる。

　しかし，大半の大学生は，親抱えでなく自前で経済基盤を固め，そのうえ特定の柱立てによって日常生活を確固と組立てているようには見えず，在学中のアルバイトやボランティアなどの活動が補助的な支えになっている例もあるが，一般に，学生にとって働くことを支柱にした卒業後の職業生活は実感しにくいだろう。

　本来，大学を卒業して就職するということは，選択したキャリアと調和する仕事中心の生活を築く主体的な行為である（Super & Bohn, 1970）。それと同時に，経済的にも精神的にも子は親から自立して，やがて結婚し職場生活以外に家庭での生活や地域社会での生活などが加わり，経験を重ね気持ちに余裕が感じられるようになると，生活全体を構成する時空間がしだいに房状化し拡張していく（青井・松原・副田, 1971；森岡, 1973）。学生生活が比較的に限定された領域内で成立していたのに比べて，職業生活の領域は，

表5-1 青年期から成人期への移行課題

	年齢	発達課題
B.M. ニューマンと P.R. ニューマンによる **心理社会的発達説**[1]	18〜22歳	青年は，複雑な文化のなかで，両親から自立し独力で生き抜く能力を形成しなければならない。具体的には，男らしさや女らしさの性役割同一性を獲得し，職業の選択による成人としての生活様式を確立することが課題である。また，成人期に経験するさまざまな出来事に直面して，善悪の区別を認識し，自身の行動の結果を予測したうえで自己統制するために，正義や公平などの道徳性を内在化することも必要とされる。
D.E. スーパーと M.J. ボーン Jr. による **自己の発達説**[2]	15〜24歳	青年は仕事への欲求，興味，能力，価値観などを自己分析して，アルバイト等の臨時雇用の機会から得た経験知も活用し，暫定的なキャリア選択を行う。就職後は，最初の配属先での仕事や人間関係の現実を，自己概念の充足に照らして吟味することが課題である。
D.J. レヴィンソンらによる **生活構造の発達説**[3]	17〜22歳	未成年期から成人前期へ移行するために，①青年期の人間関係や組織との関係をとおして形成した自己を修正し，②おとなの世界の構成員としての自身を想像しながら，可能性を試す試験的な選択をする必要がある。生まれ育った家庭から経済的・精神的に離れ，親への依存を少なくし家族との距離をとって，自立した生活を始めることが課題である。
E.H. シャインによる **組織内キャリアの発達説**[4]	16〜25歳	学校から仕事の世界へ参入する過程で，仕事の探し方や特定の企業に応募する方法，就職試験・面接の受け方，職務や企業に関する情報の収集・評価法などを学ぶ。そして，就業先や仕事の現実的で妥当な選択をし，希望する企業の採用・選抜試験に合格することが課題である。

(注) 1) Newman & Newman (1975) を参考にした。
2) Super & Bohn (1970) を参考にした。
3) Levinson *et al.* (1978) を参考にした。
4) Schein (1978) を参考にした。

広く複雑で境界設定が難しい。

　さらに，厚生労働省の「平成19（2007）年度簡易生命表」によると，2007（平成19）年時点の日本人の平均寿命は，男性が79.19歳，女性は85.99歳で，前年を男性は0.19年，女性は0.18年それぞれ上回り依然として長寿である。今日，生活観や生活構造や生活様式など，生き方の設計を生涯キャリア発達の観点から考え，80年という日本人が過去に経験したことがない人生を有意義に生きることに取り組むことが求められている。

　こうした現状にあって，大学でのキャリア教育のねらいは，学卒後の生活への学生の関心を高め，職業生涯で遭遇する諸問題を独力で解決できるように基礎的な力を養成することにあると思う。

(2) 職業生涯を自己管理する時代

　最近，キャリアについて大学生を指導教育する必要性が提唱され，一部に専門の学部や学科が新設されている背景には，日本企業の雇用の変化と，現代青年にみられる諸特性にかかわる問題がある。

　日本企業の長期安定雇用が成立していた1990（平成2）年以前は，大学卒業という学校歴の潜在性への期待値から，大卒者のキャリアは他の学校歴より高い組織内の職階から始まり，管理職候補者群は，ほぼ大卒者で占められていた。しかし，1990（平成2）年以降は，経営環境の変化に伴って，目標管理による成果主義やコンピテンシー（competency）など，収益性を重視した評価にもとづく雇用管理体制が広まり，大卒者であっても就職して定年退職するまでの生活は完全に保障されていない。つまり，大卒者のなかでも，採用・選抜や処遇などの個人差が拡大し，キャリア発達のばらつきが現れてきた。今では就職できない大卒者も珍しくない。

　また，例え就職しても，与えられた仕事や配属先での人間関係に馴染めず早期離職する新入社員も少なくない。雇用保険被保険者の資料を用いて，新規学校卒業者の就職・離職状況を集計した報告（厚生労働省職業安定局労働市場センター業務室，2004）によると，大学卒業3年後の時点で約3人に1

4. キャリアの自己管理

表5-2 新規大学等卒業就職者の各年3月時点の在職期間別離職状況（厚生労働省職業安定局労働市場センター業務室，2004）

(人・%)

学歴	卒業年	性別	就職者数	3年目までの離職者数と離職率			
				1年目	2年目	3年目	合計
短大等卒	1998年 (平成10年)	合計 男性 女性	258,783 78,853 179,930	42,124(16.3) 13,353(16.9) 28,771(16.0)	30,118(11.6) 8,525(10.8) 21,593(12.0)	28,806(11.1) 6,875(8.7) 21,931(12.2)	101,048(39.0) 28,753(36.5) 72,295(40.2)
	1999年 (平成11年)	合計 男性 女性	216,701 64,112 152,589	37,472(17.3) 11,392(17.8) 26,080(17.1)	27,830(12.8) 7,474(11.7) 20,356(13.3)	23,515(10.9) 5,377(8.4) 18,138(11.9)	88,817(41.0) 24,243(37.8) 64,574(42.3)
	2000年 (平成12年)	合計 男性 女性	196,370 56,928 139,442	37,988(19.3) 11,187(19.7) 26,801(19.2)	25,252(12.9) 6,662(11.7) 18,590(13.3)	20,923(10.7) 4,742(8.3) 16,181(11.6)	84,163(42.9) 22,591(39.7) 61,572(44.2)
	2001年 (平成13年)	合計 男性 女性	189,685 56,263 133,422	35,660(18.8) 10,746(19.1) 24,914(18.7)	24,286(12.8) 6,459(11.5) 17,827(13.4)		59,946(31.6) 17,205(30.6) 42,741(32.0)
	2002年 (平成14年)	合計 男性 女性	173,599 51,752 121,847	32,696(18.8) 9,827(19.0) 22,869(18.8)			32,696(18.8) 9,827(19.0) 22,869(18.8)
大学卒	1998年 (平成10年)	合計 男性 女性	388,485 257,904 130,581	50,136(12.9) 28,742(11.1) 21,394(16.4)	38,229(9.8) 20,798(8.1) 17,431(13.3)	36,122(9.3) 18,795(7.3) 17,327(13.3)	124,487(32.0) 68,335(26.5) 56,152(43.0)
	1999年 (平成11年)	合計 男性 女性	358,893 232,833 126,060	49,851(13.9) 28,041(12.0) 21,810(17.3)	40,647(11.3) 21,831(9.4) 18,816(14.9)	32,517(9.1) 16,546(7.1) 15,971(12.7)	123,015(34.3) 66,418(28.5) 56,597(44.9)
	2000年 (平成12年)	合計 男性 女性	344,705 215,975 128,730	54,232(15.7) 29,498(13.7) 24,734(19.2)	40,051(11.6) 20,638(9.6) 19,413(15.1)	31,581(9.2) 15,681(7.3) 15,900(12.4)	125,864(36.5) 65,817(30.5) 60,047(46.6)
	2001年 (平成13年)	合計 男性 女性	367,128 228,187 138,941	55,605(15.1) 30,103(13.2) 25,502(18.4)	41,302(11.3) 21,529(9.4) 19,773(14.2)		96,907(26.4) 51,632(22.6) 45,275(32.6)
	2002年 (平成14年)	合計 男性 女性	364,337 223,177 141,160	54,473(15.0) 29,474(13.2) 24,999(17.7)			54,473(15.0) 29,474(13.2) 24,999(17.7)

(注) 2003(平成15)年10月31日現在の雇用保険被保険者の記録から，新規学校卒業者の就職・離職状況を集計した結果である。なお，( )内の離職率は，離職率＝離職者数／就職者数×100の数値である。

人は離職している（表5－2）。大卒者の入社3年後の離職率は，1998（平成10）年32.0%，1999（平成11）年34.3%，2000（平成12）年36.5%と，わずかながら上昇している。企業規模別にみると，5人未満規模60.7%，5～29人規模52.6%，30～99人規模42.2%，100～499人規模35.9%，500～999人規模30.5%，1000人以上規模27.1%と，大企業における大卒者の離職率は，零細企業の半数程度になっている。

　従来の日本型雇用体系に順応するキャリアの自己管理は，勤務する会社の枠内に敷かれた規定路線から逸脱しないように自己統制することだった。しかし，働きに応じた賃金を支給する仕組みでは，望む報酬を得るために仕事能力を自己開発し，挑戦の機会を獲得しなければならない。それはキャリアを自身で選択し創造する行為である。

　このように，新規学卒者の就職が自動的に可能な選択ではなくなったため，進路選択に関する学生の定型化された認知様式を改め，進路に関する不連続な非定型の選択行動への対処能力を育成する必要があるだろう。そのためには，まず，自身のキャリアを自分自身が選択することへの気づきの経験が大切である。そして，選択されたキャリアを土台に生活が構築される過程，つまり，職場生活に影響されながら家庭生活や地域生活などが形成される実情の経験的な観察と理解が，自身の職業生活や職業生涯を設計する個人的な発想に結びつくだろう。

　しかし，臨床心理学や精神分析などからは，少子化等による親子の濃密な関係性が，学卒後の青年の自立を妨げている実態が指摘されている（斎藤，1996；山田，1999）。例えば，長く辛い就職活動に直面している子に，「そんなに大変ならフリーターになればいいじゃない。ウチにいれば面倒見てあげるから」と，パーソナリティの発達のために，青年期の子が達成しなければならないとされる課題を，放棄するように助言する母親もいるという。従来の発達心理学の学説では，親に寄生して自立しようとしない青年の態度や行動は不健康とみなされていたが，今日の日本社会には，このような未成熟なパーソナリティの青年が相当数いると考えられ，場合によっては特

別なカウンセリングの機会も準備しなければならない（Herr & Cramer, 1988）実態もある。

フリーターや早期離職の増加など，大学を卒業したら働くという行為があたりまえではなくなった今，仕事の世界へ支障なく移れるように，一人ひとりの学生の能力や適性，精神面の成熟度などに応じた木目細かい教育・支援が大学でも必要になったといえよう。そうした個別の教育・支援をとおして，学卒後の職業生涯を自己管理することの自覚を促すことが，キャリア教育の当面の目標ではなかろうか。

また，キャリアを創造する過程では，理想とする生活を実現するため独自の計画を立てなければならない。青年が，キャリアを選択し創造することに興味を持ち，職業生活の計画と自己管理について自発的に考えるような教育・支援が望まれる。

(3) 日本型の予期的社会化

キャリア発達初期の現実ショック（reality shock），つまり，就職前の夢や希望や期待と，就職後の仕事内容や職場の実際との落差をできるだけ小さくし，新入社員を失望させないようにするための事前策として，前述した予期的社会化，または社会化の先取り（anticipatory socialization）という考え方がある。これは，マートン（Merton, 1949）が準拠集団との関連で提唱した概念で，特定の集団に所属する前に，当該集団の規範や行動様式を学習し内化することを指す。具体的には，在学中のアルバイトやインターンシップなどの就業経験がこの問題に関連する。

しかし，例えば，インターンシップに応募した学生が，2週間程度の職場体験をした際の職務を前提に当該企業への就職を希望しても，新卒採用の選考過程で，インターンシップで体験した職場や職務に限定した本人の潜在性が評定されるわけではないだろう（武田，2003）。日本でのインターンシップの有効性は，特定の職務を遂行した当該職務そのものに関する実体験ではなく，職場集団の規範や仕事の仕方や雰囲気などを少し覗いて感じ取った皮

第 5 章　選抜・採用の主題

膚感覚にあると思われる。

　予期的社会化の考え方は，大学におけるキャリア教育の基本方針と合致するが，日本で実践する場合は，日本企業が個別の職務単位で新規学卒者を採用選考しないという実情に合わせて実施しなければならないだろう。例えば，文科系出身者の大半は，営業・販売職を経てキャリア・コースが分かれていく。そのため，最初に就く営業・販売職の職務内容を基準に自己分析して就職活動に臨むという現実的な対処も考えられるが，入社後の処遇は未知なので，キャリア初期に配置される営業・販売職にとらわれて，生涯キャリアのような長い時間幅の見通しを持たないのは適切ではない。

　採用面接は，低い職階から始まって順に高い職階の面接者が，個人・集団面接を組み合わせて志望学生の全人格を評定するが，採否を決定する主要な要因は，意思伝達力や口頭表現力と思われる。日本企業が募集・選抜・採用で重視すると回答した大学卒業者に求める能力は，コミュニケーション能力が全体の85.5%で最も高く，次いで基礎学力66.9%，責任感62.0%，積極性・外向性61.3%，資格取得60.3%となっている（厚生労働省職業能力開発局能力評価課，2004）。また，これら採用選考で重視される能力特性について，青年の修得状況は，採用企業の不満が満足を上回っている。このように，採用企業が感じている大卒者のコミュニケーション能力への不満から，その修得度を重視した採用選考が実施され，読む・書く・聴く・話すという基本行動に関して，複数の面接場面を設定し何人かの面接者が応対した結果，一定水準以上の評定が，一貫して複数の面接者から得られることが採用の基準と考えられる。

　面接場面で面接者と円滑に意思疎通ができる志望学生は，単に口頭表現力が優れているだけでなく，面接試験の場をわきまえた適切な態度で，面接者が提供するさまざまな話題について，初対面の面接者と意見交換できるという社会的な知性（Gardner, 1983, 1993a, 1993b, 1999；Goleman, 1995）の高さを示している。面接場面で表出される志望学生の全人格から，志望学生を職場仲間と想定した場合の意思疎通の不具合や違和感，集団規範や職場の

雰囲気への順応性などを面接者は認知する。

　また，日本企業の募集・選抜・採用過程で新規学卒者に問われるのは，社会行動と対人関係に関する基本が身についているかであり，それらを大学在学中に習得するには，一定の時間をかけて基礎訓練を繰り返すことが求められることを，学生に理解させる必要もあるだろう。特に，実習や演習などの参加型授業は，取り上げる主題にかかわらず周りの人に積極的に働きかけて，意見を交換し合う関係を形成する能力を養うという学習効果が見込めるので重要である。

　ありのままの現実に即して学生にキャリア選択を促すにしても，青年期の発達状況を考慮すると，過度な現実直視から職業生涯を悲観する方向へ偏りすぎるのも不健康である。青年期に相応しい将来への夢や明るい展望も，生活する原動力として消失させるわけにはいかない。それは，空想ではなく現実的な夢や希望を青年に抱かせるという難しい問題への取り組みであるが，1つの手がかりは，自身の過去を振り返ったときに思い出される成功体験や特技，長所，強みなどの自己分析の結果を，本人の周囲が肯定的に評価し，社会的に承認する姿勢や態度を表明することではなかろうか。青年は，社会的に評価され承認された自身の経験や特性に気づいて，それを端緒にして発展させることを自発的に動機づけられるかもしれない。

　ともあれ，大学内外での対人関係を通じて，学生が専門知識と実体験とを結びつけ，両者を関連づけて考えられるような均衡感覚を養成することが大切だと思う。学生の目を大学の内から外へ向けさせ，大学で学んだことを駆使して学卒後の生活を実際に設計させてみるような試みが，もっと増えてもいいのではないだろうか。

　このように，特定の職務を遂行するための知識や技能より，職場集団内の対人関係に溶け込めるような全人格について，コミュニケーション能力を重視して考査する日本企業の採用選考に適合するように，学生の予期的社会化を充実させる環境づくりが求められる。そのためには，大学内外のいろいろな社会集団・組織と交流する機会を設けて，そこでの体験と講義による知識

とを融合させるように意図された課題を反復して与え、読む・書く・聴く・話すという基本行動を社会的に洗練させることが有効と思われる。大学内で完結しているかのような高等専門教育の内容を、大学外の社会環境に持ち込んで、実際の経験もしくは皮膚感覚をとおして吟味させる機会を設けることが、資格取得等の実用的な就職準備には関心を寄せるのに、現行の大学教育は軽視しがちな学生にも実質的な成果をもたらすという効果を期待したい。

　身近な経験と大学での講義内容との連結をはかり、学内では閉じていた学生の好奇心を刺激しようという試みである。それに、学外との交流は、学生の働く自己像を現実的に心象化させる効果もあるだろう。知識を自身の経験に結びつけて、それらを読む・書く・聴く・話す行動として適切に表出できる能力を向上させることが、日本型の予期的社会化を助長させると思う。

　大学入学そのものが進学の目的になっている日本の多くの大学生に、心地良い大学生活はいつまでも続かず、やがて仕事の世界へ参入するときがやってきて、そこに自身の居場所を確保しなければならないことを、入学後の早い時期に気づかせるように働きかけたい。その際、大学で履修する諸科目を働くことの現実に関連づけて、講義内容と職業生活との繋がりを学生にわかりやすく説明できたら、教育成果の道具性を理解し熱心な勉学態度を示すようになるかもしれない。

　大学生が卒業後のキャリアを計画する場合、自身の潜在性への関心と冷静な自己理解を中核に、潜在性を生かせると見込まれる業種や職種や組織などの情報を自ら収集・分析する過程で、しだいに働く自己像を知覚していくだろう。働く自己像をより充実させるには、仕事について好意的で有益な助言ができる親の支援も必要である。親の仕事経験、特にキャリアの成功体験は、子のキャリア展望を助長するだろう。

　このように卒業後のキャリアを計画する作業の枠組みは、図5−1のようになる。キャリア計画のまとめは、30歳くらいを当面の節目として、職場生活、家庭生活、自己成長の3つの領域別に、生活の理想を記述してみることである。理想の生活心象をただ思い描くだけで済ませるのではなく、具体的

4. キャリアの自己管理

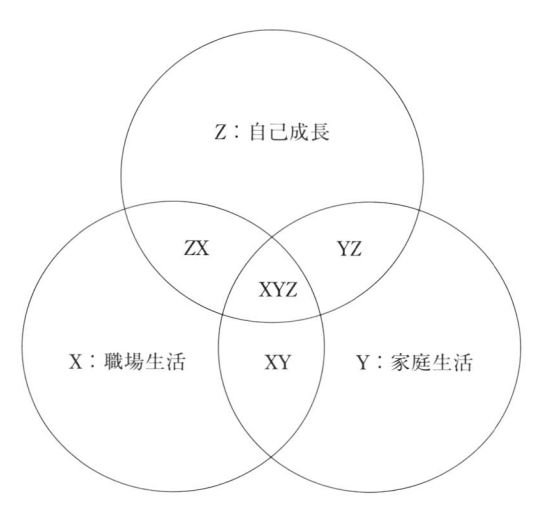

図5-1　30歳の理想生活

に書いてみることが大切である。

　30歳になったとき，あなたは，どのような生活をしたいと思いますか。次の各項目について，今，あなたが考える30歳の理想生活を自由に記述してみましょう。

X：職場生活
　01　どの部門で働くつもりですか。
　02　どのような職位に就いていたいですか。
　03　管理職と専門職とでは，どちらを選ぶつもりですか。
　04　どのくらいの年収を得たいですか。
　05　30歳までにやり遂げたい仕事がありますか。

Y：家庭生活
　06　30歳までに結婚するつもりですか。
　07　30歳までに子どもが欲しいですか。

08　家計費はどのくらいの額を想定していますか。
09　住宅を所有する見通しがありますか。
10　配偶者に何を期待しますか。

Z：自己成長
11　30歳までにやってみたいことがありますか。
12　30歳までに行ってみたいところがありますか。
13　30歳までになりたいものがありますか。
14　30歳になると，自分自身の何が変わると思いますか。
15　30歳になって，自分自身の何が魅力になりそうですか。

XとY：職場生活と家庭生活との均衡
16　仕事と家庭との両立を妨げるのは何だと思いますか。
17　仕事と家庭とを両立させるため，どうしようと思いますか。

YとZ：家庭生活と自己成長との均衡
18　家庭は，あなたの成長にどのような影響をおよぼすと思いますか。
19　あなたが成長するため，どのような家庭生活を望みますか。

ZとX：自己成長と職場生活との均衡
20　仕事は，あなたの成長にどのような影響をおよぼすと思いますか。
21　あなたが成長するため，どのような職場生活を望みますか。

XとYとZ：職場生活と家庭生活と自己成長との調和
22　仕事と家庭と自己成長との調和を妨げるのは何だと思いますか。
23　仕事と家庭と自己成長とを調和させるため，どうしようと思いますか。

第6章
職場の現実への適応

1. 新入社員研修の実態

(1) 個の潜在性の確率

　前述したトヨタ自動車のように，日本の大企業は，たくさんの応募者から一定数の人を選抜するため，時間と労力と資金を費やして採用試験を行っている。工場での車両の組み立て作業は，同じ製品を大量に生産するので，標準化された一連の動作を正確に反復する仕事になる。そこに投入される人的資源に求められる能力・適性要件は，技術開発などに比べてそれほど複雑な内容とは思えない。それでもトヨタ自動車のように，人を選ぶことに相当の費用をかけている。

　しかし，全ての採用候補者への期待が一様とは思えない。協働集団単位で仕事をする場合，標準化された仕事に従事する新しい人的資源は，是非とも採用したい人，つまり，集団・組織を管理監督できそうな潜在能力を期待させる少数の応募者と，他の応募者と代用可能な人，つまり，集団・組織の構成員として指示どおりに管理監督される潜在適性を期待させる多数の応募者との適正な比率を，採用人数の枠内で満たすように調達されているのではないかと思われる。時間と労力と資金を費やす日本の大企業の選抜・採用試験は，全ての採用者に有能な管理監督者としての人材に成長することを期待しているというより，一部の採用者，つまり，是非とも採用したい人の潜在性

を確保することを確率論にもとづいて達成するため，一定数の採用候補者を母集団として設定し実施される人材の量の調達と考えられる。協働集団単位で仕事をするとき，集団の構成員全員が優れた管理監督能力を持つ必要はない。将来の選抜を見越して，少数の管理職候補者と多数の専門職候補者を，およその比率で区分し，各人の潜在性を見極め採用予定者数を充足させているのだろう。

しかし，このような選抜・採用方針の妥当性は，選抜し採用した人が，期待どおりの成果を上げていることを，採用試験の成績と採用後の人事考課等の勤務評定とを比較する追跡調査によって検証する必要があるが，日本企業の場合，そのような追試は実際にはあまり行われていない。また，職場で実施されるさまざまな教育訓練の見返り効果を測定して，教育訓練の有効性を検証する研究も皆無である（Goleman, 1998）。このように，選抜・採用試験の信頼性や妥当性や有効性は，これまで充分に検討されてこなかった。

こうしてみると，日本企業の選抜・採用試験の有効性は，採用内定されるまでの一連の試験に合格して「選ばれた」という採用者の自己評価の上昇による仕事への動機づけ高揚の効果ということなのかもしれない。また，日本企業は，もとより人的資源の選抜・採用をそれほど重視していないとも思われる。多くの応募者から一定数の採用者を選抜するための試験は，結果として，組織構成員が教育訓練し，管理監督しやすい理解可能な性格や人格の人ばかりを新規に集めるように機能していると推察される。

それでは，協働集団単位で仕事をする場合，構成員一人ひとりの個性や人間性はどのように尊重されるのか。選抜・採用の過程で，採用候補者の個性や人間性のばらつきは，どのくらいの範囲まで許容されるのか。個人の成果を軽視して協働集団の成果のために働くことと，個の尊重とはどのように両立されるのか。

規定された協働集団の仕事に，構成員の個性や人間性を生かすには，両者の最適な組み合わせを実現することが考えられる。しかし，一時的な組み合わせが成立した後，人と仕事それぞれが個別に変わるなかで，協働集団の目

標達成を目指すという動態において，仕事の仕方や方法やこなし方に疑問を感じた新構成員が，既成観念にとらわれない思いつきから提案する新しい工夫を試してみる機会を，ときには与えることが望ましいだろう。例えば，第4章で紹介した ak が，入社2年目に商品部で体験したことをもう一度思い返してみよう。

「(稟議書の作成や回覧に時間を浪費するので) 一度独断で，ある製品の設計から包装までの企画を全て系列会社に委ねて依頼したことがある。ものすごく怒られたが，自分の商品が店頭に並んだときは気持ちよかった。達成感を感じた。あんな感覚は，そのときだけだった。その商品はそこそこ売れたので，会社に損失はなかった」。

上司に無断で仕事を発注した部下の行為は問題ではあるが，仕事の仕方についての意見が，上司と部下との間でもっと自由に交換できて，上司が部下の意見に聴く耳を持つなら，部下もある程度は自分自身の創意工夫で気持ちよく仕事をやれるから，達成感も感じられるだろう。仕事を効率よく合理的に進めようとするあまり，従来のやり方や考え方とは違う手順や方法を考慮しない判断が，職場の常態なのかもしれない。仕事に関する想像力や創造力は，個性や人間性との関連性が高いので，技術開発の領域に限らず一般事務職や営業・販売職など，事務系職種の領域についても同じように考えられるだろう。したがって，職場内訓練をとおして仕事の仕方や方法の基本を一通り習得させたうえで，従来の仕方や方法をあえて自分なりに修正・変更させやらせてみる機会を設けることが，協働集団単位で仕事をしながら，構成員一人ひとりの個性や人間性を発揮させることに繋がるかもしれない。このような機会から，仕事の仕方や方法やこなし方の革新 (innovation) が生まれることもあるだろう。

(2) 採用後の新人研修

ベッサー (Besser, 1996) が報告したトヨタ自動車の導入教育は，新入社員にチーム概念の価値を内化させる効果が指摘されている。このチーム概

念，つまり，協働集団の目標達成のために協力して働くことの価値を徹底教育するというトヨタ自動車の系列で，主に自動車関連の電子機器製品を製造しているO社に採用された大卒女性が，入社後にどのような新入社員研修を経験したかみてみよう。

　1999（平成11）年に一般事務職として採用されたanは，入社式の2週間後に，本社で女性新入社員の全体研修会に参加した[1]。1999（平成11）年のO社の採用状況は，事務系・技術系の大学・大学院卒男性が約250人で，このなかには数人の女性総合職者が含まれていた。一方，一般事務職70人は高校・大学卒女性で占められていた。

　anは一般事務職者として5日間の研修を受けたが，社外の業者が主催したその研修内容は，①働く環境の変化，②人材の条件，③職場で必要なコミュニケーション，④顧客満足（customer satisfaction：CS）の概念，⑤顧客との出会い，⑥チームワークについての解説と，ゲームやロール・プレイングなどを活用した実習と演習で構成されている。

　具体的には，自己理解に関して，「熱意―物事に燃えることができるか」「粘り―がんばり屋か，あきらめは早くないか」「明朗性―いつも笑顔が出せるか，明るい雰囲気は」など20項目それぞれに対して，「大変優れている／やや優れている／普通／やや劣る／かなり劣る」のなかから該当する選択肢を選んで自身のビジネス資質を自己評定させたり，「素直に自分自身を見つめ直してください」と前書きして，「朝起きると憂鬱な気分になる」「すぐ腹を立てたり，落ち込んだりする」「将来に対する漠然とした不安から思い悩むことがある」など10項目に対して，「いつもそう／大体そう／時々そう／あまりない／全くない」のうちあてはまる選択肢を選び自己診断させたりしている。

　また，仕事にかかわる重要な概念として，特に「可能性」「目的」「満足感」の意味合いを丁寧に説明している。この他，ビジネス・マナーについて，その定義と精神を理解させたうえで，①身だしなみ，②姿勢，③表情，④日常の言葉遣い，⑤聴き方・話し方などの基本を解説した後，「仕事の指

1. 新入社員研修の実態

示を受けるときの基本動作」「仕事の指示の受け方」「報告の仕方」「さわやかな対応・応接」「名刺の扱い方」「来客の迎え方」などの基本動作を練習するような構成になっている。

このような社外業者によるプログラム化された研修の合間に、本社営業と中国・九州地域の現地採用の営業に配属が決まっている女性20人は、本社営業本部で、営業相手への接し方、営業活動の視野、一般事務職から総合職へのキャリア・コース変更制度[2]についての説明を受けた。さらに、O社の先輩女性を囲んで、仕事の不安などについて2〜3時間くらい相互に意見を交わした。

こうして5日間の新入社員研修会を終えて配属された後は、職場内訓練による教育訓練しか行われなかったという。一方、一部の女性総合職者に対しては約半年間の研修期間が設定されている。一般事務職と総合職との研修期間の違いは、それぞれの仕事に要求される能力の質の差異と思われる。一般事務職の場合、職場でのコミュニケーションの基本を再認識し、それを練習する程度の短期間の研修終了後、そのまま実践形式の訓練に入っているが、総合職に採用された女性は、その間まだ研修期間中である。総合職者は、それだけ学習しなければならないことが多いからだろう。そして、O社の場合、男女全体で新規に採用された一般事務職者と総合職者との内訳は、圧倒的に後者のほうが多い。つまり、入社直後の新入社員研修の内容をみると、総合職に比べ女性を対象にした一般事務職は、仕事の基本動作が身についていることを要件とする水準の個性や人間性しか選考していないということだろう。

また、2005（平成17）年4月に愛知県内の信用金庫に新規採用された大卒女性aoによると、大学4年生の5月に電話で採用内定の連絡を受け、8月に第1回目の健康診断を受診したとき、人事部長から採用内定通知書を受け取ったという[3]。当該信用金庫の採用は、①大学を卒業すること、②犯罪等を犯さないこと、③健康であることを条件としているが、卒業間近の2005（平成17）年2月に第2回目、そして採用後の4月に第3回目の健康診断を

第 6 章　職場の現実への適応

行うというように，健康であることの条件について徹底していることが興味深い。ちなみに，第 2 回目の健康診断の際に，採用内定者は配属希望の支店を第 3 希望まで申告している。

　2004（平成16）年 8 月に採用内定通知書を受け取った後，10月から毎月の課題として，ao はペン習字，手紙の書き方，敬語の使い方などの通信教育をこなしながら，併せて大学在学中の近況を報告している。採用内定後の学生生活の様子を把握しようという意図なのだろう。その後，2005（平成17）年 4 月 1 日の入庫式が終わって，ao はその場で配属先支店を伝えられ，支店長から辞令を渡されて，午後は勤務先の職場に挨拶に出向いた。

　そして，翌日から本部で， 2 週間の新人研修を受けた。新人研修の主題は，①社会人としての生活に早く慣れること，②同期入庫者どうしが仲良くなることだったという。新人研修は，人事部人事課の男性担当者による集合形式の職場外訓練（off the job training：OFFJT）で，ビジネス・マナーや敬語の使い方，挨拶の仕方，電話応対などについての講義を受講した。女性だけを対象にしたお茶の出し方の説明もあったという。また，講義の合間には，役員の講話が組み込まれていた。

　新人研修中は，その日やったことと，それについての感想を文書にまとめて毎日提出したが，その文書は配属先支店の次長宛に送られ，職場の人たちが読んでいたことが後日わかったという。ao によると，「研修というので，オペレーションなど実践的な内容を想像していたが，（実際には）現場では役に立たないことばかりやらされて拍子抜けした。研修であって研修ではない。研修の間は，みんな和気あいあいと楽しくやっていたが，本当に（同期入庫者どうしが）仲良くなることが（研修の）目的なんだと思う」。

　入庫式後の新人研修を終えると，配属先支店で指導係の先輩による職場内訓練が始まった。最初は，伝票を区分けし綴じる作業，内線だけの電話応対，用度品の整備，同一書式の書類に繰り返し押印するなど，差し障りのない仕事ばかりだったが，数日後には，他の先輩と同じ内容の仕事に従事するようになった。しかし，指導係からの指示がない状況が多く，ao は相当に

1. 新入社員研修の実態

困ったようである。

　こうして通常業務を遂行しながら少しずつ実際の仕事を覚えていく一方で，札勘定や兆単位の大きな桁の数字を指導担当者に唱和して読み上げる訓練は毎日行われている。また，入庫した4月から11月までの約半年間は，職場外訓練として新人職能研修会も毎月1回実施されている。その内容は，窓口業務への期待，入出金の基本対応，窓口対応の最重点事項，親しみのある応対・対話の進め方，店頭販売の基本，定期積金の販売，札勘定と加算機の使い方などである。

　このように，大学在学中から採用内定者に対して始まる新人教育は，仕事の基本動作の習得が主体である。顧客や上司や先輩などで構成されたタテの人間関係の下位に位置づけられる新人は，仕事にかかわる必要最小限の基礎知識を短期間で身につけ，上下の位置関係をわきまえて意思伝達の基本型を使いこなすことを期待され，職場では上司や先輩の行動を見様見真似で模倣しながら，早く独力で仕事ができるように試行錯誤を繰り返す。新人の基礎教育では，例えば，ホウ・レン・ソウ[4]やPDCA[5]などの概念が解説されるようである。

　一般に，女性については，入り口の選抜・採用で，組織内のキャリア経路が明確に分かれているので，採用後の実情をある程度は事前に想像できるが，男性の場合，キャリア経路の分化は組織の入り口ではあまりはっきりしていない。選抜・採用の入り口では差別化せずに，採用後の競争心を喚起して，個人ではなく集団の成果のために粉骨砕身するように促し管理してきたのが，これまでの日本企業の経営労務だったように思える。

　したがって，男性についても，仕事の基本動作水準の個性や人間性しか評価されないとしても，より高い水準の個性や人間性が評価された同僚との協働集団活動に加わることによって，仕事の基本動作水準の個性や人間性を活用され，しだいに全体組織の秩序体系を構成する一員として規格化されて，そのまま組織に留まり安定して存在し続けることに支障はないだろう。協働集団には，高い水準の個性や人間性が評価された一部の人に影響され，その

人に方向づけられて動くような人も構成員として必要である。多くの日本企業は，集団成果の達成に関する一人ひとりの貢献度を厳密に査定しようがない集団・組織特性なので，協働集団活動全体の周辺部分を担うような地位で機能する個性や人間性の人を多く採用しているようである。

こうしてみると，個の潜在性を尊重する人的資源の募集・選抜・採用や，採用後の新入社員研修[6]は，選抜・採用法や入社前・配属前の集合研修より，配属後の職場内研修の場にかなり限定されるといえるかもしれない。特に，最初に配属された職場の上司や先輩に恵まれ，仕事の手ほどきを充分に受けることができるかが，新人の潜在性を生かすための臨界的な経験として重要だと思われる。また，現行の選抜・採用や入社前・配属前の集合研修方式の教育訓練内容は，依然として，新入社員の個性や感性や人間性そのものより，職場でそれらを発揮し体現するために，まず，これまで同様の定型化された対人関係の基本的な動作や所作や作法を身につけさせることを優先課題として重視しているのが実情といえよう。

2．目標管理制度の虚実

新入社員研修を終えて，配属された職場での仕事にも慣れてくると，組織に定着しキャリアを発達させるための基盤が整ってくる。新人の組織内キャリア発達は，仕事振りや仕事の結果を上司や先輩が評価してかたちづくられていく。組織の評価体系は，教育訓練と並んで構成員の組織社会化を規定する主要な機軸である。

近年，日本企業は，短期的な収益や成果に直結する仕事能力を重視した評価の仕組みを整備している。本章では，その事例として，目標管理制度を導入した直後の職場の実情をとおして，日本企業における評価体系の変更に伴う新たな適応課題について考えてみよう。

2. 目標管理制度の虚実

(1) 目標管理制度の導入

　1986（昭和61）年から続いていた景気拡大期は，1990（平成 2 ）年のいわゆるバブル経済崩壊とともに終わり，日本経済は長期不況期に入った。日本企業をとりまく環境はバブル経済の崩壊によって急変し，日本企業は組織内外の環境変化への対応に追われた。

　このような組織外環境の変化は売上高の落ち込みをもたらし，多くの日本企業は人事評価制度を見直した。組織で働く構成員にとって，人事評価制度は，職務遂行の結果への評価および獲得した報酬を規定する公式の仕組みである。したがって，人事評価制度は，組織のなかで働く人を職務遂行に動機づける公式の主要因である。人事評価制度は，①だれが，②だれを，③なににもとづいて，④なにについて，⑤なにによって，⑥どのように評価するかを構成要素とする（津田，1985）。

　「だれが」については，小零細規模の企業を除いて，評価者はふつう複数である。評価される対象者の直属上司が第一次評価者，その直属上司の上司が第二次評価者で，人事部が全社の観点から総合調整と最終決定者になる。複数の評価者を置くのは，第一次評価者の評価結果に目をとおし公平性を高めるためでる。

　「だれを」は，評価対象者の母集団についての考え方による。例えば，職能資格制度の同一等級者の集団，事務や営業や研究開発など職掌別の集団，あるいは職能資格別の集団と職掌別の集団との組み合わせなど，特定の基準に照らして同じ性格の評価対象者を母集団として構成する。

　「なににもとづいて」は，評価の基準についてである。評価基準は，絶対評価と相対評価とに分かれる。絶対評価は，評価対象者の母集団の構成員を相互に比較するのではなく，規定の評価要素について，一人ひとりを個別に評価する方法である。相対評価は，評価対象者の母集団の構成員全員を，特定の構成員と比較して，全員の評価結果が正規分布するように結果の分布を規制した評価方法である。

　「なにについて」は，評価の要素である。評価要素は，企業が求めている

人材を示している。一般に，①仕事をする態度，②仕事をする能力，③仕事をした成果が基本要素である。

「なにによって」は，評価の尺度についてである。評価尺度には，序列法，評語選択法，評定尺度法がある。このうち日本企業で多く用いられるのは，評定尺度法のなかの段階尺度法である。

「どのように」は，評価の方法についてである。評価方法は，分析判定法と総合判定法とに分けられる。分析判定法では，評価要素をさらに細分化し，それぞれについて複数の短文で判定内容を記す。例えば，仕事の成果については，仕事の遂行過程と遂行結果とに区分して，遂行過程をさらに妥当性，迅速性，正確性などに，遂行結果もさらに結果の質と量とに細分して，それぞれについて判定内容が定められている。また，総合判定法は，評価対象者を全体的にまとめて評価し，その結果を短文で記述する方法である。実際には，分析判定法で個別の評価結果を把握し，総合判定法で相互に調整することが多い。

日本企業の人事評価制度の改定を構成要素についてみると，明らかな変化は評価の要素である。現在は，潜在能力よりも業績重視の傾向が評価に表れている（清水，1995）。つまり，日本企業は，3つの評価要素のうち「仕事をした成果」で社員を評価している。これまでの年功序列主義の人事体系では，個人の潜在能力が教育訓練によって開発・育成され成果に結実するまでに時間を要した。しかし，今は短期間で確実な成果を上げることが期待されている。そして，仕事の成果を評価する制度として多くの日本企業で活用されているのが，一人ひとりの目標の達成度が成果として評価される目標管理（Management By Objective：MBO）である。

目標管理は，部下が自身の業務目標を上司と話し合って自ら設定し，その達成に努力するようにし向ける管理である。また，この目標管理は，結果の割りつけによる管理ともいう。それは，企業全体の目標を各構成員に理解し納得させたうえで，自分自身の役割と目標を自主的に決めさせる手順が組織目標と個人目標とを関連づけ，個人目標が自主的に決めた目標であるため，

その達成を目指す個人の意欲は高いだろうし，組織構成員の働く意欲が高ければ組織目標である生産性も向上するだろうという結果を意図しているからである。このように，目標には動機づけ効果があり，目標管理は，目標設定を一人ひとり個別に管理することで個人の働く意欲を高めようとする管理技法である。

　目標の動機づけ効果を有効にするには，目標の具体性や明確性が必要である（Locke *et al*., 1981）。また，各構成員が具体的に明確に設定した目標には，目標達成による成果そのものの具体性や明確性も必要であり，しかも仕事をする能力の個人差が，目標および成果の質と量を多様化する。したがって，仕事の成果を重視する評価は，仕事成果の個人差と，成果に応じた報酬の個人差の認知が基本となる。年功序列主義の人事体系では明白でなかった仕事をする能力の個人差が，評価の過程で一定の手順に沿って処理されるようになった。年功序列のため，先発者に比べて能力を発揮する機会に恵まれない後発者にとって，時間差すなわち年齢差の障壁がなくなって行動範囲が拡がるかもしれない。このような仕事の成果に関する個人間の差異，つまり，成果を出すように仕事をする能力の個人間の差異を前提にした評価に関する公式の仕組みは，どちらかといえば集団凝集性（group cohesion）を重視しない考え方といえよう。

　ここでは，ある大企業が，目標管理制度による新しい人事評価の理念を提示した当時の実情と，その運用実態を聴き取った結果[7]から，日本人によって構成された組織のなかでの評価の本質と，それぞれに異なる個人の多様性との適合について考えてみたい。

(2) L社の目標管理制度

　L社の概要　本社勤労部労務課長が1994（平成6）年に行った報告によると，1935（昭和10）年6月に設立されたL社の主要製品は，情報処理機器が全体の約7割を占め最も多く，その他は通信機器が約2割，電子デバイスが約1割である。

第6章　職場の現実への適応

　1993（平成5）年9月の人員構成は，事務技術職の男性が2万9297人で全体の53.0％を占め，その他に事務技術職の女性が8068人で14.6％，技能職が1万7941人で32.4％，合計5万5306人である。ちなみに10年前の1983（昭和58）年9月の人員構成をみると，事務技術職の男性が2万1608人で全体の53.3％，事務技術職の女性が4447人で11.0％，技能職が1万4491人で35.7％，合計4万546人である。1983（昭和58）年9月から1993（平成5）年9月までの10年間に，全体の人員数は1万4760人増えたが，構成比によれば事務技術職の男性はほぼ変わらず，事務技術職の女性がやや増えて，技能職がやや減っている。

　当時の業績についてみると，1992（平成4）年度の売上高は，2兆3975億円で対前年度比－1.5％，1993（平成5）年度の売上高は，2兆1729億円で対前年度比－9.4％であった。

　人事制度改定の時期と背景　こうした状況にあったＬ社が，新しい人事制度を実施したのは1994（平成6）年度からである。人事制度を再検討した背景には，①経済成長の鈍化傾向が，これから長期化し構造化するという見通しがあった。そのため，必要経費を絞ってもいずれは底をつくので，売り上げを伸ばすために，新たな市場を創造する創造力ある社員の育成と処遇が必要と思われた。

　次に，②労務構成の変化として，労働力と職務との不適合が生じていた。高年者が比較的に多い支援部や管理部など，間接業務の人員が増え，開発部や営業部などの直接業務の人員がどちらかといえば減少しているので，そのような傾向を是正したいという思いがあった。

　また，年金支給開始年齢の繰り下げや定年年齢の延長など，高年者への社会的要請も強まるなかで，個人の能力を活用する仕組みが求められていた。組織づくりの側面については，管理や支援や調整などの間接業務から，設計や販売などの直接業務へ勢力を移し，ピラミッド型の組織から高度な専門職のフラットな組織への変形を目指そうとしていた。処遇の側面については，年功賃金体系ではなく仕事の貢献度に応じた賃金体系にもとづいて，報酬と

しての役職に代わり，高度な専門職として処遇しようとしていた。ただし，当時のL社で使用される専門職は，階層として職能区分上の職位を指し，課長の直下の層にあたる。

さらに，③要求される仕事の内容が知識労働化，多能工化してきたので，職能系統や職能区分を見直さねばならなかった。例えば，ブルーカラーの仕事は装置の監視が多くなっているが，計器が示している数値が，例え正常値でも少しずつ異常をきたしつつあるような場合，そのような変化を適切に判断するには高度な専門知識が必要である。

そして，④働く一人ひとりの価値観が多様になってきたので，労働条件の複線化と自己選択の機会を創って，できるかぎり個別に対応する必要が生じた。

L社では，このような組織内外の環境認識から，これまでの生活費の安定支給を指向した生活主義を棄て，仕事の成果に応じて報酬を与える成果主義の推進を唱えた。従来の人事考課でも成果は1つの評価要件だったが，これからはその考え方をより強調していく方針を明示した。

新人事制度のねらい　L社の新人事制度は，すでに管理職に実施している制度を専門職にも適用した目標管理評価制度と，労働時間が報酬の基礎として相応しくない特定の専門職を対象にした裁量労働制による勤務制度だった。

専門職全員に実施される目標管理評価制度は，半年ごとに達成度が評価され賞与の成績査定の基礎資料になる。この新制度は，①直属上司と部下との意思疎通を円滑にするための道具として活用し，組織の上位から下位および下位から上位へ双方向の伝達を促進する，②業務目標や必要な能力を明示して，成果達成と能力開発の方向づけと動機づけにする，③評価基準を公表して，目標設定と評価の過程に本人が参加することで，評価について本人の納得性を高めるのがねらいとされた。

また，裁量労働制による勤務制度は，①仕事の価値が独自の着想や独創性など，創造性に求められるような仕事，つまり，費やした労働時間と成果と

が比例しない仕事，②社外での非定型勤務が多いため，労働時間の配分や業務遂行方法について個別の具体的な指示を受けることが少ない仕事，つまり，労働時間の具体的な捕捉が困難なため，労働時間による報酬の決定が相応しくない仕事，③仕事の始期や納期や仕様など，仕事の範囲と個人の役割が具体的に示されるか，個人別の予算や数値目標などが明示できるなど，個人の成果が明確に把握できて，しかも専門性や創造性がその成果に大きく影響するような仕事，つまり，労働時間によらず個人の成果が明確に把握できる仕事の担当者を対象にする。具体的には，システム・エンジニアや研究開発の専門職であり，営業職や事務職には適用しない。

システム・エンジニアや研究開発の仕事では，創造性や専門性が強く求められ，費やした時間と成果とが必ずしも比例しない。また，専門性を高めるために能力開発や情報収集が日常不可欠であり，労働時間の範囲が不明確である。このような実態の下では，在社時間を基準に労働時間を把握し，それを報酬や労働時間管理の基礎にすることは不適切な場合も少なくない。そこで，新しい勤務制度では，労働時間の多寡にかかわらず成果や貢献度を評価と報酬の基礎にした。なお，この制度の適用者の認定基準は，仕事内容以外に，所属長の推薦と本人の意思とされた。

評価の方法と基準　目標管理評価制度は，半年単位で評価結果をまとめ当該期の賞与成績に反映させる仕組みだった。実際には，1月に翌年度の部門方針が，一次評価者である課長と評価対象者である専門職者それぞれに知らされ，評価対象者は，所属部門の方針に沿って自己の目標を設定し，目標評価シートに記入する。

3月には目標設定のための面接が行われ，評価対象者は，自身が設定した目標の設定理由を一次評価者に説明し，両者の間で目標やその目標の達成にかかわる評価尺度などをすり合わせたうえで統一し，一次評価者は評価対象者の目標を承認する。承認後に，一次評価者は目標評価シートを二次評価者である部長に提出する。

二次評価者は，目標と評価を多面的，客観的に確認し，公正な評価になる

よう助言や指摘をして，一次評価者と評価対象者との意見の相違を調整する役割をはたす。二次評価者は，目標評価シートの内容について承認した後，一次評価者へ返却する。なお，再検討を要する場合は一次評価者へ差し戻す。

こうして当該期の評価対象者の目標が決定された。目標評価シートの原本は一次評価者が保管し，本部勤労担当部門と評価対象者のそれぞれに原本の写しを提出する。

4月からは，評価対象者は目標に向けて職務を遂行し，評価者はそれを指導し支援する。また，必要に応じて目標は修正され変更されるが，その際に，一次・二次評価者と評価対象者は修正ないし変更内容を確認する。やがて当該期末が近づくと，評価対象者は目標の達成状況について自己評価し，それをふまえて次期の目標を新たに設定する。実際の手続きは，本部勤労担当部門からの評価依頼を受けて，一次評価者は目標評価シートを評価対象者へ返却する。目標評価シートを受け取った評価対象者は自己評価して，その結果を記入する。

9月になると評価面接が行われ，評価対象者は目標の遂行結果を一次評価者に報告し，同時に自己評価の内容についても説明する。一次評価者は，目標の遂行結果を確認して評価する。評価内容については，目標設定と同じように，評価者と評価対象者との間で合意に向け充分に話し合う。一次評価者は評価内容を承認して，目標評価シートを二次評価者へ提出する。

二次評価者は，評価内容の妥当性を検討し承認したうえで，目標評価シートを一次評価者へ返却する。一次評価者は，目標評価シートの原本を保管し，写しを本部勤労担当部門と評価対象者のそれぞれに提出する。

こうして確定した評価結果は，10月に賞与として還元される。また，10月からの次期に向けて目標設定面接も行われる。

このように，評価は目標設定と融合していて不可分である。目標は，①個別業務目標，②専門職としての行動規範，③業務遂行能力開発，④目標外の成果の4項目別に設定された。

第6章　職場の現実への適応

　個別業務目標は，部や課全体の目標を理解し，与えられた役割を自身の職務遂行に具体化した事項と，自分自身が取り組みたい主題を目標として挑戦する事項とからなる。前者が上位から下位へ，後者が下位から上位への意思伝達である。

　個別業務目標については，一次評価者と評価対象者それぞれが主題ごとに難易度をつける。難易度は，①主題の難易度と②主題の遂行の難易度とに区分されている。主題そのものの難易度は，①主題の先進性，つまり，取り上げる技術や市場や環境の不確実性，変化の速度と程度，②主題の規模，つまり，金額や利害関係者数や影響をおよぼす範囲と期間，③主題の危険性，つまり，撤回や軌道修正の難しさの3つの要素を含む。また，主題の遂行の難易度は，①本人に与えられる資源，つまり，部下や機材など，②想定される業務量，つまり，担当事業数や投入人員や納期の2つの要素を含む。そして，難易度としては，これらの要素全てを総合して考える。

　評価対象者が難易度をつける際には，本人にとっての困難性ではなく，当該業務の当社あるいは当課にとっての挑戦性の視点でつけるように指示するということだった。それによって，同じ主題でも担当者の技能熟練度の個人差の影響を失くすとされた。

　また，難易度はa～eの5段階である。aは，「他社にない新しいコンセプトの商品や新技術や新市場の開発，開拓に挑戦する」「先駆的な取り組みとして，業界に大きな影響を与える」「相当なオリジナリティ，高度な専門知識あるいは開発スピードが要求される」など，予見される環境を加味して，きわめて難しい目標に対する難易度である。bは，「他社に先行する商品や技術や新システムや市場の開発，開拓に挑戦する」「技術的な世代交代を行う」「技術面や環境面からみて実現可能性はあるものの，相当な創造力，専門知識，ノウハウが不可欠である」など，予見される環境を加味して，難しい目標に対する難易度である。cは，「他社と，商品や研究や開発などで先行を競う」「商品や技術を洗練する」「現行技術の改善や水準向上を行う」など，予見される環境を加味して，意欲的な目標に対する難易度である。d

は，「普及している主題や従来の技術による製品やシステム開発に取り組む」「安定した環境の下での業務やルーティン業務に取り組む」「同等の環境のもとで，先行している他社にキャッチ・アップする」など，予見される環境を加味して，標準的な目標に対する難易度である。eは，主要な目標の難易度水準としては相応しくない，つまり，予見される環境を加味して，意欲に欠ける目標に対する難易度である。このような5段階の難易度は，cを基準に評定される。

前述したように，各期末には一次評価者から返却された目標評価シートにより評価対象者は自己評価をする。個別業務目標については，目標設定の際に確認した難易度を，当該期末での達成度や期間中の環境変化などを加味して，必要に応じて修正し実績として評価する。

その際の評価基準は，例えば，難易度bの主題について，予め想定された環境の下で，予定をはるかに上回る成果を上げた場合，評価はaである。また，難易度bの主題について，予め想定された環境の下で，ほぼ予定どおりの成果を上げた場合，評価はbである。さらに，難易度bの主題について，予め想定された環境でありながら，予定する成果を上げられなかった場合，評価はcである。なお，未着手など不達成度が著しい場合の評価はdないしeもあり得る。

業務遂行能力開発については，a～eの5段階の基準で実績を評価する。aは，設定した目標や，その遂行環境から判断して，常識的に予想される最大限の成果を上げた場合である。bは，設定した目標や，その遂行環境から判断して，当然と思われる標準的な成果を上回る成果を上げた場合である。cは，設定した目標や，その遂行環境から判断して，当然と思われる標準的な成果を上げた場合である。dは，設定した目標や，その遂行環境から判断して，当然と思われる標準的な成果を上げることができなかった場合である。eは，設定した目標や，その本人の役割や期待を大幅に下回る成果しか上げられなかった場合である。

専門職としての行動規範についても，a～eの5段階の基準で実績を評価

する。aは，本人の役割から，期待される水準を超え全く申し分のない遂行ぶりだった場合である。bは，本人の役割から，遂行すべきと考えられる水準を超えた遂行ぶりだった場合である。cは，本人の役割から，遂行すべきと考えられる水準に相応しい遂行ぶりだった場合である。dは，本人の役割から，遂行すべきと考えられる水準に不足した遂行ぶりだった場合である。eは，本人の役割から，遂行すべきと考えられる水準にほとんど達していない遂行ぶりだった場合である。

目標外の成果については，個別業務目標の評価との均衡を考慮して実績を評価するということだった。

こうした手続きに従い目標の達成度を仕事の成果として評価すると，無意識のうちに慣れた仕事や得意な分野の仕事を志向しがちになる。しかし，改定後の人事制度では新たな職務への挑戦を重視するため，定期人事異動や新規分野の展開など，本人が新しい仕事に挑戦した場合には，専門職としての行動規範のうち，積極的行動，つまり，新規の主題や新たな職域への挑戦や業務変革への積極的な挑戦の実績として評価することが強調されていた。なお，目標設定面接や評価面接で，一次評価者と評価対象者との意見が統一されないときは，二次評価者に相談する。

最終的に，目標管理評価制度の各評価項目は，賞与の成績査定にかかわる部門ごとの相対評価の主要な基礎資料として活用される。成績分布は，Aが1割，Bが2割，Cが5割，Dが2割，Eは適宜を目安にして，所属長が他の人との均衡を考慮して決定する。そして，通常の賞与に加え成果に対する業績賞与として，Aには50万円，Bには30万円，Cには15万円を与え，Dは業績賞与なしで，Eは通常の賞与から15万円を減額することにした。なお，新制度では時間外手当を失くし，勤務することに対しては業務手当を支給した。また，確定した賞与成績とその理由は，所属長が本人に通達し，目標評価シートに関して高く評価された項目や今後の課題などについて話し合うことになっていた。

(3) 目標管理制度の運用

　L社の目標管理制度は，目標管理の考え方をL社の社内事情に合わせて考案した1つの理念である。そこで次に，目標管理の理念が，就業現場の人たちにどのように認識され運用されたかについて聴き取った結果をいくつかの項目にまとめてみた。

　目標と成果の数値化　仕事の成果を評価の対象にするとき，同じ評価対象については，誰もが同じように評価した結果が得られることが理想である。つまり，評価の標準化による信頼性の確立である。そのため，できる限り目標を数値化してその成果も数値で明確に把握するような仕組みになっている。しかし，仕事の内容によっては，数値目標に置き換えにくい業務も少なくない。

　「まず，とりあえず目標を数値化するということだが，計量化できない仕事は多い。指標の客観性を確保したい」「ソフト開発のようにアウトプットがはっきりしている業務には成果主義評価は適用できるが，成果があいまいな業務については（成果主義評価は）不適切である」「営業部門などを除くと，実績や業績を数値化しにくい」。

　なかには「再現性あるパフォーマンス」という表現で，職務遂行の行動型を特定して類型化し，その類型にあてはめて再現できる職務遂行について評価しようと試みている企業もある。

　しかし，目標の数値化を全ての業務に実施するのは難しい。したがって，必然的に目標達成による成果の数値化も業務によってはその客観性が疑わしい場合が少なくない。いったん数値になるとその後の処理は容易であるが，数値化作業の過程から個人の主観による偏りを厳密に除くことはほぼ不可能である。例えば，L社の4項目の目標には5段階で難易度をつけるが，難易度bとcとの違いを全ての評価者が正確に判別できるとは思えないし，そもそも判別の正確さを確認する術がない。また，難易度bの主題の成果について，「予め想定された環境」が妥当でなかったことが事後に明らかになった場合，評価aとbとの違いをどのように識別するかなど，目標と成果の数

値化はあいまいさを伴って成立する作業である。

　評価の尺度　業務内容によっては目標と成果の数値化が困難であるばかりか，同じ業務でも評価の尺度を統一できない実情がある。「部や課によって（評価の）尺度が違う。例えば，同じ営業部のなかでも，それぞれ担当する商品やユーザーの違いによっても（評価の）尺度は違う。パソコンを売るのと汎用コンピュータを売るのとでは違うし，自社ユーザーと他社ユーザーとでも違う」。

　そのため，複数の評価シートを用意し部門の特性に合わせて評価の尺度を変える工夫をしている企業もある。「職場の違いに合わせて3種類の（評価）シートを用意している。同一の（評価）シートは適用できない」。

　このように，仕事の目標や成果を数値化しても，その数値を測る物差しの目盛りをまちまちにしなければ評価尺度としては使用できない。こうなると，評価尺度そのものを業務の違いに対応させ重みづけて，実質的に同じ物差しに標準化して公平に成果を評価しなければならないが，そのためには，全体成果に対する個別成果の貢献度を最初に明示しておく必要がある。

　評価の公平性　評価の結果は数値や文章で記されるが，それには評価者の主観が影響している。「複写機の開発をしている設計室には4つのチームがあり，それぞれのチームは開発する製品の規模によって5〜6名から14〜15名で構成されていて，各チームの主幹研究員が研究員の仕事を評価している。研究員への仕事の割り当ては，主幹研究員の考えしだいで決まる。（開発の）仕事の性格から仕事内容は数値化できないので，（各研究員への）評価は主幹研究員の主観である。（客観的な評価材料として）『パテントを書け』と言われるが，（パテントを書くような）能力のある人ほど仕事が（集中し）忙しくて書けない」。

　また，評価者の主観よりも部門の性格が評価を左右するという意見もあった。「評価については，評価者の主観の混入という問題よりも，部門による評価基準や評価点の設定の難しさが現れてきている。例えば，営業部などの直接部門では，仮に評価者の評価が主観的に偏っていても，評価対象者の実

績が伴わなければ評価は成立しないが，総務部や企画部などの間接部門では差別化しにくい実情がある。そのため談合によって，今回はＡさんをａランクで評価するから，次回はＢさんをａランクにするというような評価の持ち回りが非公式に行われている実態もある。だから間接部門については，ａとｅの最高と最低の評価は必要ないのではないか」。こうした直接部門と間接部門との違いの背景には，組織における直接部門と間接部門との勢力差もうかがえる。「ライン指向が強い。ラインのほうが高く評価されているという意識が強い」。

このように，目標管理制度が導入された直後の混乱した運用実態をみると，ヨコの部門間で評価の公平性を一律に実現することは，実際にはできないと思われた。そのため，「評価のウェイトづけは，各部門に任せている」のが実情だった。ただし，就業現場では，「公平性は，評価者と本人との信頼関係で実現される。本人が納得していることが，公平性が実現された状態である」という説明を何度か聴いた。

しかし，本当に「本人が納得している」かについては検討の余地がある。「…それに，みんな脛に傷があるので，評価について強く主張できない。つまり，過去の（仕事の）失敗の責任を取ってこなかった蓄積があるので，評価についての公平さを主張できない雰囲気がある。だから，（研究員の）評価は主幹研究員の匙加減で決まる」。個人の失敗の責任を不問に付して，協働集団内で互いに支援し援助し合って損失を補うような相互扶助の信頼関係が，個別評価による成果や能力の個人差を明示させない。そして，失敗の責任の明らかな所在は，非公式には周囲に認知されているので，それを黙認されることで失敗の負い目が返済不能な心理的債務となって，当事者は所属する集団や組織に拘束されることになるのだろう。

評価へのためらい　仕事の成果について自己評価するとき，パーソナリティ特性や「評価についての公平さを主張できない雰囲気」から，率直な評価をくだすことにためらいを感じる人もいるだろう。「仕事の成果について（5段階で）評価するとき，自分自身は4ぐらいはやったと思っていても実際に

は3にしてしまう。新しい主幹（研究員）と評価結果について話し合ったときに，『君は3にしているけれど，4でいいだろう。この結果で給料が決まるんだから，そのつもりでつけたほうがいいんじゃないか』と言われて，前の主幹（研究員）はそんなことは一度も言わなかったので，（新しい主幹研究員から言われるまで）気がつかなかった。なかには，ほとんど4か5しかつけない人もいるけど，主幹（研究員）の査定は補足程度なので，それでも（つまり，4か5の自己評価でも）通る」。評価者との相性など，評価される部下にとっては，上司との人間関係の認知が自己評価の水準を規定する。

また，「若年者や技術者に低（自己）評価の回答が多い」のは，年功序列主義や技術者への冷遇を反映しているのではないかと推察される。つまり，若年者は，たしかに優秀であっても，先輩より優秀であるような職務遂行ぶりは「謙譲の美徳を知らない生意気な奴」などとそしられるから，また，技術者は，高度な専門知識や技術を身につけていることへのやっかみや嫉妬を被るので，能力や成功のあからさまな表出を自己抑制し，どちらも低い自己評価を提示する傾向があるのではないかと思われる。

評価能力　評価者は，評価対象者の能力を勘案して，評価対象者が設定した目標に難易度をつけるが，適切な難易度をつけるには，評価対象者の能力や適性を正確に認知して，評価対象者が，潜在能力に見合わない高い，あるいは低い難易度をつけないように注意しなければならない。評価者に要求されるこのような評価能力の個人差をなくすため，評価能力を高め標準化する試みもあるが，まだ，検討する余地を残しているようである。「目標の難易度に関する評価者の理解力には個人差がある。評価能力の向上のための訓練も実施したが，あまり成果はみられない」。

温情主義の継続　年功序列主義という1つの能力主義の風土や文化の下で運用してきた従来の評価制度を改めるには，組織構成員に共有されている固有の常識を変えなければならない。「年功主義の考え方は除けない」「社風として選抜は馴染まない」。

例えば，「（基本給の査定基準となる職能資格制度による）昇格試験を，仮

に1回目の（受験の）人と3回目の（受験の）人がいっしょに受験するときは3回目の（受験の）人には下駄をはかせる」などの処置は，能力主義や実力主義といえども「採用した以上は，正当な理由がなければ解雇できない。企業には社会的な責任がある」という温情主義が基底にあると思われる。仕事の成果を個別評価する新しい制度が，やはり同じように温情主義を基盤にしているかは，仕事成果への評価結果を正当な理由として，個人差をはっきりつけて，抜擢や降格など，明白な処遇の差を恒常的に行うかを見守ることで判断できるだろう。

(4) 新人事評価制度の新しさ

バブル経済崩壊後，不況の長期化を見込んだ日本の大企業は，目標管理によって（潜在）能力よりも成果を重視する人事評価に切り換えて，企業収益を上げようとした。新しい人事評価の仕組みは精巧につくられていたが，その理念にもとづいた運用は，理念の原理とは異なった運用の原理に従っていたようである。

評価記録残存の弊害　新しい人事評価制度の新しさは，評価の記録が公式文書として残ることだった。「（評価）シートを使って記録し，それを残すようにしたことが以前と違う点である。（評価）シートに記入することで，チャレンジする新しい目標について，直属上司だけでなくその上のクラスの上司も確認できる。しかしその反面，記録が残ることで，（部下の業務の）軌道修正にかかわる（上司の）指示の適正が，後々まで遺恨を残しかねない」。評価記録が残るので，過去にさかのぼって当該評価の適正を吟味できるようになったが，そうした問題が発生した場合の対応はあまり考慮されていなかったようである。

制度運用の課題　細部が不明確な目標や成果，評価尺度の不統一，評価者の主観の混入，率直な評価を暗黙のうちに規制し合う集団圧力への同調，評価能力の未熟，残存する評価記録の影響，選抜や差別の合理性に対する拒絶感などが，目標管理制度を運用するうえでの課題といえよう。

また，成果と報酬との関連について，「目標の動機づけ効果は働く意欲を高めるが，目標を達成したときに得られる報酬は，個人にとって満足できるくらい充分か」「費やした労力を考えると，目標を達成したときの成果に応じて得られる報酬の妥当性について，個人は何を基準に納得するのか」などの疑問は，目標管理の運用に影響するだろう。

しかし，管理技法としての目標管理は特に新しい技法ではなく，解説書も早くからすでにたくさん用意されている（例えば，牛窪，1978）。上司と部下とが話し合いながら全体目標と個人目標とを合致させ，目標達成の成果も互いに納得がいくように評価しようと意思疎通する段階を公式に設置した点と，評価過程の全体を一定の様式で記録して残す点とが，従来の人事考課と異なる新しさであるが，評価そのものに関する新旧制度の実質は大差ないといえよう。

(5) 評価のあいまいさ

『広辞苑』では，公平について「かたよらず，えこひいきのないこと」と記され，公正については「①公平で邪曲のないこと。②明白で正しいこと」とある。ことばの定義からは，公正には含まれる明白さや正しさの意味合いが，公平には必ずしも含まれていない。かたよりやえこひいきのなさが正しさを意味するとも読み取れるが，その正しさをはっきりさせることは公平に含まれていない。日本企業は評価の公正性，つまり，評価の明白さや正しさより，どちらかといえば評価の公平性，つまり，かたよりやえこひいきのなさを気にするようである。

評価の公平と公正　目標管理制度下での評価の明白さは，評価基準の公表や面接による調整などで保証される。しかし，目標の内容や難易度そして達成度は，設定基準や達成基準を参考にするにしても，あくまで個人の主観で決まるため，厳正な評価をすることは難しい。それに，評価の結果が報酬に繋がるような制度では，まず，評価の公平性を保証し評価について納得させることが，目標管理制度を安定して運用するうえで重視されるだろう。

しかし，客観性が確立しない評価について公平性を強調すると，評価結果を納得させるための説得そのものが主体になり，評価の公正性はますます薄れていく。目標設定や成果評価の機会に行われる上司と部下との話し合いは，部下の思い違いや勘違いや不平や不満などを解消するための説得の場になりがちではなかろうか。その際，説得の論拠は評価の公正性にあるとは限らず，どのような理由でも，かたよりやえこひいきのない評価だと，評価対象者が納得しさえすれば業務処理上の問題はない。

評価の基本原理　公平性を重視した評価は，評価結果への納得と了承が主なねらいであり，働く意欲の増進より，どちらかといえば意欲の減退を防ぐことになる。働く意欲を高めようとするなら，不公平感はむしろ有効な要因になり得る。

動機づけに関する公平説（equity theory）によると，不公平感（inequity）の公正な醸成が組織構成員の動機づけを高めると予測される。動機づけに関する公平説では，知覚された不公平感は働く人の緊張感を高め，同時に，その緊張感を低減もしくは解消するように人を動機づけると仮定する（Campbell & Pritchard, 1976）。さらに，緊張度は不公平感の強度に正比例するので，不公平さを感じている人が，その不公平感を低減するためどのように行動するかは，本人が成し遂げた仕事の成果と，成果を上げるまで本人が費やした労力との比率（outcome/input ratio）に対して，本人が比較の対象にする他者の仕事の成果と費やした労力との比率を比べたとき，本人が知覚する差異の強度に規定される。

したがって，緊張感の低減手段を仕事関連に限定した場合，組織構成員の働くことへの動機づけを高めるには，比較の対象として適切な他者との不公平さを評価によって知覚させて，緊張感を覚醒させるような状況に置けばよい。このように，動機づけに関する公平説では，不公平感が個人を働くことに動機づける要因になる。

しかし，新しい人事評価は，組織構成員を納得させ了承させるため，できるだけ不公平感を取り除くように実施される。つまり，主観的な評価と評価

結果について，評価対象者が納得し了承したうえで，次の目標に向けて動機づけるための評価なのである。

「パフォーマンスの良さに応じて評価と処遇を決定することで，納得性や公平性の維持および向上を目指す」。しかし，その場合，仕事の成果への評価は，つまるところ個人単位ではなく，協働集団単位で査定されるので，集団全体の情動を調和させるため，評価は公平であると構成員に納得させるような調整をすることになるだろう。評価者と評価対象者とが，目標を協同して設定し，その達成状況について評定した結果を確認し合う過程を共有することで，全ての結果について互いに納得し了承しようとする。そして，このような仕組みによって，上司と部下との間に信頼関係を再構築しようとしている。その結果，「職務面接や評価面接は，上下の調節の機会として有効である」という指摘もあった。

しかし，そこではもとから不公平感は生まれないような原理になっている。なぜなら，上司と部下との信頼関係を築くための意思疎通は実現するが，公平説が仮定するような他者との社会的比較（Festinger, 1950）にかかわる情報は，評価対象者には提供されないからである。評価対象者は，自身が設定した目標と自身が達成した結果との落差について，自分自身で比較しているだけである。

評価のねらい　バブル経済崩壊後に注目された目標管理制度による新しい人事評価は，従来の人事考課で行っていた内容を明文化し評価を標準化して，しかも記録するという点では改定されているが，その本質は変わらず同じといえよう。それでもあえて目標管理制度による成果主義の人事評価に改める理由は，主に中高年者の人件費を正当な手段で削減することにあると思われる。

ある電子機器製造・販売企業は，現行社員制度の課題として，「①職種ごとの固有な育成目標や評価基準が明確でなく，職務における役割・機能をより反映させた職能基準・考課基準の導入が必要となっている。②仕事の高度化・専門化が進むなかで，目標設定とその達成の促進等により各人の能力を

最大限に発揮させ，評価差がより明確となる制度の構築が求められている」と記し，制度改定の方向性のなかで「潜在能力より発揮能力（＝業績）を重視した評価・処遇」を掲げている。その背景には，「人件費が増大しているのに，賃金と貢献度とのズレが大きい」という現状認識があるという。

　賃金と貢献度とのズレを是正するため，仕事の成果によって報酬に僅差をつけて人件費の支出をおさえ，同時に，報酬の個人差を強調して働く意欲を高めるのが評価制度を改定する目的なのだろう。しかし，「これまでの和協の精神ではなく能力主義，実力主義を企業理念にする」とはいえ，公正性より公平性や納得感を気づかう集団凝集性への配慮が，仕事成果の個人差の幅を縮小しているようである。また，誰もが成果を上げることに同調するなら，集団全体の活動水準は高まり成果も上がって，集団や組織の目的は達成されるが，個人差はやはり高い水準でつけにくくなる。そのため，報酬の個人差も小さくなり，例え個人が能力を最大限に発揮したとしても，これまでより格段に良い報酬を得られるかについては，現実的な上限の有無を確認しなければならないだろう。

　評価への適応能力　集団や組織は，人と人との相互作用の過程の集合体である。集団や組織のさまざまな判断や決定や選択や了解や評価などは，組織構成員間の相互作用による。つまり，人事評価は，評価者と評価対象者との間の相互作用であり，この相互作用には論理的な基準の下に妥当性と整合性とがある。

　しかし，日本人の組織の場合，個別状況について論理を積み重ねながら考えて，公正な判断や決定や選択や了解や評価をしづらい。こうした事情を山本（1977）は，「空気の支配」と表現した。公正な判断や決定や選択や了解や評価をしづらいのは，日本人が論理的な思考ができないからではなく，しばしば論理の内容や展開の公正よりも，他者との相互作用から生ずる情緒的な共感を，互いに分かち合う快感の有無や強度が，判断や決定や選択や了解や評価の実質的な基準になるからである。日本企業の目標管理による仕事への動機づけには，特定の個人が，信頼関係をとおして関係者の情動に訴えか

ける合理性や論理性を欠いた自我の傲慢や強欲が放出する社会的影響力の一方的な強制という側面があるかもしれない。

したがって，日本企業における人事評価については，評価者と評価対象者との間に情緒的な共感が交換され，感情を移入した相互作用の体験を双方が充分に実感することが評価の公平性の重要な要件になると思われる。日本人の集団や組織では，頭よりも皮膚感覚をとおした情実の理解と納得が求められがちである。ときには不公正な判断や決定や選択や了解や評価でも，不条理の常識とされ成立するかもしれない。

そのため，日本企業による人の評価に適応するには，人間や組織への感受性（関本・佐野・槇田，1977）が重要な能力特性になるだろう。人間や組織への豊かな感受性が，対人関係の技能をより向上させ，評価にも影響すると考えられる。人が自身の潜在能力を相手や場面や状況に合わせ適切に表出し表現するには，この人間や組織に対する感受性の感度の優劣が鍵になると思われる。

あいまいさの機能　このように，日本企業の人事評価は，制度上は論理的な体系でも，運用上は情緒的に機能するという特性を持つようである。評価の過程で情緒的な共感を確認し合うような人間関係では，あいまいさが重要な要因になる。組織の運営に意図して残したあいまいさは，判断や決定や選択や了解や評価の成功より失敗に対して有効である。仮に，失敗した当事者と関係者が共に論理による責任の所在を理解していたとしても，関係者が当事者の失敗した経緯について情緒的に共感した場合，失敗した当事者の責任は，公正に追求されないまま失敗者の面目や体面を保てるというかたちで，あいまいさは機能すると考えられる。あいまいさが，評価制度にかかわる任意の解釈を可能にし，処遇のばらつきを大きくする。

こうしたあいまいさの機能を，さまざまな場面や文脈で経験科学の事実として析出することが，日本企業の人事評価の本質を知ると同時に，日本人の行動および日本人の集団や組織の活動原理の理解に結びつくだろう。日本人のあいまいさを，集団や組織の機能要件と論理的に関連づけて説明するとい

う主題が考えられる。

　例えば，林（1996）は，日本人が調査に回答する際，極端な表現を嫌い中間的態度を好む特色があることを明らかにしたうえで，予め等質性を実証しておいた2つの日本人大学生の集団に対して，一方には日本語調査票，他方にはその日本語調査票を翻訳した英語調査票を用意して，それぞれの回答を比較した。その結果，日本語調査票に比べ英語調査票への回答には中間的態度を示す回答が少なかった。日本人の大学生は，日本語で答えるときには中間的回答を，英語で答えるときには極端な回答をする。この結果から，林は，使う言語によって日本人の感じ方や考え方は変わるが，中間的態度は日本人らしさの表れであり，「はっきりものを言う」と日本人が日本人でなくなると主張した。

　ところが，国際化が進み諸外国との交流が活発になった今日では，「はっきりものを言え」と要請される機会が増えている。そこで，鈴木（1995）が提唱するように，日本人が外国語を学ぶ一方で，日本人は外国人に対して日本語を学ぶよう積極的に働きかけて，考えや感情を自由自在に伝えられる日本語で，日本人らしさ（林，1996）を失わずに外国人に接する機会をもっと増やす必要があるともいえよう。

　しかしそれ以前に，「はっきりものを言わない」日本人らしさについて，日本人自身がまだ充分に気づいていないため，「はっきりものを言え」という外国人からの要請の論理を正確に受信して，その妥当性を理解しようとする態度が希薄であるように思う。日本人だけの集団や組織では，日本人は日本人のあいまいさに気づかない。日本人は，日本人と外国人の集団や組織のなかで，外国人の異質性には気づくが，外国人が日本人の異質性，つまり，あいまいさに気づいていることには気がつきにくいように思える。

　日本人のあいまいさは，集団や組織での対人関係を情緒や共感の相互確認で支配し，公正に関して無自覚にさせるが，相互の影響関係の側面では大きな効果を持つ。したがって，あいまいさが機能する集団・組織過程の解明は，日本人が自身のあいまいさを対象化した論理となるだろう。さらに，こ

第6章　職場の現実への適応

の論理を歴史の時間の流れに投ずると，大江（1995, p. 11）が，「日本人が近代化をつうじて慢性の病気のように育ててきたあいまいさ（ambiguity）」と示唆し続けている状況は，未だに少しも変わっていないように思える。

注

1) 一般事務職女性を対象にしたO社の新入社員研修について，愛知県内の私立大学文学部を1999（平成11）年3月に卒業し，4月にO社に入社した女性anから，2005年（平成17）10月に聴き取った。原調査は，構造化されていない面接法を用いて約1時間行った。

2) O社では，1998（平成10）年に当該制度を導入したが，営業職や秘書，広報などから毎年約10人の希望者がいるという。導入の背景には，2000（平成12）年から4年制大卒女性の採用を中止し，女性は高卒・短大卒に限定するように採用方針が変更されたことが考えられる。

3) 2005（平成17）年4月に愛知県内の信用金庫に新規採用された女性aoから，4月の入庫式以降11月までの間に経験した新人研修の実情について聴き取った。aoは，愛知県内の私立大学文学部を2005（平成17）年3月に卒業した。原調査は，構造化されていない面接法を用いて，2005（平成17）年11月に約2時間30分行った。

4) 2004（平成16）年7月17日付の日本経済新聞によると，「ホウ・レン・ソウ」とは，同じ業務に携わる人どうしが重要な情報を共有するための報告や連絡，相談を表す頭文字で，山崎富治山種証券元社長が提唱したという。「報告」は，主に上司からの指示に対して経過や結果を知らせることで，タテ関係の情報伝達を指す。「連絡」は，同僚や関係部署など，ヨコの繋がりの情報伝達を指す。また，「相談」は，仕事で迷ったり困ったりしたとき，上司などに判断を仰ぐ行為である。仕事を協働する相手や全体の状況を考えながら，こまめに伝達し合うように心掛けることが大きな不祥事を防ぐと示唆されている。

5) PDCAは，計画（plan），実行（do），点検（check），改善（act/action）の略称で，生産管理や品質管理などの管理業務を継続的に改善していくための方法である。まず，これまでの実績から今後の見通しを立て，業務を計画することから始める。次に，計画を実行する。そして，業務が計画どおりに実行されているかを確認する。さらに，点検の結果，問題点が見つかると，それを改善し修正して，次の業務計画に生かす。こうして，業務活動の向上を図るという考えである。

6) 近年，個を尊重する経営理念が広く提唱されるようになり，新入社員研修を企画する人事部も同様の標語を掲げて新入社員の個性や人間性への考慮を強調している。例えば，P総合教育研究所は，「プロ意識の醸成を図る新入社員研修～多様化する価値観を活かして，成果を上げる新人の育成～」を掲げて，次のような案内の新入社員研修企画セミナーを開催している。

「激化する就職戦線を勝ち抜いてきた優秀な新入社員の早期戦力化は，どちらの企

業でも重要な課題の1つかと存じます。そして，その教育手法は，過去の『教え込む』手法から，『個性・感性を尊重しながら多様化する価値観を活かして新人を育てる』手法が効果的となってきました」。

この新入社員研修のねらいは，①学生（アマチュア）から企業人（プロ）への意識転換―仕事に臨む態度と基本知識（ビジネス・マナーを含む）・コミュニケーションにおける基本姿勢，②成果達成意欲と行動を身につける――体感と連帯意識溢れるチーム活動における主体的な行動と自主性・自らの個性と影響力の発揮（個と組織の統合）となっている。

そして，プログラムの特徴として，①実習やゲームが中心―チームで競争しながら進めるため，一人ひとりが積極的に参画し，楽しく学べる，②前向きな意欲を醸成――人ひとりの個性を尊重し，その欲求や期待を大切にしながら導く，③"気づき"による効果――方的に教え込むのではなく，体験を通じ，自らに気づかせていく，④フォローの仕組み―新入社員と上司で，研修成果をいっしょに確認する仕組みにより，効果が長続きし，コミュニケーションも促進できる，⑤自社内展開が可能―自社内トレーナー養成により，実情に則した活用と，効率的（時間・コスト）な運営ができることをあげている。

また，Q社が行っている新入社員研修も，同様に，社会人としての基本動作・行動の習得が主な目的になっている。

7）本章の事例は，N協会が1993〜1994（平成5〜6）年にかけて主催した「新しい人事システムと人材評価研究会」において，人事制度の改定に取り組んでいた日本企業の各担当者が，自社の実情を報告した内容を改めて要約した記録にもとづいている。それぞれの記録は，①報告者の所属・職位，②会社の概要，③人事制度改定の時期と背景，④新人事制度のねらい，⑤評価の方法と基準を共通項目にしてまとめた。当該研究会では，報告の後で報告内容について出席者の間で議論したので，その記録も報告内容を補足するために適宜用いた。

本章では，これらのうちL社の記録を紹介する。他の数社の記録は，各社の事業内容や組織構成などの社内事情を反映して，いくつかの共通項目について，記述の細部に企業間の違いがみられるが，目標管理による評価の基本原理は全社にほぼ共通しているため，ここでは，全ての記録をL社の記録で代表させることにした。

さらに，当該研究会で報告した企業のうち任意に3社を対象に，1996（平成8）年7〜8月にかけて，改定された人事制度の運用の実情について聴き取り調査を行ったので，その結果をL社の記録と対応させながら検討する。3社は，いずれも電機・電子機器の製造・販売が主要な事業で，その営業部，人事部，研究開発部の一般職者が調査対象者だった。この聴き取り調査の目的は，目標管理による評価の理念が，就業現場でどのように実践されているかを確かめることだった。

第7章
組織社会化の進展

1. 仕事経験の蓄積

　新規学卒後に一括採用され，組織の新しい構成員として仕事の経験を積みながら一人前に成長していくと，職場での地位も上がり，一定の責任と権限を与えられて，協働集団の活動を管理する立場を任される機会が増えてくる。このようなキャリアの段階まで到達した人は，所属する組織にほぼ定着したとみなせるだろう。本章では，仕事経験を蓄積していく過程をとおして，管理職昇進までに獲得する勢力の性格と，その勢力の有無や大小などに規定され成立している日本企業の秩序体系にみられる人的資源の規格化について論議する。

(1) 管理職昇進と勢力の獲得
　経営組織が新しい人的資源を募集・選抜・採用した結果，その組織の構成員になった個人は，職場の規範や風土や文化を受け容れながら，服務規定に従って日常業務に従事する。入社後の基礎訓練の期間を終えて，配属先で初職に就く頃から，仕事にかかわる専門性の確立と将来の指導者になるために求められる能力の形成について，新人はやがて考えるようになる。組織のなかで働き続けることは，組織に対する個人の欲求が加齢とともに変化するだけでなく，個人に対する組織の要求も変わることを，個人に気づかせる。そ

のため，入社したばかりの新人でも，所属組織に在職する限りは，所属する組織の自分への要求と，仕事に関する自分自身の欲求とを，短・中・長期の時間幅でそれぞれ適合するように展望することが望ましいだろう。個人と組織との調和は，常に変化している。

　組織の個人に対する要求は，個人のキャリア発達が初期から中期へ移行するにつれて，従者から指導者としての役割行動の遂行期待へと変わる。それは，キャリア発達初期の訓練対象者や初心者としての位置から，一人前の構成員になる段階を経て，キャリア発達中期の指導者や助言者や支援者としての位置への移行である。これまで従者だった新指導者は，いつか部下を導き指図して動かしながら，部下の行動に責任を負うようになる。このような職場集団内の影響過程（influence processes）に関する諸問題は，主にリーダーシップの問題として議論されてきた。

　一般に職場では，複数の人たちが働いているから，職場は集団場面である。複数の人たちが，ある特定の集団に所属して行動する過程は，意外に複雑である。例えば，仕事の進め方について，職場の同僚が自分に要求していると気づいたやり方が，どうもしっくりこないと感じても，なるべくその要求どおりに自分の仕事を進めようとする気持ちになるのはなぜか。また，職場集団の指導者が統制の仕方を変えると，集団の構成員の行動も変わるのはなぜか。さらに，同じ職場集団でも，集団をとりまく環境が異なると，集団の活動が大きく変化するのはなぜか。

　これらの疑問の根底には，集団に所属している個人は，社会的な相互作用をとおして互いに依存し合いながら，共通の目標を追求しているという仮定がある。そして，このように複数の人が集まって，一連の価値や規範や信念や目標などを互いに共有し，共通の目標達成を目指し相互作用している場合，集団活動に影響をおよぼす過程をリーダーシップという。

　通常，職場集団は，上司と部下との間の社会交換を基本にした対人関係によって形成されている。上司と部下とが相互に依存し合う対人関係は，集団の目標達成に関して職位制度上より多くの責任を負う上司を基準に，上司

が，自身の社会交換の対象である部下に働きかける行動に影響される。このような，上司の部下への影響づけの行動過程がリーダーシップである。

つまり，リーダーシップとは，集団を維持し集団の目標達成に向けて，集団や集団を構成する成員に影響を与える指導者と，集団の構成員として指導者の権限を認め，その指示や示唆や命令などを受け容れ，そのとおりに行動する従者との間の影響過程を指す。対人間の影響関係が，集団のなかで機能するときリーダーシップを確認できる。したがって，職場の人間行動を理解する鍵は，共通の集団目標を達成するため，常に部下への効果的な影響づけを行っている上司の行動にある。

リーダーシップの問題を個人のキャリア発達の観点からみると，従者から指導者への組織内異動を規定する要因の特定と，その要因が新指導者の個人内外で継時的に形成されていく過程や，その形成された要因が実際に作用して新指導者を誕生させる経緯に関心が寄せられる。つまり，集団や組織のなかで，特定の個人が他者に影響づける力を獲得していく過程と，そうした影響力の内実への興味である。集団や組織では，そのような影響づけの権限と責任は，公式には管理職者に与えられているので，本章では，一般職から管理職へ昇進した人たちが，管理職に昇進するまでにどのような仕事経験を積んできたかを明らかにし，その蓄積された仕事経験を評価者が審査した結果，昇進した評価対象者が保持していることを公式に認めた影響づけの力について考えてみたい。

リーダーシップ論は，集団力学（group dynamics）に関する研究主題の1つであるが，リーダーシップには，他者に影響し他者を思うように動かす勢力行使の側面がある（Kotter, 1979）。勢力は，してほしいと思っていることを人に行わせるための潜在力，あるいは自分自身がしたくないことを人から強制されないための潜在力の大きさを意味する概念である。ここでは，この勢力に注目して，総合食品製造会社への聴き取り調査[1]の結果から，一般職者が管理職に昇進するまでの仕事経験の記述にもとづいて，管理職昇進と勢力の獲得過程との関連について推察する。管理職に要求される勢力の基盤

が，仕事経験をとおして熟成したと評価された結果，管理職昇進は決まるのではないかと思われる。

(2) 財務部と営業部のキャリア形成

1994（平成6）年当事のS社の現状について，本社人事部は，①商品の店頭価格が下落して，収益が悪化している，②冷凍食品から調味料まで幅広い商品を製造する総合食品製造会社ではあるが，調味料以外にはシェア・トップの商品がなく，シェア・トップでない商品は，店頭では特売商品にされやすいので，特売のために小売業に支払う販促リベートが膨らみ，これが収益を圧迫している，③スーパー向けの家庭用食品に比べて，外食産業や総菜業者向けの業務用食品が弱いと認識していた。

そこで，こうした現状に対応するため，より少ない経費でしかも短期間に商品をつくる組織へ体質転換をはかる必要性から，S社では次のような具体策が提唱された。①すでに1990（平成2）年から始めていた商品数の削減活動によって，1990（平成2）年に4300あった商品は1994（平成6）年には2,500に絞り込まれていた。さらに1993（平成5）年4月からは，各支店単位で利益管理を行うようにして，これまでに比べて利益志向をより明確にした。②小売業と包括的提携を結び，共同で商品を開発して計画的に生産すれば，安定した市場価格で商品を供給でき，製造から販売までの経費を削減できると考えられた。また，値引きされにくいシェア・トップの商品の開発に力を注ぐことにした。③長期経営構想にもとづいた全社課題を掲げて，1994（平成6）年7月に新人事制度を策定した。

このうち，③の新人事制度については，ここで取り上げる管理職昇進をめぐる問題に関連するので補足説明しておく。新人事制度は，人づくりと新しい企業風土の醸成を目指して策定されたが，次の4点がその与件としてまとめられた。①1994（平成6）年5月1日のS社の従業員総数は6108人で，その3分の1は，1960～1962（昭和35～37）年に入社した人たちで占められていた。そのため，人事部としては管理職層を減らしたいが，経営側は人員

削減には否定的な考えだった。②1994（平成6）年現在，課長以上の管理職者約1200人のうち女性が11人を占め，その他に外国籍の社員が6人，さらに中途採用者も増えつつあるなど，1975（昭和50）年以来ほとんど変更せずに運用してきた旧人事制度では雇用の現状に適合しなくなっていた。③これからの事業の多角化に伴う事業構造の変化に対応するには，人材不足だった。④約2000人の従業員が，あと10年くらいで50歳代を通過し退社する。こうした現状認識から，新人事制度は，一人ひとりのキャリアを個別に棚卸しして再考することを促すような方向性の仕組みづくりとその運用を基本方針にしていた。

原調査の調査対象者4人は，旧人事制度下で昇進した人たちである。人事制度が改定されて，新しい制度で求められる管理能力の要件も変わる可能性はあるが，当時，まだそうした事態が安定して観察され確認されてはいなかった。それに，制度の変化は管理能力の評価方法の変化であり，管理能力そのものとは無関係かもしれない。したがって，原調査の4人の調査対象者から収集した管理職昇進に関する情報は，日本企業における勢力獲得過程を考えるうえで一定の価値があると思われる。

新旧の資格制度　S社人事部の説明によると，従来は職種等級制度を運用していた。これは処遇のための等級制度で，一般職制度と管理職制度とに分けていた。一般職は10〜6級に，また，管理職つまり基幹職は，課長待遇と副部長待遇と部長待遇の3段階だった。

このような職種等級制度は，9つの部門（function）に対応する9つの職種にもとづいていた。9つの職種は，S職，E職，K職，G職，U職，F職，J職，T職，P職である。

S職は，本社などの事務関連のスタッフ職である。E職は営業職，K職は研究職である。これらS職，E職，K職は大卒以上の総合職で，6級までは自動昇格できた。

G職は，生産工程にたずさわる現業職，生産職である。U職は運転職，F職は保安職で，ごく少ない特別職である。これらG職，U職，F職には，

高卒か高専卒の男性が従事した。

　J職は，S職とE職の支援業務で，事務を補助する。T職もE職への支援やK職の研究補助にあたる。P職は生産系の補助職である。これらJ職，T職，P職は，短大卒や高卒の女性が占めていた。また，以前は中卒者をP職に採用していたが，1994（平成6）年当時はあまり採っていないということだった。

　従来は，9つの職種を①総合職（主にS・E・K職），②一般職（主にJ・T・P職），③現業（主にG・U・F職）の3つの職群に分けて，昇格判定は各職群で個別に行っていた。採用後の特定の職群への所属は学歴による。職群間の異動は少ないが，職群内の職種間異動は多かった。また，大卒総合職の昇級については，個人差をつけない仕組みだった。

　この制度を1994（平成6）年7月に改定した。新しい職能資格制度の基本理念は能力開発だった。新制度では，旧制度の9職種にもとづく3つの職群の考え方を廃止して，事務・営業・研究・生産・海外・機能・事業などの分野を設け，この分野別と等級別に習熟要件を定めた。新卒者の初任格づけ等級は学歴と年齢によるが，それ以外の条件の格差はなくし，全等級とも上位に上がるには試験を受けなければならなくなった。

　また，旧制度では，職種と処遇のための等級を一般職と管理職とに分けて設定していたが，新制度では，一般職と基幹職（管理職）とを一本化し，基幹職を従来の3階級から5階級にした。これは管理職層の肥大化への対処である。

　新制度では，学歴によって初任格づけの等級が異なっていた。その際，年齢差がやや考慮された。また，全等級とも上位等級に上がるときに関門を設定して試験を行った。上位等級への昇格資格を得るには4～5年かかった。なお，昇格の有資格が得られる1年前に資格を与える特進もあった。

　旧制度での大卒総合職の昇格は，入社後14～15年，つまり，37～38歳で課長待遇になるまでは自動昇格だった。第一次選抜で課長待遇に昇格する大卒者は全体の4～5割だった。昇格するまでの在職期間の個人差は，3年差く

らいのなかに約9割が含まれていた。しかし，1993〜1994（平成5〜6）年の1年間で昇格の個人差は4年差くらいに広がったという。

また，副部長待遇までは処遇として昇進させていた。副部長待遇へは第一次選抜で全体の3〜4割，3〜4年差で7〜8割が昇進した。さらに，部長待遇には最短で入社後23年，標準で24〜25年かかっていた。

新制度では，大卒者は8級0号に初任格づけされ，7級へは自動昇格する。7級から6級に上がるための試験は，入社10年後くらいで受験できる。7級から6級へもほぼ自動昇格だった。各等級には4〜5年在級した。各等級に4年在級すると，上位等級への昇格資格が得られ昇格試験を受験できた。5級以上は基幹職で，5〜4級が課長待遇，3級が副部長待遇，2〜1級が部長待遇である。従来は，大卒者は入社14〜15年後，つまり，37〜38歳の頃に課長待遇に昇格できた。そして，副部長待遇までは処遇として昇進させていた。しかし，新しい制度では4級あたりにかなりの人が滞留しそうであるということだった。

新制度では，4年間の在級期間を満たさなくても昇級判定が受けられる特例制度を設けた。この特進扱いを適用した場合，例えば，4級から3級への昇進の際に，特進の第一次選抜で全体の1割を昇格させられる。その後，第二次選抜で5割，第三次選抜で3割を昇格させるが，この間ほぼ4年の個人差が生じる。

また，全国型の大卒者が8級に初任格づけされるのに対して，事業所採用の地域限定型は9級からとなる。この大半は現業職である。なお，短大卒は10級の途中，高卒は10級に初任格づけされた。

なお，給与は階差型範囲給で，本給一本ではなく年齢給と能力給とに分けられていた。年齢給と能力給との割合は，初任時は6対4，定年前あたりでは4対6とされた。

専門職制度　人事部の説明では，1994（平成6）年に全社員約6000人の20％強を占める約1200人の基幹職員を，専門職制度を設けて一般管理職と専門管理職とに分類しようとしていた。このキャリア経路は，①スペシャリスト，

②ライン・マネジャー，③スタッフの３つに分けられていた。スペシャリストは，組織的に認定した特定の仕事の専門家である。この経路を設けたのは，社内ではライン指向が強いからだという。ライン・マネジャーは，従来の一般管理職で，500人くらいで充分という判断だった。スタッフは，ライン・マネジャーの支援にあたる。

ただし，これら３つのキャリア経路は，あくまで役割期待なので処遇に差はつけなかった。

採用状況　1994（平成６）年４月の大卒採用は，事務系が30人，技術系が46人だった。事務系の９割27人は営業，その他の２人は経理，１人は人事に初任配属された。また，技術系の43人は研究職，残りの３人は工場配属だった。

人事部によると，「メーカーなので，もともと『営業がスタート！』という発想が根強い。また，技術系は大学の研究室とのパイプを通して採用してきた」。

人事部からみた仕事経験　新卒採用者の仕事経験について，人事部からみると，財務要員は，大学での専攻や本人の希望にもとづいて採用の段階から選抜し，まず，工場に初任配属して原価計算などを習得させる。それからは，各支店の営業部門の財務を経験した後，本社財務部へ異動する。財務に携わる人材の育成には時間がかかるので，他分野へは異動させず一貫して財務関連の仕事に従事させるという。

また，人事部からみた営業要員のキャリア形成は，国内営業に初任配属された３〜５年後に，本社事業部で販売戦略の開発やマーケティングに従事する。それからは，そのまま本社事業部に残留するか，海外事業部への異動，各支店のエリア・マーケティングないしは営業部隊のマネジャーへの異動などがある。

これまではゼネラリストの養成を目指していたので，原則として，入社後10年間に３つの職場を経験させ，それから一人ひとりの得意分野に配属していた。しかし，これからは技術系だけでなく事務系についても，各分野のプ

ロフェッショナルを育てたいということだった。そのため，①食品や医薬品などにかかわる事業の軸，②マーケティングや営業，研究，管理，財務などにかかわる機能の軸，③6つの分野からなる技術の軸に沿って，キャリア開発プログラム委員会，つまり，CDP委員会を構成し管理職への登用や，どのようなプロとして育成していくのかなどについて定期的に検討しているという。

CDP委員会は，事業や部門を越えて全社的な観点から人事管理を行うために設置された。CDP委員会は人事部の諮問委員会で，委員は各事業や各部門の利益代表ではなく，定期人事異動と評価を中心に，ラインにこだわらない人材の個別育成計画を人事部に諮問することを課せられた。

CDP委員会は，①10〜8級の人たちで構成される事業所CDP委員会，②8〜4級の人たちで構成される全社CDP委員会，③3〜1級の人たちで構成される経営CDP委員会に分けられていた。CDP委員会の構成員は，各分野で過去のキャリアにおいて実績のある基幹人材である。本社人事部は，そのような基幹人材を把握しているという。

財務部での仕事経験　最初に，財務関連の組織構成をまとめておこう。本社財務部の管轄下には，各工場の総務部内の経理部，同じく中央研究所など各研究所に設けられている経理部，各支店の総務部内の経理部がある。

本社財務部は27人で構成されていて，財務グループと会計グループとに分かれている。財務グループは，1人のグループ長と当時2人の課長（担当基幹職）と14人の一般職員で構成されていた。また，会計グループは，1人のグループ長と当時1人の課長（担当基幹職）と7人の一般職員で構成されていた。そして，2人のグループ長の上位には1人の取締役財務部長がいた。

取締役財務部長の資格は1〜3級，グループ長の資格は1〜5級，課長の資格は4〜5級，一般職は6級以下である。また，職制と職階とは区別しているので，課長は社外向けの名称であり，仕事としての課長職ではない。人事制度上は担当基幹職である。グループ長は，担当基幹職にグループ内の人事管理などの権限を委譲している。担当基幹職は，支払いなどのライン業務

と資金の調達や運用などのスタッフ業務とを兼ねている。

1994（平成6）年現在，財務・経理関係の大卒者は，本社に15人，本社以外に20人，営業事務センターに6人，海外に15人いた。その他は，短大卒や高卒の事務職の女性社員だった。

大卒者の場合，採用後まず工場に配属されて原価計算などの仕事をする。製造業なので，最初に商品の製造現場を経験することが望ましいという。aqも入社後に配属されたのは横浜工場だった。横浜工場に4～5年勤務した後，東京支店の経理部を経て本社財務部の会計グループに異動した。そこには8年間在籍して，財務・経理の基礎を身につけた。

それから，タイ・S社のバンコク事務所に3年間派遣され，帰国後は大阪支店で主にコンピュータによる経理の仕事を担当した。そして，本社財務部に異動し6年間勤めている。

aqのように，財務・経理のキャリアは，一般に，採用後に配属される工場勤務を皮切りに，いくつかの職場を異動しながらも一貫して同じ分野の仕事を続けることで形成されていく。1つの職場には，平均4～5年くらい在籍する。異動は，本人の希望にもとづいて実施しているという。

また，本社財務部課長（担当基幹職）のat（45歳）は，まず，東北支店から東京支店の物流担当を経て，東京支店の経理，福岡支店，本社財務部会計を歴任した。atは元物流分野の人材なので，財務のキャリアとしては珍しい事例だという。au（35歳）は，営業職から財務を経て，システム開発を5～6年担当した後，本社財務部会計に異動した。av（33歳）は，4年間営業職に就いた後，関係会社に出向し，それから本社財務部会計に5年間在籍している。aw（31歳）は，工場で4年間働いた後，本社財務部会計に異動した。

その他，ax（27歳）やay（26歳）やaz（24歳）は，入社後いきなり本社財務部会計に配属された。彼らを採用した頃は新人が多く，他の採用者は工場にも配属された。

財務・経理の仕事内容は，経験や知識にもとづく判断業務と指導業務であ

る。決算以外に予算や業績評価も行っている。法人や有価証券などにかかわる法律面の知識も要求されるが，これについては職場外訓練による講習会への出席なども含め，時間をかけて習得するようにしているという。

aq は，「財務・経理マンは，ものの現象面だけでなく，その本質を正確にとらえられなければならない。材料の知識がないと正確に判断できない」という。「今は，財務・経理の人員が少なく後継者もあまり育っていない。年齢構成上では，30～40歳代が少ない。しかも，会社全体の成長が停滞しているので，コンピュータを導入するなどして，さらに人員のスリム化をはかっている」。

「そのため，仕事の結果しか見えず，本質が見えなくなっている。仕事のマニュアル化は，基本的には考えなければならないが，財務・経理関連のライン業務はマニュアル化できてもスタッフ業務（のマニュアル化）は難しい」。

営業部での仕事経験　営業関連の組織構成は課を単位にして，1つの課が3つのグループで構成されている。3つのグループは，①スタッフ・グループ，②量販店グループ，③卸店グループである。

例えば，東京支店営業第一課の課員は26人で，スタッフ・グループと卸店グループを管理・監督する営業第一課長が1人，量販店グループを管理・監督する課付きの専任課長が1人である。課長を除く24人のうち，女性は7人である。また，卸店グループの構成員は8人である。

スタッフ・グループの主な業務は，本社への窓口として，東京支店の予算や経費に関する第一次案の設定作業である。東京支店の営業ラインと連絡しながら，本社との間で仲介や調整機能をはたす。量販店グループは，大手量販店向けの専任営業職員の集団である。卸店グループは，長く取り引きしている卸店向けの営業職員の集団である。

営業活動の配分は，ビッグ量販店・中堅量販店・卸店の割合がそれぞれ2対2対1くらいになっていた。1994（平成6）年には，営業先を卸店から量販店へ変えているところで，今後もこの傾向は続くだろうという見通しだっ

第7章　組織社会化の進展

た。このような方針に沿って量販店グループをつくったという。その背景には，市場の主導権を量販店が取り始めているという実状があった。中堅量販店や卸店は，資本力や人材力の優劣差で，生き延びる店とビッグ量販店の系列下に吸収される店とに二極分化が起こるだろうとみられていた。

　しかし，そうした事態への対応策として，S社は量販店向けの営業職員を増やすことは考えていないということだった。営業職員の質的な戦力強化をはかっているので，実人員数はむしろ減っていた。営業の処理作業を，コンピュータを使ってシステム化し効率をより高めようとしていた。

　営業の仕事に配属された大卒新人には，「放り出す」という感じで，一人につき小売業を約40店舗ほど持たせる。arの場合は，大卒後1981（昭和56）年に入社し最初の1年間は，福岡支店冷凍食品課の北九州出張所に配属され，そこで都市部を担当していた先輩について筑豊豊前地区のエリア担当に従事した。次の4年間は，長崎県全体を担当する長崎出張所に勤務した。ちなみに，長崎出張所は福岡支店に属している。

　それから，福岡支店の営業第一課に配転され3年間勤めた。最初の1年間は冷凍食品以外の全商品を担当した。1986年（昭和61）頃は，大卒新人が多く採用されたこともあって，中堅営業職員が担当している卸店の注文を，量販店を担当している若手がさばかなければならないという実状があったという。そして，その後の2年間は「なんでも屋」の内勤総括として卸店を担当した。この内勤総括は，営業職員の相談役，まとめ役で，課長が多忙で不在のときに課長に替わって決算の判断をくだせるような権限を持つ。また，新人への指導や教育訓練を行うなど，営業活動全般に精通していなければならない。

　その後，東京支店の営業第一課に配転され2年間勤務した。そこでは，やはり内勤総括として量販店グループに所属した。担当商品は調味量とギフト関連で，担当企業は大手量販店だった。その後は，同じ東京支店の営業第一課のスタッフ・グループに1年間所属した後，特進して量販店グループの専任課長に昇格した。

一方，asの場合は，大卒後1975（昭和50）年に入社し東北支店に配属されて，家庭用食品の営業に5年間従事した。最初の1年間は先輩について，その先輩が担当しているT企業の店舗10～20店，U企業の店舗10～20店というように，全部で50～60店舗を受け持った。次の4年間は，本社店舗を担当し，商談したり企画書をつくったりなどした。

　それから東京支店の営業第一課に配転され，商品としては調味量に，企業としては大手量販店に専任して2年間を過ごした。さらに，東京支店の営業第十課で内勤総括（課長代理）を2年間勤めた。

　asの営業関連のキャリアは，ここまでの9年間に養われたという。そして，10年目32歳のときに大阪支店総務部に配転になった。asにとっては，この異動が1つの転機になったという。大阪支店は，基本的には営業の支店であるが，配属先の総務部ではこれまでの営業職の仕事内容とは全く異なる昇格や賞与の判定，対組合活動などに従事した。大阪支店には4年間勤めた。その後は，本社の人事部で教育や人事諸制度のメンテナンスをやり，東京支店の総務部に移った。

　このように大卒の営業職者は，1年目は先輩から指示を受けながら職場内訓練で営業活動の基本技能を身につけた後，2～5年目の間に特定の商品と特定の企業を担当してより大きな営業活動に従事する。また，担当する商品が家庭用か業務用かによって求められる技能は異なる。例えば，家庭用食品を担当する場合は，競合他社の商品と比べた自社商品の特徴についての理解が必要である。これに対して，業務用食品を担当する場合は，営業先がラーメン屋やファミリー・レストラン，ファスト・フードなどになるので，原材料や製法について理解していなければならない。

　別の視点からみると，配属先の営業活動領域の大きさによっても要求される技能は異なるといえよう。ビッグ量販店が競合している地域では，他社の商品や他社の営業活動についての知識が要求されるが，エリア担当のように比較的に広い領域で営業活動する場合は，商品知識は広く浅くても，エリア内の流通システムについて精通していなければならない。この他，油のよう

第7章　組織社会化の進展

に相場の変動が価格に影響しやすい商品もあるので，そうした世界市場の知識を要求されることもある。

　asがまとめた営業職に必要な共通の技能は，①損益感覚，②商品知識（自社商品や他社商品，商品の材料や製法など），③得意先や市場の知識，④情報力（パソコンなどのハードやソフトの操作，情報の収集や管理など）である。実際の仕事場面で求められる技能には，社外向けとして口頭説明の技能，社内向けとして得意先からの要望を適切に伝達するなどの意思伝達の技能が重要であるという。

　財務部の昇進・昇格　財務職員の昇格の個人差が表れるのは，入社5年目くらいからである。しかし，第一次選抜という意味ではなく，昇級の速度にみられる若干の個人差であるという。

　最初の配属先から2回目の職場に異動するとき，最初の配属先での評価がくだされる。そして，最初の配属先での評価が，2回目の配属先で確認される。しかし，仕事の変化が少ない事業所では評価しようがない。評価に影響するような良い上司や良い仕事に恵まれる運もあるという。

　営業部の昇進・昇格　1994（平成6）年6月までの旧制度では，10〜6級までが一般職で，女性の一般職を想定していた。平均4〜5年で上位に昇格する。大卒者は8級からである。

　8級はよちよち歩きの営業職員，7級は大手企業を担当する一人前（一人前とみられるようになるには3〜5年くらいかかる）の営業職員で，会社全体の原動力として最も活躍しなければならない人たち，6級はそろそろ管理や新人への指導，育成の仕事を担う人たちである。このように，7〜6級は基幹職予備群として高度な営業力が必要であり，会社全体のなかでも最大の戦力である。

　5級以上は基幹職で，6級から5級に昇格するときが第一次選抜にあたる。そのため，6級職の人たちには6級職研修が実施され，各人は自身の能力や適性を見分け自己評価するような指導を受ける。また，2〜1級はトップ基幹職である。

1. 仕事経験の蓄積

なお，旧制度では5級以上の基幹職を3段階にまとめ，職制上5〜4級を課長待遇，3級を副部長待遇，2〜1級を部長待遇としていた。大卒者が6級まで昇格するには，およそ8〜9年かかった。同じく5級になるには，13〜15年くらいかかった。

また，新制度では6級を社外向けには課長補佐，社内向けには主任とした。そして，全ての昇格は試験によって決定されるように改定された。そのため，例えば，大卒者は5級に昇格後3年で4級への昇格の受験資格が得られ，その後3年の間に4級に昇格することが期待される。つまり，大卒者の場合，5級に昇格した後，次の4級に上がるまでには4〜6年の個人差がある。4級からさらに上位への昇格は，状況をみながら推薦によって決める。特に注意深く確認しなければならないのは，5級から4級への昇格試験と，4級から3級への昇格試験であるが，当時，その確認方法はまだ具体化されていなかった。

旧制度では，大卒者の9割以上は自動的に6級まで上がった。6級に昇格後，速い人で3年前後，平均すると5〜6年で内勤総括になることが5級昇格を規定した。5級に昇格できなかった人については，1つの運用として関係会社への出向などが検討された。

また，1980（昭和55）年入社と1981（昭和56）年入社の人たちのそれぞれ1割を対象に，1993（平成5）年7月と1994（平成6）年7月に2年連続で特進させたことがある。これは1つの刺激策で，今後は特進者および特進有資格者の認定を制度化していくということだった。

一方，女性は高卒が多く，これに高専卒も合わせて，10級に初任格づけされる。そして，同じように上位への昇格は試験の結果によるが，9級から8級と7級から6級それぞれへの昇格時が関門になる。

職場外訓練 財務部の職場外訓練は，例えば，産業経理協会主催のさまざまな講習会のカリキュラムに従って，毎月2回の講習を半年くらい受講するということだった。講習会の内容は，原価計算の仕方や税法関連等である。また，社内で他部門が実施する職場外訓練の講師を務めることもある。その

他，語学力養成のための3カ月くらいの短期留学制度や，タイからの研修生の受け入れなども行っていた。

また，営業部に関しては，入社後に1ヵ月半から2ヵ月くらいの新人研修を受ける。この研修は，S社についての解説，工場実習，量販店実習などによって構成されている。

その後の1年間には，新人職場内研修が実施される。職場内訓練項目には，名刺の受渡し，挨拶の仕方，実際の取引，仕入れや回収のシステムなどを実習する。また，1994（平成6）年当時，S社にはブラザー制度があり，各課の特定の先輩がブラザーとして新人の日常業務を指導することになっていた。さらに，3～4ヵ月に1回くらい，新人に対して適宜必要な情報を与えたり，仕事状況の発表会を開いたり，半月くらいのミニ研修を行ったりしていた。

さらに，入社して4～5年経つと中堅研修が用意されている。中堅研修は，本社人事部と各支店がそれぞれ別個に主催する。研修内容は，財務関連の解説などである。

(3) 損益感覚と信頼関係の体得

S社に採用された事務系大卒者は，入社後10年間に少なくとも3つの職場を経験する。1994（平成6）年当時，S社ではこうした慣行を見直していたが，事務系のプロフェッショナル養成はまだ試行中のようだったので，ゼネラリストを育てるための定期異動はこれまでどおり効力を持っていた。入社後10年間は総合職の職群内で頻繁に職場と職種を異動させ，10年後に個人差をつけないように昇級させる仕組みが，事務系大卒者のキャリア発達の環境である。小池（1991）が主張する日本企業の長い時間をかけた技能の形成と能力の開発が，S社にもみられる。

入社後10年間の異動による仕事経験は，例えば，前述した営業職の場合，①損益感覚，②商品知識（自社商品や他社商品，商品の材料や製法など），③得意先や市場の知識，④情報力（パソコンなどのハードやソフトの操作，

情報の収集や管理など），⑤口頭説明や意思伝達の技能として蓄積される。これらの技能や能力の習熟は，営業職の管理能力要件の一部である。

しかし，営業職に限らず事務系の仕事の多くは，他者との相互作用で成立するので，とりわけ他者への影響力が重要な能力要件と思われる。営業活動の管理に必要な5つの技能や能力は，他者への影響力とどのように関連するのだろうか。

S社の東京支店では，当時，営業先を卸店から量販店へ変えつつあった。利益追求に徹するなら卸店との取引を中止して，量販店に人材を投入したほうが効率はよいと思える。しかし，S社と卸店との取引は，縮小しながらも継続している。取引を続ける理由は，卸店とS社とは長年のつき合いで，互いに信頼関係で取り引きしているため，卸店には特別に配慮しながら対応しているからだという。

このような信頼関係は，損益に関する短期の市場原理を適用できない。つまり，長い時間幅で取引の損益を考える感覚が，意思決定の基準になっていると思われる。それは，一方にとって短期には損でも長期には益，他方にとって短期には益でも長期には損の見通しを，互いに守り達成しようという信頼感の交換に保証された取引である。S社の東京支店が卸店との取引関係を継続しているのは，過去に卸店から利益を得たことへの返報かもしれない。卸店が，与えた恩恵の返報をS社に求めるのは，公正な互恵性（Zander, 1994）の価値観によるといえよう。また，信頼は，組織あるいは組織構成員が環境の複雑性[2]を縮減し合理化するため，損失を賭して前払いする行為でもある（Luhmann, 1973）。

信頼関係の取引は，どちらかが一方的に利益を得るかたちで終了としないで，関係を維持しようと両者が努めるので，損益計算があいまいになり，そのときどきの事情に応じて互いに融通し合うような社会的交換関係である。また，信頼関係において，短期には損失を出すが長期には利益を見越しているほうは，取引相手に一定の影響をおよぼす力を持ち，反対に，短期には利益を得るが長期には損失が予想されるほうは，取引相手に依存することにな

る。

　営業職に要求される5つの技能や能力は，取引先とのこのような信頼関係のなかで体験学習され，従来どおり取引先との信頼関係を維持するために活用される。したがって，営業活動の管理能力としておそらく最も重要な要件は，長い時間幅と多角的で広い視野から損益を考えて，取引先への依存を最小化し，取引先からの依存を最大化するような勢力の獲得および保持といえよう。また，このような勢力は，ときには取り引き先との対人関係をとおして表出される個人の親切心，社交性，相性，誠実さ，公平無私，高潔さなどの魅力から生ずる（Huczynski，1996）。

　組織内外のたくさんの人と信頼関係を持つ人は，他の人に比べて影響力が強い。信頼関係を築くためには多くの時間を費やすが，入社後10年間はそのための期間に相当するのかもしれない。そして，その間に形成された信頼関係の人脈は，管理者の有能度を示す指標にもなると考えられる。

(4) 共依存の習俗

　勢力は抽象的で多義であいまいな定量化しにくい概念であるが，広義には個人や集団が相互に行使するあらゆる種類の影響を意味し，とりわけ強制力（coercive power）が勢力の本質と考えられる（野中・加護野・小松・奥村・坂下，1978）。例えば，カートライト（Cartwright，1959）やフレンチとレイヴン（French & Raven，1959）は，勢力を個人の潜在能力とみる考え方を提示した。この観点では，集団や組織における勢力関係は，個人対個人の関係が基本になる。勢力は対人間の相互作用をとおして行使されるので，潜在能力の顕在化は，個人が勢力を行使する対象や場面や時期などの状況によって変わる。

　したがって，管理職に昇進するまでに個人は，状況に応じて勢力を適切に行使する技能もしくは能力，つまり，勢力を行使する状況特性と行使する勢力特性との組み合わせについての経験知を，長期の職場内訓練によって身につけていく。

また，勢力の本質である強制力は，勢力を行使する個人と，勢力を行使される個人との間に依存関係を形成する（Emerson, 1962；Kotter, 1979）。つまり，勢力を行使する個人が，勢力を行使される個人に対して持つ勢力の強度は，勢力を行使される個人が，勢力を行使する個人に対する依存度に等しい。一方の他方に対する勢力の大きさと，他方の一方に対する勢力の大きさとが等しくない場合，両者の間には不均衡な勢力関係が生ずる。勢力を行使する個人が，目標達成に強く動機づけられて，勢力を行使される個人が目標達成に深くかかわっているほど，勢力を行使する個人が，勢力を行使される個人に依存する程度は大きい。

　日本の社会文化では，このような勢力関係は，経営組織に限らずさまざまな社会場面で共依存[3]の関係としてみられるのではなかろうか。また，長い時間幅で取引の損益を交換するような信頼関係は共依存関係になりがちであり，日常生活のなかで標準化された行動，つまり，日本人の習俗ではないかとも思える。

　経営組織の勢力関係の文脈では，共依存関係を積極的に求めるような人の見かけは，上司にとっては信頼できる部下であり，取り引き先にとっては融通の利く頼りになる商売相手かもしれない。日本企業の組織文化や経営風土から感じられるあいまいな体質のなかで行動するには，対人関係で行使できる一定の勢力が必要であり，同時に，組織はそのような性格の勢力の温床でもある。しかし，共依存関係を結ぼうとする人の深層心理には，自分自身への否定的な感情から強い不安感や支配欲が推察されるので，個人の立場を離れ組織の立場で状況判断し，公式に認められた勢力を行使しながら正しい意思決定をし，決定結果に責任を負わなければならない管理職に，彼らは不適格かもしれない。

　例えば，強い自己主張は，在米経験を持つ海外・帰国子女に共通する印象であるが（武田, 1995；武田, 1997a），自己主張の強化因子は，他者を支配することによる自己価値感や，社会的な影響力を持つ感覚や，他者の行動を統制している感覚である（Buss, 1986）。つまり，海外・帰国子女の強い自

己主張が，共依存関係者の否定的な支配欲とは違って，自分自身への肯定的な感情から生ずる支配欲であるなら，管理者の適性として有効であるかもしれない。

2．組織の秩序

　学校では背骨のない軟体動物のように不確かな人格だった学生が，仕事の世界へ移行すると，その存在の輪郭を知覚できるようになる。職場の現実に適応しながら仕事の経験を積み重ねるうち，経営組織の構成員としての人格の輪郭が，背景の組織との対比で知覚し難くなっていくのも不思議である。

　ここでは，選抜・採用した新規学卒者の多様な人格を規格化し，既存の秩序体系に組み込んで組織が維持される機構について考えてみたい。

(1) 人格の規格化可能性

　仕事の実際に関する知識や経験がない新規学卒者を一括採用し，最小限の知識を職場外訓練した後，働くことの職場内訓練によって独力で仕事ができるように育てるのが，日本企業の人材育成の基本である。新しい構成員は，職場内で上手く行動できるように必要な指導を受けて，仕事内容だけでなく同僚との協働関係を自身の行動の準拠として内化しなければならない。同僚との協働関係の自己内化は，組織社会化の主要な課題である。

　新しい構成員への指導が，職場外訓練より職場内訓練を主体にしているのは，まず仕事を実践させて，経験し理解した仕事内容の体現度を確認するねらいもあるが，仕事の未経験者に，仕事そのものを言語で説明することの限界があるからだろう。仕事内容の詳細は，状況判断や意思決定や事態の予測などを伴う動作や意思疎通などの複雑な総体であるが，そのような経験の複雑な総体は，個人的な認知にもとづく。経験の違いとその行動としての体現化の違い，それらの記憶の違いから，仕事内容の認知には個人差があり，同じ状況下で同じ業務を遂行している人たちでも，同一経験を厳密に共有する

ことの相互確認は容易でない。

したがって，例えば，同じ営業職の指導でも，指導者によって仕事内容の認知が異なるため，新しい構成員は，指導者の個人差の影響を受けながら営業職の仕事を習得していく。指導者の個人差は，指導能力・技術以外に指導者自身の経験の違いによる。つまり，個人単位でみると，同一職種でも各人が理解している仕事内容は異なり，指導者が自身の経験に則して指導する限り，指導された構成員は，当該指導者が理解している仕事内容と似通った仕事に関する認知をキャリア発達の初期に刷り込まれる[4]。その結果，指導者別に特有な仕事の諸動作の型が，新しい構成員へ継承され，しだいに特定の行動様式となって確立していく。

例えば，阪急電鉄では，辞令で委嘱された先輩の指導員が，運輸現業部門の新しい構成員を1対1で職場内訓練する（吉山・奥田，1999）。新しい構成員は，駅務，車掌，運転士の各実習を経験した後，正式に配属部署が決まる。駅務，車掌，運転士の実習ごとに指導員がつくが，鉄道事業は安全・予防が最大の課題なので，最も影響力が大きいのは運転士指導員である。指導員の委嘱業務は技術面や安全面の指導となっているが，手引では欠けている部分，つまり，事故対策や事故防止策にかかわる全人格の精神面の指導を，それぞれの指導員が独自に埋めてきた結果，新しい構成員が指導員を「お師匠はん」と呼ぶ師弟関係が結ばれるという。師弟関係はタテに階層化し，「同師会」という非公式集団を形成している。同師会は，師匠からの指導や助言以外に，忘年会や新年会，花見やゴルフ・コンペなどの親睦会を自主的に行っている。こうした師弟関係は，公私にわたって生涯続くという。

このように，仕事内容を諸動作の型に定型化し，指導者が新しい構成員に指導する過程では，型どおりに上手く行動できるようになるための知識や技能だけでなく，仕事への態度や価値観など，新人の心理や精神面への助言も行われる。仕事への態度や価値観についての助言は経営理念へと収斂するので，組織の存在や活動に関する構成員の価値観は均一化され，全構成員の仕事への態度や価値観は同質度が高まることになる。

第7章 組織社会化の進展

　キャリア発達初期の職場内訓練をとおして，新しい構成員は働くことの現実的な自己像を形成するが，その過程では指導者の全人格特性が，仕事の知識や技能だけでなく，仕事への態度や価値観など，当該組織で働くことの意味づけに影響する。このような指導者との関係をとおして，新しい構成員は，職場のなかで働く自己像を初めて実感することができる。

　しかし，新規学卒者は，どのような仕事を，誰から，どのように指導されるかについて，選抜・採用時に説明を受けないし，一人ひとりに個別の充員計画が定まっているわけではないので，例え求められても選抜・採用担当者は，入社後の仕事について充分に説明できないだろう。つまり，仕事内容の詳細は，前述したように，「実際に働いてみないとわからない」「会社は，入ってみないとわからない」のが実情である。したがって，さまざまな仕事の現実に直面しても柔軟に対処できそうな人材の確保が選抜・採用の基本方針となる。

　一般に，選抜・採用は，言語読解力と論理思考力などの基礎能力と適性を測定するために開発された心理検査，作文，外国語等による査定の後に，多面的に視点を変えながら集団面接と個別面接を何度か繰り返し，新規学卒者の全人格を総合的に評定して選考する。全人格の総合評定は，誰からどのような仕事をどのように指導されても対処できる可能性の高低によるが，それは，評定者が認知した全人格を，評定者が認知した自社内の組織行動の定型群に適用して，定型行動への適応度を予測した結果である。日本企業の選抜・採用は，組織行動の諸動作が定型化され構成員に共有されていることを前提にしていると思われる。

　定型化された組織行動は，仕事の手順や進め方などの諸動作が認知対象なので，働き方の様式は規格化され，組織化されて秩序づけられる。組織行動の定型化は，一つひとつの動作および動作の連続の型を規定し，暗黙の慣行あるいは明文化された規律として，行動ばかりか情動や思考の様式まで規制し得る。人間行動については，情動や思考が行動をひき起こすだけでなく，自身の行動から情動や思考を自己知覚することもある（Bem, 1967）[5]。

2. 組織の秩序

　日本人組織の秩序について，成沢（1997）は，中世の禅宗寺院の自治規則「清規」にその起源を求め，時間・空間・身体・言語・人間関係・公と私に関する規律化による行動規制が，その後の近世における武家社会の儀礼・作法や，江戸など都市社会にみられる諸規制，西洋型の社会秩序を輸入し近代化を実現しようとした明治期を経て，現代にいたるまで日本社会に浸透していると主張する[6]。それぞれ固有の論理で構築された秩序体系にもとづく組織の行動規制は，所与の型として新しい構成員に諸動作の学習を強要する。構成員は，仕事の手順や進め方の型の指導を受け，均一に規格化された動作を体現して，現行の秩序体系を維持し乱さないことを期待される。

　構成員は，定型化された行動を学習し毎日繰り返すうちに，行動と適合するように情動や思考もしだいに定型化されるだろう。型どおりの行動の反復は，余計な考えを規制し排除する。このようなキャリア発達初期の職場内訓練による刷り込みは，構成員の行動や態度を画一的に変容させ，組織構成員として文字どおり構成する秩序体系を維持するように方向づける効果があると考えられる。

　したがって，新規学卒者の全人格には，定型化された行動を速やかに学習できるような適応力が求められる。在学中の適職感は多様なのに，就職して働き始めると，直ちに現職への適職感を高める新規学卒者（武田，1993）は，見かけは仕事への適応力が高いように見えるが，それは募集・選抜・採用をとおして仕事内容そのものに関する情報提供が乏しいので，職場での自身の経験を比較する対象がないまま現職を受容しているからだろう。つまり，仕事の未経験者は，働くことの情動や思考があいまいで，仕事の手順や進め方の型を身につけながら働くことの情動や思考を初めて経験するので，業務の遂行が先行し，その後に業務の遂行に適合する情動や思考を自己内に帰因して業務遂行を自己正当化すると思われる。

　初めて経験する仕事や職場にかかわる情動や思考は，一定の経験を蓄積して仕事を相対視できるようになるまで，行動の準拠となり自己像の形成にも支配的なのだろう。情動や思考を行動に適合するよう無意識に定型化してい

第7章　組織社会化の進展

くうちに形成される自己像は，当該組織の構成員として定型化された特性を持つだろう。それは人格の規格化である。そして，選抜・採用の選考過程では，新規学卒者の全人格について，当該組織における規格可能性と規格可能な許容範囲内での個性が診断されているといえよう。

(2) 人徳の育成

　機能合理性のために定型化された組織行動は，構成員に全体の調和を自覚させ組織内に共依存関係を形成する。行動は定型化されても，型の運用は当事者の裁量によるので，協働者相互の関係は状況に適合するように柔軟である。例えば，日米企業を比較した加護野・野中・榊原・奥村（1983）は，日本企業の組織過程では，規則と上司による厳格な管理下で，構成員の自己統制と仕事に対する関心を基礎に，行動を組織目標に同調させようとすると報告した。定型化行動への自己統制と関心は，あくまで構成員自身の裁量とされる。

　定型化された行動は他の行動を定型化し，成果面でさして重要ではない行動にまで過剰な秩序化がおよぶ。例えば，前述した ak が稟議書の書き方について経験したことの証言にも表れている。

　「全世界へのリリースでもないたんなる社内の稟議書なのに，（ワープロ原稿の）半画や全画や句読点などの点検，明朝体ではなくゴシック体にしろなどと，（稟議書の作成に）半月近くもかかることがあって，とにかく時間がかかる。その間に，粗利（益）の損失が膨らんでいく。ひどいときは，上司が出張中は（稟議書の回覧が）そこで止まってしまう。几帳面な性格の上司の場合，稟議書を10回以上書き直させられることもある」。

　この事例の場合，稟議書の文字の大きさや書体などの定型化には注意が払われるが，稟議書を速やかに回すことは疎かになっている。既決した稟議書が他の部署に回ったとき，文字や書体の美しい出来映えにかかわる他者評価を気にする管理職者が，体裁を整えるために必要以上に部下を指導しているのかもしれない。

2. 組織の秩序

　このように，整理し整える努力から，仕事の様式美への感性が感じられる。過剰な秩序化は，様式美の追求とも思われる。日本人組織は，美しい成果だけでなく，美しく集い美しく振舞うことにも価値を置くのだろうか。例えば，前述したajは，採用内定式の光景を次のように証言した。

　「みんな毒気がない。個性的ではない。すごくムサイ，すごくウルサイ，すごくハデな人はいない。みんな同じような雰囲気の人たちで，無難な性格で，しっとり落ち着いた感じに見えた。専務は社長婦人で，2人の常務は中年女性である。常務の1人が挨拶に立って，『K社は元気な会社です。K社はやる気のある人しか求めていません。まだ迷っている方や他の会社に興味のある方は，内定を辞退してくれてかまいません。元気よくみんなで声を出しましょう。みんな立ってください。いらっしゃいませ。（会場の採用内定者が復唱して，いらっしゃいませ。）ありがとうございました。（同様に，ありがとうございました）』」。

　まだ正式な社員でもない学生を集めて，整然と挨拶を唱和させる儀式は，組織構成員を一律に行動させようとする指導の現れである。人的資源の行動を定型化するうえで，組織行動の様式美には挨拶などの礼儀作法や顧客への感謝・報恩に代表される倫理・道徳の価値が付与される。利潤の最大化に比べて，礼儀作法や倫理・道徳や公への奉仕を唱える向社会的精神は，それ自体は否定しようもない自明の理念である。

　実際に，阪神淡路大震災のとき被災者の救援活動をしたダスキンの事例（小樽・高木，1999）[7]などが報告されているが，向社会的精神を組織として実践したことで，構成員が所属する組織の構成員であることに誇りを感じ，組織への関与が高まったという。

　このように，日本人組織では，利潤より様式美や礼儀や倫理・道徳や向社会的精神などを重視することがある。利潤に直結しない行動は，思考より情動に規定されがちなので，あいまいで言語化しにくい思いや感情への共感が行動の正当化に用いられる。このようなあいまいさが成果に影響するので，組織行動には論理矛盾が多い。そして，論理矛盾を解消するために，矛盾を

第7章 組織社会化の進展

直視せずそのまま受容し，矛盾した状況に適合するように自己を変容させる寛容と忍耐が，組織構成員には要求される。

　自己を変容させる寛容と忍耐で組織環境に適応する全人格は，有能であると同時に，秩序体系に型取られた様式美や礼儀や倫理・道徳や向社会的精神などを弁えて，自発的に実践する人徳者でもある。企業倫理や経営倫理など企業の社会責任が問われるようになった今日，組織は人徳者の育成をあからさまに標榜できる。例えば，トヨタ自動車，中部電力，東海旅客鉄道は，合同で全寮制中高一貫校を新設する構想を打出し，経済活動を含め日本の次世代を担う人材を育成し始めた[8]。

　第二次世界大戦までの日本企業による労務管理の社会的特質を検討した間（1978）は，募集・採用は縁故が中心で，技能程度だけでなく人物（特に思想傾向）が重視されたと指摘した。人物の思想重視は，当時の労働運動対策であり，「企業としては，企業意識だけの強くなりそうな労働者あるいは少なくとも労働運動への関心の薄そうな労働者を選択して，これを従業員としたのである」（間，1978，p. 105）。採用後は，仕事の熟練と企業意識を高める必要から，昇進，昇給，諸賞与，手当，福利の諸制度が，長期勤続者ほど優遇されるように運用された。そして，勤続が長期化して仕事の能力を喪失した構成員を解雇するために，定年制が制定された。

　また，戦前の人材育成については，社立の職工学校を設置して技能養成が行われた事例もある。「なお，この時代のこうした技能養成の対象になったのは，主として尋常小学または高等小学を終えたばかりの年若い職業未経験者である。企業としては，彼らを白紙の状態から，いわゆる『子飼養成』によって，育成することにより，ただ熟練工の確保をねらっただけでなく，企業意識の強い基幹工をつくりだそうともしていた」（間，1978，pp. 108-109）。

　過去に，技能養成も含むよう拡大解釈された福利厚生は，一般に，恩情主義制度とみなされ，企業主の従業員への恩情が強調された。福利厚生のなかには思想善導や教化の活動もあり，女性には婦徳養成，男性には精神修養と

して労使一体論が指導された（間，1978，p. 119）。

　選抜・採用にあたって人物を重視する考え方は，第二次世界大戦後も基本的に変わっていない。高度経済成長期を経た1970年代（昭和45～54年）の労務管理の諸施策とその運営実態を考察した白井（1982，p. 119）は，大卒者の選抜・採用について，大学卒業生に一般的に期待される知識水準を基礎にした実務上の訓練可能性や能力向上の可能性と，そのような具体的な仕事能力と直接には無関係な企業共同体の構成員として求められる親和性や協調性とが，卒業した大学の格と学業成績を一応重視しながら，評価者の主観的な印象や評価に左右され，最終的には組織の労務方針の背景をなす思想や価値観によって選考基準が決まると指摘した。

　戦前戦後の時代精神の違いはあるが，日本企業が構成員の人格を規格化しようとする性向は変わっていないように思える。人物を重視した縁故募集・採用は，現在でも一部で行われている[9]。子飼養成のように，構成員を自社内で活用しやすいよう独自の規格化で固有の人格に変容させる一方，他社規格の人格にはほとんど無関心である。また，職業未経験の新規学卒者を，白紙の状態から生え抜き社員として育てる基本方針は，成果主義の人事管理が広まっているとはいえ，新規学卒者一括採用と一律定年退職とを併用して運用している今日でも従来どおりと思われる。そのため，日本では，転職による組織間移動は困難で，新規学卒後に選抜・採用され定年退職するまで，閉じた組織内の仕事の世界で生きることが，依然として日本企業に雇用されて働く人のキャリアの本質といえよう。

(3) 組織化と組織の閉鎖性

　組織は外部環境に開いて相互作用すると考える開放体系（open system）の観点から，環境変化への組織の依存と適応を強調するときは，静態的な組織の概念より動態的な組織化の概念のほうが重要である。開放体系の観点からみた組織は，変化する環境に依存し適応し続けるため，有機的な再構築を繰り返すとされる。そうした組織観は，組織の変革が絶え間なく進展するか

のように想像させる。

　しかし，ワイク（Weick, 1997）が主張するように，組織が組織の慣性や過去へのこだわりを，何の支障もなく驚くほど長く保持できるという事実は，開放性よりむしろ組織の閉鎖性と，組織行動を定型化する際の組織化に関心を集める。

　ワイクは，組織化を「意識的な相互連結行動（interlocked behaviors）によって多義性（equivocality）を削減するのに妥当と皆が思う文法」と定義する。ワイクによると，組織化は虚実に関する合意された妥当性（consensual validation）の生成であり，妥当性の合意で重要なのは，組織構成員が理解し得る社会的過程の形成に必要な相互連結行動の組み立て方の諸規則と，社会的過程についての解釈である。合意された妥当性とは，組織における常識もしくは現実性（reality）と同義である。

　組織化は，組織行動を有意味であるが複数の意味を持たない，つまり，多義的でない相互依存行動に組み立てることである。それには，組織内の適切な手続きや解釈について，定型化された意味の共有感が条件となる。様式美や礼儀や倫理・道徳や向社会的精神などの意味は，組織行動の価値を構成員に認知させ共有させる効力を持つ。疑いようのない有意義な行動を一貫して遂行するように構成員を教化すると，構成員は，自身の行動と一貫性を保つように自分自身の信念を変えてしまう（Schein, 1956）ので，定型化された組織行動に関する合意された妥当性が生まれる。こうして組織のなかで起こる思いがけない未知の変化や相違や不連続性などの出来事は，構成員に共有されている適切な手続きと解釈によって，しだいに出来事の多義性が消失して衆目の一致する常識になっていくと考えられる。

　構成員に認知されている合意された妥当性は，組織の秩序を正当化し保つだろう。このように考えると，変化する環境に依存し適応している組織は，仮に組織の構造が変革されても，変革された構造を秩序づける規則や解釈そのものは容易に変わらないだろうと思われる。創業や設立から100年以上も経営活動を維持している日本の老舗企業に共通するのは，組織環境を敏感に

感知する進取性と，長い時間をかけ築いてきた信頼を重んじる保守性との均衡感である（帝国データバンク史料館・産業調査部，2009）。

したがって，組織内で生ずる未知の変化や相違や不連続性が，特定の文法に則って組織の常識に変性していく過程で，従来の常識を変えるような，つまり，これまでの秩序を根本から見直す契機となるような出来事について，組織構成員がどのように常識を形成するかが興味深い論点になる。組織の構造や組織を秩序づける規則や解釈について，それらを意図して変えようと目標設定し，その目標が達成された結果，組織が変革されたというような組織変革の合理性は，実際にはあまりみられないように思う。多くの場合，環境からの圧力を受け続けるうち，組織の歪みがしだいに大きくなり，ついに組織を維持するために変革を余儀なくされるのが実情ではなかろうか。それほど組織の閉鎖性と，閉鎖性を保持する方向で機能する組織化は根強いと思われる。

しかし，組織外からではなく組織内から組織の常識を覆すような変革の力が発生する可能性を探るとしたら，それは，どれほどたくさんの組織構成員が，どれくらい未知の出来事から潜在価値を発見し析出して，それらを組織内で常識化していくかという，構成員の一定数を条件としたやはり組織化に関する問題になるだろう。

組織が社会体系である限り，整理され整った状態を維持するための秩序，すなわち定型化された組織行動で結ばれる関係の法則性が機能する。組織に固有な秩序の遵守は，構成員間や集団間や組織間の関係の多義性を削減するが，多義性のうち削減される部分は，すでに経験され獲得された知識では理解できないよくわからない変異の部分である。大多数の構成員が理解できないわからない変異は，秩序を乱す要因として初めは抑圧されるだろう。変異独自の意図や計画は，全体組織の意図や計画の断片や局面にすぎないが，組織存続の意図や計画の厳格な条件に即して，変異の個別意図や計画が，組織を合目的的に強化ないし新たな可能性を開く場合に限って，偶発する変異は淘汰されず，組織に受容されるだろう（Monod，1970）。

第7章　組織社会化の進展

　しかし，多義性を構成する変異部分の量と質が明らかに増大するにつれて，組織は変異部分を削減しきれずに，それまで変異部分を抑圧する作用を生みだしていた関係の法則性そのものが変わるような事態になるかもしれない。そのとき，関係の法則性の変化を，秩序の乱れと否定的に解釈するか，秩序の刷新と肯定的に解釈するかはおそらく偶然にすぎない。組織の意思決定の水準を考慮してこの偶然を合理化するなら，上級管理職者の能力によってどちらにも解釈されると説明できるが，偶然の合理化は，ほとんどが後づけの解釈（Feyerabend, 1975）なので，しばらくの間，変異が進行し拡大して，上級管理職者が変異の価値を理解し確信を持つまでは，あいまいな削減の対象でしかないだろう。

　これまで守られてきた関係の法則性が，多義性の新しくてよくわからない変異部分を削減しようとするのは，従来の法則性に評価すべき優れた長所があるからとはかぎらない。ただ慣れ親しんでいるからわかりやすいという素朴な理由だけで，組織の秩序は充分に守られ保存されるだろう。組織化された行動は，組織の調整の型（Schein, 1980）を表すが，組織の長い歴史は，調整の成果よりも，熟成した調整の型を絶やさず維持することに価値を置くような常識を組織構成員に共有させる傾向があるように思える。

　このような組織の閉鎖性は，多義性の変異部分に関する評価の在り方と関連する。多義性の変異部分を異質と評価する方法や基準は，組織の常識にもとづく。つまり，道具としての評価方法・基準は，どんなにその客観性や公平性の保証を宣言しても，多義性の親しみやすくわかりやすい部分のみを選別し析出するようにしか使用されないだろう。多義性のうち馴染みにくい変異は，評価者の認知閾外に存在し，評価の対象にされない部分なのである。

　しかし，異質な変異部分を発見し詳細に検討することは，変化のきっかけになり得る。組織内で発生するさまざまな多義性について，その変異部分をいきなり排除するのではなく，好奇心を持って積極的に探索して吟味し検討する装置を設置したほうが，組織は円滑に環境と相互作用しながら変化し続けられるかもしれない。つまり，異質な変異部分の作用を組織の環境適応に

役立てようという試みである。そのためにも，組織の閉鎖性について，異質な変異を組織が排除する仕組みに注目して考えてみる必要があるだろう。

（4） 秩序づけの日本型有能

組織行動の多義性は常に発生するが，特に選抜・採用後の時期に顕著だろう。新規学卒者を期間限定で一括して募集・選抜・採用する方式の場合，新しい構成員が持ち込む態度や行動の多義性を組織化によって削減する手段は，組織参入の通過儀礼として定式化しやすい。新しい構成員が，仕事の世界で経験する不安や幻滅感を克服しながら，職場の文化や規範を受け容れて上司や同僚と上手くやっていこうと，自身の欲求と組織の要求とを調整する入社直後の期間をとおして，新人の異質な変異部分の多くは削減される。むしろ異質性の削減が新入社員研修のねらいといえよう。

入社早々に行われる新人の基礎訓練では，新しい構成員は身分制である職階の最下位に位置づけられる。日本の社会構造（social structure），つまり，社会に内在する基本原理はタテの序列構造（中根，1967，1972，1978）であり，組織の職階も同様である。

新入社員の潜在性は未知数だから，実績がないから，未経験だからなど，新しい構成員を最下位に位置づけるさまざまな説明の根底には，人をタテに序列化すると自発的に高い位置を目指すだろうという人間行動の仮定があると思われる。序列の高位置は希少なので，他者と競って勝ち取らねばならない。全人格の序列化競争に敗れ離脱することは，自己を否定されたような心理状態に陥りかねないため，組織構成員は多大な精力を費やして業務を遂行するので，組織は成果を出せる。

また，タテの序列の上位には権威が付与され，序列の下位へ同調圧力をかけることができる。それは，わずかな報酬差をめぐって，序列の高位置を目指す競争への参加に駆り立てる圧力である。日本企業では，タテの序列の高位置志向が，組織を機能させる主要な原動力になっているといえよう。

しかし，タテの序列の上昇志向が高くても，序列の上位を占める要件を満

第7章　組織社会化の進展

たしていない構成員は昇進できない。日本企業では，一人ひとりの構成員が分担する仕事の範囲や責任が不明確なので，どのような仕事でもこなせる人が有能とみなされる。しかも，人間関係をとおして発揮される仕事能力の評価は，全人格の優劣に関する評価になりがちである。

　能力評価は，基本的に評価者の主観にもとづくのであいまいさが残る。それに，評価する人と評価される人は同じ序列を構成しているので，評価結果しだいで序列順位が逆転するような制度でないかぎり，報酬の僅差だけではタテの序列の相対的な上位者と下位者との心理状態の差異は変わらないと思われる。

　また，秩序づけの力学が支配的な組織で機能する構成員の有能性は，現行の秩序づけを保守することへの貢献より，未知の変化や相違や不連続性など，秩序を脅かす非常時の出来事を適切に処置し，従来どおりの秩序を維持することへの貢献によって評価されるだろう。例えば，大手保険会社の会長秘書をしている女性は，職場でときおり見つかる有能な人について次のように証言した（武田，2003，pp.270-271）。

　「あるアイディアに対して，自分自身の意思や意見を表明できる人，自分のミスを人のミスにしない誠実な人，自分のミスを認める潔い人は有能だと思う。（職場では，周りから）『よく思われたい』という気持ちが強いので，本当の姿を見せづらくなる。例えば，特定の出来事，特に非常事態の際に，有能な人を見つけられる。（仕事が）良くできるように見える人は，周囲との調和を重視するので，（非常事態に）上手く対処できない。一方，（仕事が）あまりできそうに見えない人は，周囲との調和を重視しないので，（非常事態に）上手く対処できる。また，偉い人が，『あいつはだめだ』と言うと，みんな同調する傾向がある。偉い人の評価に対して意見が言えない。上の人の性格しだいで（本人への）評価が決まる」。

　秩序を脅かす出来事への対処能力は，定型化された評価基準・方法の対象外である。したがって，秩序維持には能力の名目差と実質差との調整が必要である。能力の名目差は定型化された評価基準・方法による評定結果の個人

2. 組織の秩序

差で，能力の実質差は定型化された評価基準・方法では評定されない潜在能力の個人差である。また，能力の名目差は人的資源をタテに並べた序列結果であり，能力の実質差はタテの序列を維持するための規格外の問題解決に限定した人的資源の活用結果である。つまり，名目能力の高い人が解決できない問題を，名目能力の低い人が解決できることもあり得ると考えられる。

そこで，管理職者は，名目能力と実質能力とを状況に適合させて使い分けるが，優先させるのはおそらく名目能力であり，実質能力ではないだろう。したがって，緊急事態で特別に召集され活躍するような有能な人材は，日頃は組織のどこかに見えないように存在していると思われる。

注
1) 調査対象者は，本社が東京都内にある総合食品製造会社 S 社に勤務する①本社人事部課長 ap，②本社財務部統括部長 aq，③東京支店営業第一課課長 ar，そして，④東京支店総務部部長 as の 4 人だった。

原調査は，入社後から管理職に昇進するまでの組織内異動や仕事内容にかかわる諸経験を把握するための予備調査であった。そのため，調査対象者にはできる限り自由に回答してもらおうと構造化されていない面接法を用いた。この方法によると，回答者は自身の意見の長さとその内容に関して完全に統制できる。なお，面接時間は約90～150分だった。

予め用意した主な面接項目は，本社人事部の ap に対しては，①新旧の資格制度，②専門職制度，③採用状況，④仕事経験，⑤昇進・昇格だった。また，本社財務部の aq には，①財務関連の組織構成と仕事の概要，②仕事経験，③昇進・昇格，④職場外訓練について質問した。東京支店の ar と as には，①営業関連の組織構成と仕事の概要，②仕事経験，③昇進・昇格，④職場外訓練について質問した。

調査者は，特定の面接項目への調査対象者の回答が終了すると別の項目へ誘導するが，それ以外の作業は行わなかった。面接結果は，調査者が適宜筆記すると同時にテープレコーダーで収録された。

ap，aq，ar，as への原調査は，1994（平成 6 ）年11～12月に実施した。さらに ar と as には，再度1995（平成 7 ）年 3 月に補足調査を行った。
2) ここでは，組織体系（system）が環境の複雑性を対処可能な事態として現実化する 1 つの相互行為として，信頼あるいは信頼関係の形成を考える。環境の複雑性は，組織体系が存続するために対処しなければならない脅威であり，そのような対処を経験して，組織がより安定した秩序を再形成するための選択作用でもある。
3) 臨床における共依存の概念は，自己評価が低く自尊心の乏しい人が，自己を否定的に感じなくてすむように，他者に自分を頼らせることで自己評価を高めて自尊心を持

第7章　組織社会化の進展

とうとするが，実際は，他者に頼らせるように働きかけて，他者を統制し支配しているような関係性を意味する概念である。自己評価の低い人や自尊心が乏しい人は，常に他者から信頼され必要とされていると感じていたいので，他者が自分にすっかり頼りきってしまうまでその人を支援して，他者の信頼によって自分自身への否定的な感情を打ち消そうとする（武田，1997b，p.13）。共依存関係を強く求める性向は，そうしたパーソナリティの発達に，家族，特に母親の影響が関係していると推察し得る加齢の問題である（荘厳，1997；武田，1993）。

4）ローレンツ（K. Lorenz）は，刷り込みの概念を人間行動に適用することの飛躍を認めながらも，特定の人間行動が刷り込みに似ているという印象を受けると語っている（エヴァンズ，1979，pp.28-33）。組織社会化の早い時期に，構成員が定型化された組織行動を学習し，現実的な働く自己像を一様に形成していく経験は，刷り込みに類似していると思われる。

5）他者の行動からその人の態度や性格を推論するように，自身の行動やそのときの状況を手がかりに，人は自分自身の態度や性格を推論しているという考え方が，ベム（Bem，1967）の自己知覚説（self-perception theory）である。自己知覚説によると，人は自分自身をよく理解しているつもりでも，自身の行動の原因を置かれた状況へ帰因し難い場合，すでに行ってしまった修正しようのない行動の既成事実と一致するように，自身の態度や感情を当該行動の原因として推論する。

6）成沢（1997）は，日本の社会秩序の形成過程とその起源の軌跡をたどり，近代化に伴う機能合理性の追求が生みだした秩序像を，中世の禅宗寺院での共同生活に見出した。多数の修行僧が生活と修行を共にするうち，清浄な日常のために修行僧自身が作成した自治規則が「清規」である。禅宗寺院での共同生活は，一つひとつの作法が細かく規定され，秩序づけられている。例えば，道元の永平寺清規について，「起床後の夜具１つ１つのたたみ方・重ね方についての定式（「弁道法」）を読むと，形式を整えることが雑念を生じさせない工夫だったのではないかとも思われてくる」（成沢，1997，p.173）。言語・行動の形式化には倫理や美的感性が付随すると考えられる。

7）阪神淡路大震災のとき，ダスキンは，断水で水が出ないトイレの清掃や被災者の下着の洗濯を自主的に行った。小樽・高木（1999）は，大震災のような非常時に，祈りの経営ダスキンの経営理念が取り繕わない本性の発露として姿を顕すと考え，援助活動と会社の経営理念や経営風土との関係を調査した。その結果，会社のボランティア活動への支持と誇りが，社員の帰属意識を高めることになったと報告した。

8）トヨタ自動車の豊田章一郎名誉会長は，「日本にとって最も重要な課題は教育だと考えていた。（教育の現状は）受験教育がメーンで，落ち着いて独創性を発揮できる人を育てるには不適当ではないか」（毎日新聞，2003）。2003（平成15）年１月８日付の読売新聞によると，豊田名誉会長は，「ものまねや記憶でなく，自分で考えて自分でつくるという独創性のある人物を育てていきたい」。また，中部電力の太田宏次会長は，「一般的に日本の若者は，中国や韓国の若者と比べると目の輝き方が劣っているのではないか。国家や社会に対して希望を持っているかというと疑問に思う。次世

代の日本を築くためには，多様な能力や豊かな教養，日本人としての誇り，世界に活躍できる素質を持った人が必要で，そうした人材を育てたい」。また，東海旅客鉄道の葛西敬之社長は，「エリート養成という意識はなく，多様な資質を持った子どもの能力を最大限伸ばすことに力を注ぐ。（人格形成への）教育の影響が大きいのは中学，高校時代だけに，特色ある学校をつくり，地元の教育機関とも補い合い，地域の教育レベルを上げるには，中高一貫の全寮制が最も効果がある」。

9）トヨタ自動車の系列で，金属加工製品を製造する中企業の人事課長だった男性から，1979（昭和54）年頃の採用人事について聴き取った結果，現場作業員として高卒男性を30〜50人くらい採用する際，出身大学の同窓生を通じて高等学校の進路指導や就職担当の教師を紹介してもらい，生徒の斡旋を依頼したという。こうして採用担当者の個人的な人脈等の縁故によって，新規高卒者は一括採用された。そのため，人事異動で採用担当者が変わると，採用の経路も新たに変更された。なお，原調査は，2009（平成21）年7月に，構造化されていない面接法で約2時間行った。

第8章
定着の条件

1. 早期離職の要因

　近年，入社して3年も経たないうちに離職してしまう若年者への関心が高まっている。新規学卒者のうち，中卒の7割，高卒の5割，大卒の3割が，入社した企業を3年以内に早期離職する傾向は七・五・三現象と呼ばれ，仕事の技能や知識が一定水準に達しないまま離・転職を繰り返す人が増え，不安定な雇用条件でしか働く機会を得られない安価な若年労働力が問題視されている。

　新規学卒者の採用管理は，募集・選抜・採用活動では済まず，入社したての新人が，就業規則に従って休まず出勤し，上司や先輩，顧客などと交わりながら，割り当てられた仕事を安定して遂行しようと，自身の精神と身体とを自律させることができると認められるまで続く。したがって，入社3年以内の早期離職が絶えないのは，新卒採用の管理が有効ではないという問題をはらんでいる。入社前の仕事や職場の選択に引き続いて，選んだ仕事や職場での諸要求に応えられるようになることが，入社後の新人の課題である。新人は，上司や先輩の指示や命令を受け，働き方の現実をしだいに学習するうち，職場集団のなかに自身の居場所を見つけ定着していく。

　そこで本章では，新入社員に早期離職を意識させる要因を特定することによって，離職願望を抑制し定着を促す条件について検討する。

第 8 章　定着の条件

(1) 若年者の早期離職

　若年就業者の早期離職は，キャリア発達初期に特有の現象であり，以前からみられる。雇用保険被保険者の資料を用いて，新規学卒者の就職・離職状況を集計した報告（厚生労働省職業安定局労働市場センター業務室，2004）から，1998（平成10）年でも入社 3 年目までの大卒者の離職率は 3 割超を占めていることは，すでに表 5 - 2 で確認した。また，採用内定学生の84.3%が，「入社する会社に愛社精神がある」と答えているのに対して，入社 2 ～ 5 年の若手社会人は52.6%と，入社後に愛社精神は薄れるという報告もある（毎日コミュニケーションズ，2009）。さらに，「将来，転職しないと思う」と答えた採用内定学生は69.6%，若手社会人は35.3%であり， 6 割以上の若手社会人が，会社に定着しようという強い気持ちを入社 5 年以内に失いかけている実情がうかがえる。

　このような新規学卒者の早期離・転職が，最近，再び問題となっているのは，若年労働力人口が長期的に減少する見通しから，女性や高齢者の就業機会をもっと増やし，労働力を確保するためのさまざまな施策や助成が立案されるなかで，2008（平成20）年 9 月のアメリカ合衆国に端を発した金融危機による雇用情勢の悪化が，若年者の働く環境を厳しくしている実情が背景にある。実際，新規大卒者の早期離職率は，2001（平成13）年35.4%，2002（平成14）年34.7%，2003（平成15）年35.8%，2004（平成16）年36.6%，2005（平成17）年35.9%と，ここ数年間では約35%に達している（厚生労働省大臣官房統計情報部，2006b）。

　しかし，景気変動に対応し企業が雇用調節を行ったので増えるような離職ではなく，例え好景気下でも，自己都合で離・転職する人は，日本では依然としてあまり一般的ではないといえよう。特に，新卒採用の若年者は，職場の新人という面ばかりでなく，青年から成人へ移行中の過渡期にあって，一人前のおとなになるため，経済面でも精神面でも親から自立し，独自の生活づくりに取り掛かったばかりである。新卒採用者が，生活の基盤である収入の安定性を認識しているなら，好不況にかかわらず安易に早期離職しないだ

ろう。しかし，前述したように，入社3年以内の新卒採用者の離職率はやや上昇している。

　組織心理学では，離職とその後の転職とを関連づけて論議するため，転職元組織と転職先組織それぞれの特性を対比させる枠組みのなかで，離職をひき起こす要因を中心に検討してきた（武田，1986, 1991）。経営組織の人間行動のなかで，離職は決定的な逸脱行動である。離職は，本人のキャリアの節目になる出来事であるし，組織にとっても他の構成員に与える影響が懸念される。離職すると，新しい仕事に転職するために職探しをしなければならないし，転職した場合，前職と異なる就業環境の転職先で，また最初から仕事の経験を積み上げていくことになる。転職によって家庭生活も変わるだろうから，離・転職は明らかにキャリアの転機である（武田，1993）。また，新入社員に離職された組織も，採用活動に要した費用が無駄になるし，予定していた人員に欠員が生じることになるので，企業活動に支障をきたすことにもなるだろう。

　そこでまず，仕事の世界に初めて参入した若年者が，どのような不満から早期離職を考えるようになるのか，どのくらいの時間をかけて現実的に仕事を認知するようになるのかを明らかにする。それから，採用した若年者を組織に定着させることに成功している企業の事例を参考に，組織構成員が自発的により高い水準の仕事に取り組もうとする態度をみせる職場の条件について考えてみたい。

(2) 若年者の職業生活意識

　一般に，高卒者と大卒者とでは，求人企業が求める潜在性が異なるので，組織のなかの位置づけも最初から違っている。そのため，形成されるキャリアもそれぞれの経路に沿った軌跡を描くが，大卒者より数年早く仕事の世界に参入する高卒者は，親から自立し自身の生活を築くというキャリア初期の発達課題を成人前に経験する。高卒者は，同じ年齢の大卒者がまだ就学しているとき，自分自身が働いて得た収入で生活するという社会化の段階へ移行

第8章　定着の条件

している。やがて大卒者も同じ段階に進むことになるが，同年齢で少し先行している高卒者と比べ，大卒者はどのような職業生活意識を持っているかみてみよう。

　職業生活に関する高卒者と大卒者の意識を比較した結果，表8-1のような有意差がみられた[1]。高卒者は，仕事そのもの，仕事の男女差，会社や仕事の拘束感について肯定しているが，家計収入や生活の主観的水準，人生満足感は大卒者のほうが高い。また，勤務する会社の評価は年功主義と考えているのは大卒者のほうで，子どもの将来の学歴形成についても高卒者より大卒者の平均値は高い。

　勤続期間が相対的にやや長く，キャリアの職業歴では先行している高卒者は，数年間の就業経験から仕事に余裕を感じているのかもしれない。しかし，組織の基幹人材としてこれから育成されていく大卒者には，未来の生活や人生への余裕が感じられる。

表8-1　高卒者と大卒者の職業生活意識の差異

	高卒者 ($n=81$)		大卒者 ($n=89$)	
	M	SD	M	SD
現在の勤め先の勤続月数	40.72	49.68	27.96	22.32*
仕事能力の発揮	2.43	1.23	2.07	1.22†
仕事が楽しい	2.80	1.03	2.47	1.12*
得意な仕事がある	2.89	.99	2.43	1.28**
会社の評価制度	1.58	1.44	1.94	1.34†
処遇の男女差	1.63	1.26	2.00	1.26†
仕事内容の男女差	1.67	1.23	2.22	1.28**
昇進・昇格の男女差	1.46	1.27	1.89	1.34*
子どもの教育への関心	2.98	1.35	3.43	.78**
子どもの大学進学	1.60	1.70	2.97	1.47***
会社や仕事の拘束感	1.90	1.28	2.45	1.07**
家計収入の主観的水準	1.96	1.12	2.31	1.22†
生活の主観的水準	2.10	1.10	2.57	1.19**
人生満足感	2.56	1.17	2.89	1.03†

†$p<.10$　*$p<.05$　**$p<.01$　***$p<.001$

1. 早期離職の要因

次に，学歴に性別を加え独立変数とし，職業生活意識を従属変数として二元配置分散分析した結果，現在の勤め先の勤続月数（高卒男性 $n=41$, $M=58.56$, $SD=62.30$, 高卒女性 $n=40$, $M=24.35$, $SD=20.10$, 大卒男性 $n=52$, $M=32.23$, $SD=24.35$, 大卒女性 $n=37$, $M=21.95$, $SD=17.72$, $F(1,166)=5.457$, $p<.05$），給料の満足感（高卒男性 $M=1.61$, $SD=1.00$, 高卒女性 $M=2.35$, $SD=1.08$, 大卒男性 $M=2.31$, $SD=1.06$, 大卒女性 $M=2.05$, $SD=.97$, $F(1,166)=9.750$, $p<.01$），仕事や会社の拘束感（高卒男性 $M=2.41$, $SD=1.30$, 高卒女性 $M=1.38$, $SD=1.03$, 大卒男性 $M=2.46$, $SD=1.08$, 大卒女性 $M=2.43$, $SD=1.07$, $F(1,166)=8.466$, $p<.01$）に有意な交互作用が示された（表8-2）。高卒女性の勤続期間は短く，転職を経験していることが推察される。それは，彼女らの仕事や会社の拘束感への肯定感が低いこととも結びつく。また，高卒男性と大卒女性は，給料の満足感が低い。

表8-2　性別と学歴の交互作用

		男性		女性		$F(df)$ 主効果		
		高卒者	大卒者	高卒者	大卒者	性別	学歴	交互作用
現在の勤め先の勤続月数								
	M	58.56	32.23	24.35	21.95	17.597***	5.869*	5.457*
	SD	62.30	24.35	20.10	17.72			
	n	41	52	40	37		(1, 166)	
給料の満足感								
	M	1.61	2.31	2.35	2.05	2.337	1.595	9.750**
	SD	1.00	1.06	1.08	.97			
	n	41	52	40	37		(1, 166)	
仕事や会社の拘束感								
	M	2.41	2.46	1.38	2.43	9.470**	10.111**	8.466**
	SD	1.30	1.08	1.03	1.07			
	n	41	52	40	37		(1, 166)	

*$p<.05$　**$p<.01$　***$p<.001$

第8章 定着の条件

　その他，休日の保障，仕事に見合った給料，育児休暇の取得希望，配偶者による育児休暇の取得希望，入社後の睡眠時間に性別の主効果，仕事内容の男女差，子どもの大学進学，得意な仕事，生活の主観的水準に学歴の主効果がそれぞれ有意だった。

　さらに，離職の考えを基準変数として，ダミー変数化した学歴と性別も含め，全ての変数を相関分析したところ，年齢，給料および評価制度の満足感，上司との関係，仕事の誇り，入社前に想像したとおりの職場，仕事が楽しい，働きやすい職場，職場ではいきいきしている，会社の評価制度，処遇の男女差，現在と将来の生活への不安，仕事や会社の拘束感と離職の考えとの相関が有意だった（表 8 - 3）。

　このうち，仕事が楽しい，働きやすい職場，将来の生活への不安は，他の変数と高い相関係数値を示したので除外し，残りを独立変数，離職の考えを従属変数として段階的重回帰分析した結果，6 つの独立変数によるモデルが得られた（表 8 - 4）。高年齢ほど離職の考えが薄れること以外に，現在の生活への不安や給料に満足していないことが離職を誘発させるようである。ま

表 8 - 3　独立変数と離職の

	1	2	3	4
1. 年齢	―			
2. 給料の満足感	.136	―		
3. 上司との良好な関係	-.064	.157*	―	
4. 仕事の誇り	.204**	.242**	.302***	―
5. 評価制度の満足感	.023	.305***	.249**	.215**
6. 入社前に想像したとおりの会社	.013	.217**	.365***	.335***
7. 職場でのいきいき感	.104	.078	.344***	.445***
8. 会社の評価制度	-.021	-.025	-.062	.109
9. 処遇の男女差	.173*	-.071	-.219**	-.031
10. 現在の生活への不安	-.080	-.047	-.233**	-.098
11. 仕事や会社の拘束感	-.051	-.135	-.175*	.082
12. 離職の考え	-.207**	-.236**	-.238**	-.179*

*p<.05　**p<.01　***p<.001

た，職場での処遇に男女差が感じられること，会社の評価が年功主義であること，職場でいきいきしていると感じられないことも離職を意識させる傾向がある。そして，離職を促すこれらの要因は，学歴や性別を問わず作用するようである。

年功主義の報酬体系下では，若年者の仕事の貢献は，未来の返報を暗黙に約束することで組織に担保されるため，現在の充足感は低下しがちである。仕事量に比べ受け取る給料の少なさを感じながら，今の頑張りはやがて報われると信じられる会社への信頼が，離職を抑制させるのではなかろうか。

キャリア発達初期にあたる20〜30歳代の職業生活は，満足できない給料で，生活に不安を覚えながら働いているのが実情なのだろう。給料の満足感が低いのは，額そのものへの不満なのか，自身の稼ぎで暮らしてみて，日常生活の家計支出の負担を実感したからなのか，いずれにしても家計費の使途についての情報を集めていないので，給料に満足していない事情の詳細は明らかではない。ただし，高卒者に比べて大卒者は，家計収入や生活の主観的水準が相対的に高いので，同じように給料に不満を感じていても，大卒者に

考えとの相関関係（$n = 170$）

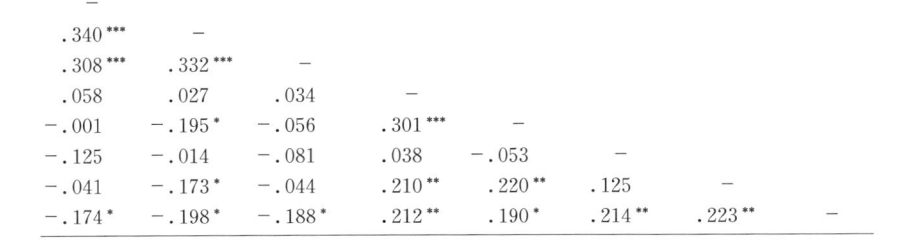

5	6	7	8	9	10	11	12
—							
.340***	—						
.308***	.332***	—					
.058	.027	.034	—				
−.001	−.195*	−.056	.301***	—			
−.125	−.014	−.081	.038	−.053	—		
−.041	−.173*	−.044	.210**	.220**	.125	—	
−.174*	−.198*	−.188*	.212**	.190*	.214**	.223**	—

第8章 定着の条件

表8-4 離職の考えを従属変数と

独立変数		β	t
段階1	給料に満足している	-.236	-3.145**
段階2	給料に満足している	-.231	-3.137**
	会社の評価制度	.206	2.800**
段階3	給料に満足している	-.222	-3.068**
	会社の評価制度	.199	2.750**
	現在の生活への不安	.196	2.706**
段階4	給料に満足している	-.209	-2.925**
	会社の評価制度	.205	2.873**
	現在の生活への不安	.183	2.550*
	職場ではいきいきしている	-.164	-2.282*
段階5	給料に満足している	-.191	-2.670**
	会社の評価制度	.202	2.861**
	現在の生活への不安	.173	2.432*
	職場ではいきいきしている	-.151	-2.111*
	年齢	-.147	-2.051*
段階6	給料に満足している	-.177	-2.490*
	会社の評価制度	.151	2.055*
	現在の生活への不安	.183	2.597*
	職場ではいきいきしている	-.136	-1.927†
	年齢	-.179	-2.477*
	処遇の男女差	.165	2.196*

†$p<.10$ *$p<.05$ **$p<.01$ ***$p<.001$

は少し余裕があるように思える。

　原調査を行った愛知県，三重県，岐阜県の東海地域は，トヨタ自動車をはじめ三菱自動車の工場などが基幹となる自動車の生産が，関連産業を形成し地域の雇用を大きく左右している。原調査は2005（平成17）年に実施したが，当時の有効求人倍率は，全国平均の0.98に対して愛知県は1.68と良好だった。その頃，東海地域では，雇用機会にあまり欠乏感を感じていなかったから，より高い給料を望む気持ちがあったのかもしれない。それでも，生活への不安から離職を考えている新卒採用者がいることは，キャリア発達初

する段階的重回帰分析（$n=170$）

R	R^2	$\varDelta R^2$	$\varDelta F$	F
.236	.056	.056	9.891 **	9.891 **
.313	.098	.042	7.839 **	9.067 ***
.369	.136	.038	7.325 **	8.715 ***
.403	.163	.026	5.208 *	8.004 ***
.428	.183	.021	4.207 *	7.369 ***
.455	.207	.023	4.821 *	7.087 ***

期の生活基盤を固める難しさが推察される。

　また，男女間の差異も表れている。男性に比べ女性の勤続期間は短く，特に，高卒女性について顕著である。女性の場合，結婚と就業継続との両立がキャリア発達の課題になることが想像される。大卒女性も大卒男性より勤続期間は短いが，高卒者ほど大きな差ではない。高卒者より遅れて就業する大卒者の場合，勤続期間の男女差も少し遅れて表れるだろう。

　さらに，大卒女性のなかには，高学歴を生かして長く働き続けることを希望する人が少なくないだろう。大卒女性が望む仕事と家庭との両立の在り方

第8章 定着の条件

は,高卒女性の希望とは違うかもしれない。

このように,学歴や性別のような基本属性の違いによって,新卒採用後のキャリア発達の起点や方向は緩やかに規定されている。学歴や性別による差異を仮定して,次に,入社前に想像し期待していた仕事の心象が,入社後に働いた実体験から,現実的な働く自己像や仕事への期待感に修正する間に,大卒者が職業生活をどのように認知しているかについて検討してみよう[2]。

まず,入社前の会社イメージが,実際に思ったとおりだったかについて,入社前後で対応する15項目の各平均値の差を検定した結果,「実力に応じて公正に評価される」(入社前 $M=2.43$, $SD=1.26$,入社後 $M=2.18$, $SD=1.22$, $df=174$, $p<.05$),「会社の経営方針に将来性が見込める」(入社前

表8-5 仕事と会社に関する

	勤続年数						
	~1年($n=36$)		1~2年($n=27$)		2~3年($n=29$)		3~4年
	M	SD	M	SD	M	SD	M
「求められる人材像」の入社前の理解	2.86	.93	2.30	1.24	2.31	1.31	2.59
「配属予定の職種」の入社前の理解	3.61	.77	3.00	1.18	2.90	1.40	3.00
「実際の残業時間」の入社前の理解	1.86	1.20	2.33	1.33	2.10	1.15	1.94
「実力に応じて公正に評価される」の入社前イメージ	2.86	1.31	2.56	1.34	2.21	1.21	2.71
「希望する勤務地で働ける」の入社後の現実	3.47	.85	2.41	1.31	2.79	1.40	3.12
「仕事内容」の満足感	3.14	.80	2.59	1.01	2.55	1.12	2.94
「配属先」の満足感	3.42	1.08	2.89	1.34	3.10	.82	3.12
「勤務地」の満足感	3.64	.59	3.07	1.17	3.17	.81	3.29
仕事への学習意欲	3.81	.40	3.11	.89	3.31	.85	3.47
仕事の目標設定	3.25	.91	2.56	1.22	2.55	1.06	3.12
仕事内容の男女差	2.22	1.33	2.74	1.02	2.14	1.16	2.18
会社の評価制度	1.28	1.09	2.00	1.27	2.34	1.32	2.12

*$p<.05$ **$p<.01$ ***$p<.001$

$M=2.25$, $SD=1.32$, 入社後 $M=1.97$, $SD=1.22$, $df=174$, $p<.01$) に有意差がみられた。評価の公正性と経営方針の将来性の実際は、入社前のイメージと違ったようである。

次に、勤続年数によって違いがみられるかを明らかにするため、一元配置分散分析した。

表8-5は有意差が表れた変数であるが、これらを多重比較した結果、勤続年数が1年以下の人と、2～3年以下および5年以上の人との間に、いくつかの有意な差異がみられた。全般に、入社1年目の人は、思ったような仕事や会社だったと肯定視しているが、2～3年目の人の値は大きく低下し、勤続年数が5年以上の人になると、入社直後とは異なる認知が安定するよう

認知の勤続年数による差異

	($n=17$)	4～5年($n=24$)		5年～($n=42$)		勤続年数間の有意差
	SD	M	SD	M	SD	
	.94	2.25	1.15	1.95	1.15*	1年以下と4～5年*，1年以下と5年以上**
	1.28	3.13	.95	2.29	1.26***	1年以下と5年以上***，4～5年と5年以上*
	.97	1.50	.98	1.45	.77*	1～2年と5年以上*
	.77	2.50	1.06	2.00	1.34*	1年以下と2～3年*，1年以下と5年以上**，3～4年と5年以上*
	.99	3.08	1.14	2.60	1.23**	1年以下と1～2年**，1年以下と5年以上**
	.83	2.83	.76	2.52	1.04*	
	.70	2.79	.88	2.60	1.15*	1年以下と1～2年*，1年以下と4～5年*，1年以下と5年以上**，2～3年と5年以上*
	.77	2.96	1.04	2.74	1.33**	1年以下と5年以上**
	.51	3.54	.88	3.48	.63**	1年以下と1～2年**
	.49	2.96	1.00	2.90	.85*	
	.95	2.42	1.25	2.88	1.06*	
	1.17	2.21	1.32	2.31	1.24**	1年以下と1～2年*，2～3年**，3～4年*，4～5年**，5年以上***

第8章 定着の条件

である。

最後に,離職の考えの規定因について検討した。全ての変数を相関分析(表8-6)し,離職の考えと有意な相関性を示した年齢,「労働時間への配慮がある」の入社前イメージ,仕事内容の満足感,仕事のやり方・進め方の満足感,職場の人間関係の満足感,仕事への学習意欲,上司への尊敬,上司の支援,処遇の男女差,昇進・昇格の男女差,上司の女性評価を独立変数,離職の考えを従属変数として段階的重回帰分析をした。

その結果,5つの独立変数によるモデルが得られた(表8-7)。初期キャリアの離職と関係する要因は,処遇の男女差,「労働時間への配慮」の入社前イメージ,上司への認知,年齢である。

職場での処遇が男女で違うと感じて,離職を考える人は女性が多いと思われる。上司は,「女性は仕事ができない」とみなしていると感じる人や,上司を尊敬できない人も離職を考えている。離職を考えさせる1つの要因は,上司であろう。

また,別の主要因は労働時間である。入社前に想像していたより長く働か

表8-6 独立変数と離職の

	1	2	3	4
1. 年齢	—			
2.「労働時間への配慮がある」の入社前イメージ	−.092	—		
3.「仕事内容」の満足感	−.046	.140	—	
4.「仕事のやり方・進め方」の満足感	−.023	.180*	.686***	—
5.「職場の人間関係」の満足感	−.073	.011	.420***	.409***
6. 仕事への学習意欲	.019	.058	.207**	.125
7. 上司への尊敬	−.247**	−.098	.238**	.334***
8. 上司の支援	−.113	−.107	.083	.209**
9. 処遇の男女差	−.034	−.109	−.252**	−.332***
10. 昇進・昇格の男女差	.066	.177*	−.167*	−.216**
11. 上司の女性評価	−.018	−.096	−.089	−.149
12. 離職の考え	−.170*	.214**	−.192*	−.174*

*$p<.05$ **$p<.01$ ***$p<.001$

1. 早期離職の要因

なければならない現実が，離職を促すようである。常態化した長時間勤務の疲労から，生活を見直し再構築するため，ふるさとへUターンする人もいる（武田，2008）。そのような選択は，加齢に伴い難しくなるので，年齢は，離職と負の相関性を示すと考えられる。

若年者に離職を想起させる要因として特定された処遇の不平等，労働時間，上司は，いずれも組織の人間行動を考える際の基本変数ばかりである。これらの離職を誘発すると思われる要因が，依然として影響している旧態の現状をどのように理解したらいいのだろうか。

また，一方で，就職活動の不確実な状況をとおして，働くことへの期待を込めて選んだ仕事や勤務先を早々と辞めてしまう人がいて，他方で，離職はしないが，実際の職場のなかで，働くことへの現実的な夢を描き直すために模索する人がいる。仕事の世界に入る際のあいまいな諸条件に関する情報を，個人的に処理して描いた働く自己像は，仕事の世界に入った後も，想像と現実との落差を解消するために再形成しなければならない。

このような実情への対処は，新規学卒者の課題であると同時に，人材育成

考えとの相関関係（$n = 175$）

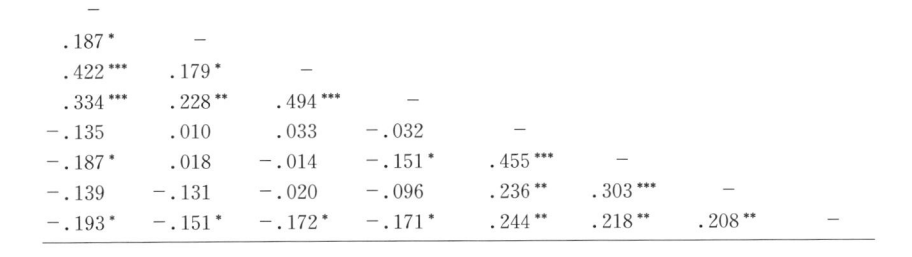

5	6	7	8	9	10	11	12
—							
.187*	—						
.422***	.179*	—					
.334***	.228**	.494***	—				
−.135	.010	.033	−.032	—			
−.187*	.018	−.014	−.151*	.455***	—		
−.139	−.131	−.020	−.096	.236**	.303***	—	
−.193*	−.151*	−.172*	−.171*	.244**	.218**	.208**	—

第8章　定着の条件

表8-7　離職の考えを従属変数

	独立変数	β
段階1	処遇の男女差	.246
段階2	処遇の男女差	.272
	「労働時間への配慮がある」の入社前イメージ	.237
段階3	処遇の男女差	.274
	「労働時間への配慮がある」の入社前イメージ	.218
	上司への尊敬	-.183
段階4	処遇の男女差	.262
	「労働時間への配慮がある」の入社前イメージ	.193
	上司への尊敬	-.239
	年齢	-.203
段階5	処遇の男女差	.228
	「労働時間への配慮がある」の入社前イメージ	.206
	上司への尊敬	-.229
	年齢	-.197
	上司の女性評価	.156

$^*p<.05$　$^{**}p<.01$　$^{***}p<.001$

という面で，組織，とりわけ管理職者の手腕によるところが大きい。人的資源の管理をめぐる1つの課題として，採用にあたって，潜在能力の高さを見極め獲得した人を，その潜在能力を最大限に引き出し，人的資源として組織内に保有することは，管理職者の人を育てる力の一部といえよう。そこで次に，新たに採用した若年者を職場に定着させ，潜在能力を開発し収益を高めることに成功している日本企業の取り組みを紹介する。

2．定着への取り組み

(1) 樹研工業の事例

　今日，組織構成員の多様な個性を生かすことを経営の理念に掲げている日本企業は少なくない。例えば，「個の尊重（人間性尊重・個性の重視）」「組織のなかで活きる個人の尊重」「自律型の人材育成」「個性を尊重し，活力あ

とする段階的重回帰分析（$n=175$）

t	R	R^2	$\triangle R^2$	$\triangle F$	F
3.315**	.246	.061	.061	10.988**	10.988**
3.734*** 3.252**	.341	.116	.055	10.578**	11.092***
3.823*** 3.036** −2.554*	.386	.149	.033	6.524*	9.811***
3.734*** 2.720** −3.273** −2.786**	.432	.187	.038	7.760**	9.594***
3.202** 2.917** −3.170** −2.722** 2.191*	.458	.210	.023	4.799*	8.810***

る企業をつくる経営方針」など，組織構成員一人ひとりの個性への期待を表明した経営理念は枚挙に遑がない。規模の大小にかかわらず経営活動が国際展開するなかで，企業の社会的責任（corporate social responsibility：CSR）は，法令順守（compliance）や環境保全ばかりでなく，職場内の安全衛生や人権尊重への取り組みについても問われるようになってきた。企業は，基本的な就業条件の整備に加えて，やがては人的資源の調達に関する説明についても社会的責任を負うようになるかもしれない。

　企業の社会的責任の観点から，経営活動に関して，個を尊重する理念に則した人の管理統制を目指すようになると，人的資源の調達，つまり，新しい構成員の選抜・採用にかかわる基準や方法の説明責任も問題になるだろう。個を尊重した募集・選抜・採用は，どのように具体化され実施されるのだろうか。採用定員枠を超えて応募者が集まった場合，どのような方法や基準を設けて個を尊重した不採用を実現するのか。応募者の個性や人間性を尊重し

第8章 定着の条件

ながら一部の応募者を採用しないという決定は，応募者のキャリアにどのような意味を付与するのか。実際は，採用定員枠を超えて人的資源を調達できないから，応募者は選抜される人と選抜されない人とに二分される。しかし，専ら面接試験によって選抜され採用された人の個性や人間性が，選抜されなかった人の個性や人間性に比べて優れているという評価は，どのような意味で妥当なのか。

　本来，個を尊重する理念は，個性や人間性に関する優劣の評価への否定が本質ではなかろうか。したがって，組織が個を尊重する理念を掲げながら，採用定員枠を設けて，その設定数を超えた応募者の一部を何らかの選抜基準で排除して人的資源を調達するなら，選抜・採用試験を実施すること自体が経営理念と矛盾しているように思われる。そこで，個を尊重して，採用・選抜のための試験を行わず人的資源を調達している興味深い成功事例として，樹研工業[3]を紹介しよう。

　樹研工業の松浦元男代表取締役社長によると，採用については，欠員が生じたら不定期に補充するが，その際，応募者への面接試験はしないし，履歴書も不要で，先着順に採用しているという[4]。先着順採用は，「募集しても応募者があまり集まらなかった頃に，（応募者を）捕まえたら放さないようにしていた名残」で，そうして採用された人たちは，「高卒者や留学生の帰国者など，必ずしも一流の学歴ではない」が，その後は，精密加工学会での発表が注目されるような優秀な人材に育っている。

　人材の多様性を実現するには，採用選考の在り方が問題となる。多様な人材を得るためには，あえて選抜をしないという方法も考えられるだろう。その場合，採用後の能力開発および育成を充実させる必要がある。

　採用についての松浦社長の考えは，「60～70歳の社長の採用面接は，社長自身の基準で採用しようとするから間違いである。（若い応募者は）コミュニケーション能力が欠如しているというが，きっかけを与えると，世界的な技術者に育つ。学歴があると失敗を恐れるので（人材として）育たない。採用側は，優秀な社員である保証が欲しいから学卒資格を求めるが，大学での

勉強は金儲けにつながらないと（採用側は）認識して，（募集・選抜・採用時に）学歴を問わず同じスタート・ラインに立たせてやるとふっきれる」。

こうした採用についての松浦社長の意見は，「誰にも能力はあるのに，それを育てる方法を知らない人が多い」という多くの企業が行っている人材の育成への根本的な疑問に繋がる。組織構成員一人ひとりの潜在能力を開発するため，「自社（樹研工業）内では競争させない。定年制もない。そして，最先端で最高級の機械を与えてやる。そうすると，入社直後は指示どおりにしていた新人が，やがて脱皮する瞬間がくる」。つまり，新人が新しい価値を創造する実力をやがて発揮し始めるようになるという。技術者が思う存分に試行錯誤するように，松浦社長は，できるだけ良好な働く環境条件を整備して，本人が自身の能力を自己開発するように側面から支援している。

最先端で最高級の機械を常に与えて，新技術の開発に取り組ませているのは，中小企業が生き残っていくには夢のある開発が必要だという松浦社長の考えからである。しかし，それは健全な財務内容を維持しなければ実践できない。「社長がゴルフ会員権を買って，高いゴルフ道具を社長室に置いたりするのではなく，社長自らが節制して貯めたお金で，他社が持っていない高級な機械を買い与えると，（従業員の）士気もあがる」。

職場の余裕やゆとりは，財務基盤が充実していることが基本と考える松浦社長は，経営の方針として，自己資本比率を高めることに努めてきたという。「1973（昭和48）年に自己資本比率は8％だったので，手形を切ったこともあった。その後，自己資本比率は，1980（昭和55）年に30％になり，40％に達した時点で資金繰りの必要がなくなり，50％になると設備投資が可能になった。現在，65％を目指しているが，65％を超えたら後継者の問題はなくなると思う」。

樹研工業では，経営活動による利益を内部留保し，人材に投資することで新しい技術，つまり，新しい価値を開発し，それによってさらに利益を得るという循環が作動しているようである。そして，その基盤は，人的資源の個性や多様性を信頼し，応募者を選抜しないで先着順に採用する調達法によっ

て形成されている。「この会社に来たいという気持ちだけで，（採用については）充分だと思う。自分の会社を選んでくれたことに感謝し，意気投合して大事にすればみんな伸びていく。それだけに社員教育は徹底してやっている」。

先着順採用は，個を尊重して人的資源を調達する究極の方法として，他の多くの日本企業が行っている募集・選抜・採用活動の実質的機能を考えるうえで参考になる成功事例と思われる。先着順採用者を，有能な人材に育成できるだけの能力開発の環境条件が組織内に整備され，たしかに機能しているなら，応募者の多様な個性や人間性を生かして経営活動の成果を高めることができるだろう。

先着順採用で経営全体に何ら支障がないとすると，日本企業が実施している現行の募集・選抜・採用活動の妥当性や信頼性，有効性だけでなく，さまざまな能力・適性検査や模擬演習，集団作業，そして面接などを組み合わせた長期間の選抜・採用試験への多大な投資の必要性すら疑問に思えてくる。選抜・採用の手段や方法より，組織構成員の希少な個性や人間性が生きるような能力開発・人材育成をより充実させ実践するほうが，人的資源の調達が難しくなってきた今日の課題ではなかろうか。多くの日本企業が，志望学生に対して，入社後に従事する仕事の内容を具体的に説明しないで選抜・採用し，最初の配属先の偶然に規定された職場内訓練によって，個別的な仕事の技能を熟練させる能力開発・人材育成を含む採用管理は，採用試験を行って特定の人的資源を選抜し調達することを廃止したほうが，むしろ人材の多様性を確保できて，より大きな成果が達成できるかもしれない。

(2) 貢献と報酬との公正な均衡

最近，大学では，3年生の初夏の頃から就職活動が始まり，採用予定人数の枠を充たした求人企業は開いていた入口を閉じてしまう。企業の採用活動は経済情勢に左右され，人の調達は売り手市場だったり買い手市場だったりと，そのときどきの運に翻弄されることは否定できない。それでも，日本企

業は，在学中の学生を卒業前に採用内定するという人の調達活動を，今も変わりなく継続している。

採用の期間が限られているため，人も組織も少しでも良い結果を求めてしのぎを削る競争状態になる。採用予定人数の充足は人的資源の量の調整であるが，入社3年以内の早期離職が恒常的に一定の割合を示していることから，新規学卒者一括採用については，求人求職双方にとって根本的な問題がありそうである。それは，キャリア発達の場となる人間組織が，新しい構成員の候補者の採否について，何を評価しているのかという問題とも関連すると思われる。入社後の活躍と成長を期待できるだけの適性を認め採用した新人が，なぜ，組織に定着しないのかという問題は，有能な人材の確保が難しくなってきた現状をふまえると軽視できないだろう。

人が人を評価する難しさや，上司との良い相性の組み合わせの運など，主観や偶然に影響されるキャリア発達初期の不安定な立ち上がりを上手く制御して，人も組織も快適に働けるような仕事の世界への移行は，組織の効率や生産性を高めることになるだろう。採用後の能力開発を前提にした日本企業の採用活動には，仕事内容や職場など，働くことの具体的な条件を採用選考中に明示できないあいまいさが付きまとう。

しかし，このようなあいまいさを積極的に生かして自己を成長させていく前向きの態度が，新人には必要である。日本企業で働くには，上司の指示や仕事の割り当てに，「とりあえずやってみる」「ひとまず乗ってみる」というような構えで仕事に取り組むような心身の柔らかさが求められるように思える。新人にとって心身の柔らかさとは，予め想定していた仕事や職場の心象を，実体験に合わせて再形成し，細部を的確に造形できる理解力といえよう。

しかし，実際に職場で働いてみて，さまざまな現実に遭遇し，気落ちしたり落胆したり失望する新人は少なくない。シャイン（Schein, 1978）は，キャリア発達初期の課題として，会社は，不条理性や非合理性を含む人間の組織であることを知り，そうした現実をまず受け容れるように示唆している。そ

第8章　定着の条件

して，新人が仕事や職場の現実を受容できるように支援する役割は，最初の配属先の直属上司に負うところが大きい。初めての上司に恵まれる新人は幸運であるが，これを運や偶然ではなく整った働く場を事前に設定できるように対応しなければならない。上司に対して，管理職研修のなかで新人への働きかけとして教育するだけでなく，在学中のキャリア教育の主題としてこの問題を取り上げ，日本企業の仕事や職場の実情を正しく説明することで，学生の働く自己像は現実的な心象にかなり近づくと思われる。

　入社後の現実ショックに加えて，会社の将来性を不安に思っている新入社員も少なくない。近年，成果主義の考え方にもとづいて，短期間で目に見える仕事の成果を上げるように目標を設定し管理する企業が増えている。しかし，入社と退社とが定期に実施されているかぎり，長期間の雇用を前提に人を雇用する日本企業の考え方は，基本的に変わらないと思う（武田，2009）。ただし，定年退職するまで安定した雇用が保障される人は，以前に比べて減っていくかもしれない。

　経営組織の目標は利益の追求であるが，日本人は，働くことの報酬として仕事のやりがいや生きがいなど，内的報酬を求める傾向がある。営利追求の経営組織で働く人が，給料と同じかそれ以上に，仕事のやりがい，生きがいを求めるというのは，考えてみると興味深い。ところが，前述したように，入社してまだ数年しか経っていない新人のなかには，将来への漠然とした不安を感じて，給料への不満から離職を考えている人がいる。彼らは，低い給料に不満を覚えながらも，仕事にはやりがいや生きがいを求めているのか。給料が低いので，せめて仕事にはやりがいや生きがいを感じていたいのか。それとも，給料は低いし，仕事にやりがいも生きがいも感じられないが，他に仕事のあてもないので仕方なく働いているのか。いずれにしても，そこには，組織の構成員が働いて得た組織全体の利益の分配に関する価値観を共有する社会的認知の仕組みがあるように思われる。つまり，給料とは別に，仕事のやりがいや生きがいを尊重する意識の共有である。このようなやりがいや生きがいを強調する組織文化や経営風土では，組織の構成員はあからさま

に昇給を訴えにくいので，報酬を給料以外の心理的・精神的かたちで分配するというあいまいな利得感覚の共有状態を管理統制しやすいだろう。

働くことの価値観や目的，意味合いが多様化している場合，構成員に対して組織の利益をどのように分配するかについて，組織の公正な措置が定着状況に関係しているように思われる。勤労観ばかりでなく生活観の世代差が，報酬の分配にかかわる考え方の違いとなって，若年就業者の不安感や不信感を招いているのかもしれない。

組織の企業活動を続けるために利益を会社に蓄積する仕組みが，若年者にどのくらい理解されているかを見直してみることも必要なのではなかろうか。自分自身の仕事の貢献に見合うような報酬がどのような考え方で提供されているかについて，納得のいく説明をする態度の経営者は，従業員を安心して働く気持ちにさせるので，仕事への集中や熱意などを喚起させ，延いては集団・組織の生産性を高めることにも繋がると思われる。管理職者が，仕事の貢献と報酬との均衡に関して公正な態度を示すことで，組織構成員は管理職者を信頼して，組織に定着する気持ちになるだろう。

注
1）原調査は，東海地域の高等学校を卒業し，就職や進学などの進路選択を経て，現在就業している18～39歳の男女285人に対し構造化された質問紙法で行った。

調査票は，愛知県内の私立大学の学生を介して，彼らの出身高等学校の卒業生に郵送し，記入後に返送してもらった。配布した285票のうち246票を回収したが，無記入や誤記入など，回答が不備だった22票を除いて，224票が有効だった（配布票に対する有効回収率78.60％）。

原調査は，2005（平成17）年6～7月に実施した。

分析する主な変数は，①現在の勤め先での仕事に関する20項目の意見，②会社の評価制度，③処遇の男女差，④仕事内容の男女差，⑤昇進・昇格の男女差，⑥上司の女性評価，⑦育児休暇の取得希望，⑧配偶者による育児休暇取得の希望，⑨子どもの教育への関心，⑩子どもの大学進学，⑪現在の生活への不安，⑫将来の生活への不安，⑬入社後の睡眠時間，⑭睡眠時間の満足感，⑮仕事や会社の拘束感，⑯家計収入の主観的水準，⑰生活の主観的水準，⑱現在の生活の満足感，⑲人生の満足感，⑳離職の考えである。

現在の勤め先での仕事に関する意見は，仕事内容／給料／労働時間数／評価制度／

第 8 章　定着の条件

　昇進・昇格制度に満足している，上司／同僚との関係はうまくいっている，仕事に誇りを持っている，仕事に将来性が見込める，仕事は休日が保障される，自分自身の能力を仕事に発揮している，仕事をとおして成長できる，入社前に想像したとおりの／働きやすい職場である，仕事が楽しい，得意な仕事がある，仕事が好きである，職場ではいきいきしている，仕事のやりがいがあるの20項目について，「あなたは，今の勤め先での仕事についてどのように思っていますか。次のそれぞれについて，あてはまる番号に<u>1つ</u>○をつけてください」に対し，個別に「1＝あてはまる／2＝どちらかといえばあてはまる／3＝どちらかといえばあてはまらない／4＝あてはまらない／5＝よくわからない」から選んでもらい，「4＝あてはまる／3＝どちらかといえばあてはまる／…／1＝あてはまらない／0＝よくわからない」と逆転して分析した。なお，他の変数も同様に操作した。

　会社の評価制度は，「あなたの会社の評価についての考え方は，年功主義と成果主義のどちらですか」に対し，「1＝年功主義である／2＝どちらかといえば年功主義である／…／4＝成果主義である／5＝よくわからない」とした。処遇の男女差は，「あなたは，職場での処遇に男女差を感じますか」，仕事内容の男女差は，「あなたは，仕事内容の男女差を感じますか」，昇進・昇格の男女差は，「あなたは，昇進・昇格の男女差を感じますか」に対し，個別に「1＝感じる／2＝どちらかといえば感じる／…／4＝感じない／5＝よくわからない」とした。上司の女性評価は，「あなたは，女性は仕事ができないとあなたの上司は思っていると感じますか」に対し，「1＝そう感じる／2＝どちらかといえばそう感じる／…／4＝そう感じない／5＝よくわからない」とした。

　育児休暇の取得希望は，「あなたは，育児休暇を取りたいですか」に対し，「1＝育児休暇を取りたい／2＝どちらかといえば育児休暇を取りたい／…／4＝育児休暇を取りたくない／5＝よくわからない」から，また，配偶者による育児休暇取得の希望は，「あなたは，育児休暇を取ることを配偶者に望みますか」に対し，「1＝望む／2＝どちらかといえば望む／…／4＝望まない／5＝よくわからない」とした。子どもの教育への関心は，「あなたは，子どもの教育に関心がありますか」に対し，「1＝関心がある／2＝どちらかといえば関心がある／…／4＝関心がない／5＝よくわからない」から，子どもの大学進学は，「あなたは，将来，子どもを大学に進学させたいですか」に対し，「1＝大学に進学させたい／2＝どちらかといえば大学に進学させたい／…／4＝大学に進学させたくない／5＝よくわからない」とした。

　現在の生活への不安は，「あなたは，今の生活に不安がありますか」，将来の生活への不安は，「あなたは，将来の生活に不安がありますか」に対し，それぞれ「1＝不安がある／2＝どちらかといえば不安がある／…／4＝不安がない／5＝よくわからない」とした。

　入社後の睡眠時間は，およその睡眠時間を時間および分単位で記入してもらい分に換算した。睡眠時間の満足感は，「あなたは，毎日の睡眠時間を満足にとれていますか」に対し，「1＝満足にとれている／2＝どちらかといえば満足にとれている／…／4＝満足にとれていない／5＝よくわからない」とした。仕事や会社の拘束感は，

「あなたは，仕事や会社に拘束されているように感じますか」に対し，「1＝拘束されているように感じる／2＝どちらかといえば拘束されているように感じる／…／4＝拘束されているように感じない／5＝よくわからない」とした。

家計収入の主観的水準は，「家計収入は，どのくらいの水準だと思いますか」，生活の主観的水準は，「今の生活は，どのくらいの水準だと思いますか」に対し，それぞれ「1＝上位の水準／2＝どちらかといえば上位の水準／3＝中位の水準／4＝どちらかといえば下位の水準／5＝下位の水準／6＝よくわからない」とした。

現在の生活の満足感は，「あなたは，今の生活に満足していますか」，人生の満足感は，「あなたは，これまでの人生に満足していますか」に対し，それぞれ「1＝満足している／2＝どちらかといえば満足している／…／4＝満足していない／5＝よくわからない」とした。

離職の考えは，「あなたは，今，離職することを考えていますか」に対し，「1＝離職を考えている／2＝どちらかといえば離職を考えている／…／4＝離職を考えていない／5＝よくわからない」とした。

分析対象の主な属性として，性別は男性114人（50.9％），女性110人（49.1％），年齢は18～39歳，平均年齢25.33歳（$SD=4.32$），出生順位は第一子133人（59.4％），非第一子91人（40.6％），婚姻状態は既婚者52人（23.2％），未婚者172人（76.8％），最終学歴は高校中退7人（3.1％），高校卒81人（36.2％），大学中退5人（3.1％），短大卒14人（6.3％），大学卒89人（39.7％），大学院修了4人（1.8％），専門学校・専修学校などその他24人（10.7％），就業状態は常用雇用者129人（57.6％），臨時雇用者・パート31人（13.8％），アルバイト・フリーター55人（24.6％），自営業・家族従業者（農林漁業を含む）6人（2.7％），その他3人（1.3％）である。

また，勤め先の主な業種はサービス業121人（54.0％），従業員数は10～100人未満86人（38.4％），平均勤続月数は33.01ヵ月（$SD=36.59$），所属部門は営業・販売92人（41.1％），職位は一般職191人（85.3％）である。

2）原調査は，愛知県内の大学を卒業し，民間企業に勤務する22～38歳の男女204人に対し構造化された質問紙法で行った。

大学のクラブやサークルの卒業生に調査票を郵送し，記入後に返送してもらった。回収した182票のうち，無記入や誤記入など，不備な回答の7票を除いて，175票が有効だった（配布票に対する有効回収率85.78％）。

原調査は，2004（平成16）年6～7月に実施した。

分析する主な変数は，①入社前の仕事の理解についての10項目，②入社前の会社イメージについての15項目，③入社前の会社イメージの現実についての15項目，④現職の満足感についての10項目，⑤仕事への学習意欲，⑥仕事の目標設定，⑦上司への尊敬，⑧上司の支援，⑨処遇の男女差，⑩仕事内容の男女差，⑪昇進・昇格の男女差，⑫上司の女性評価，⑬会社の評価制度，⑭離職の考えである。

入社前の仕事の理解は，具体的な仕事内容，採用選考基準，求められる人材像，配属予定の職種，配属予定の勤務地，仕事のやり方・進め方，実際の残業時間，実際の休日出勤状況，有給休暇の取得状況，実際の昇進・昇格状況の各10項目について，

第8章 定着の条件

「あなたは，**入社前に**，今の勤め先での仕事について十分に理解していましたか。次のそれぞれについて，あてはまる番号に**1つ**〇をつけてください」に対し，「1＝理解していた／2＝どちらかといえば理解していた／3＝どちらかといえば理解していなかった／4＝理解していなかった／5＝よくわからない」から選んでもらい，「4＝理解していた／3＝どちらかといえば理解していた／2＝どちらかといえば理解していなかった／1＝理解していなかった／0＝よくわからない」と逆転して分析した。他の変数も同様に操作した。

入社前の会社イメージは，仕事のやりがいがある，仕事が楽しい，希望する仕事ができる，仕事をとおして成長できる，仕事に関する意見を聞き入れてくれる，希望する勤務地で働ける，休日の取得への配慮がある，労働時間への配慮がある，魅力のある上司に恵まれる，実力に応じて公正に評価される，同僚と親しくなれる，職場の風通しがよい，職場に活気がある，会社の経営方針に将来性が見込める，定年退職まで働けるの各15項目について，「あなたは，**入社前に**，会社に対してどのようなイメージを持っていましたか。次のそれぞれについて，あてはまる番号に**1つ**〇をつけてください」に対し，「1＝そう思っていた／2＝どちらかといえばそう思っていた／…／4＝そう思っていなかった／5＝よくわからない」から選んでもらった。一方，入社後時点での，入社前の会社イメージの現実は，入社前の会社イメージの15項目について，「あなたが入社前に持っていた会社に対するイメージは，**実際には**どうでしたか。次のそれぞれについて，あてはまる番号に**1つ**〇をつけてください」に対し，「1＝思ったとおりだった／2＝どちらかといえば思ったとおりだった／…／4＝思ったとおりでなかった／5＝よくわからない」から選んでもらった。

現職の満足感は，仕事内容，仕事のやり方・進め方，配属先，勤務地，昇進・昇格の可能性，基本給，残業・深夜手当などの特別手当，賞与（ボーナス），職場の人間関係，評価制度の各10項目について，「あなたは，今の仕事に満足していますか。次のそれぞれについて，あてはまる番号に**1つ**〇をつけてください」に対し，「1＝満足している／2＝どちらかといえば満足している／…／4＝満足していない／5＝よくわからない」から選んでもらった。仕事への学習意欲は，「あなたは，仕事に役立つことは何でも吸収したいと思いますか」に対し，「1＝吸収したいと思う／2＝どちらかといえば吸収したいと思う／…／4＝吸収したいと思わない／5＝よくわからない」から選んでもらった。仕事の目標設定は，「あなたは，常に目標を持って仕事をしていますか」に対し，「1＝目標を持って仕事をしている／2＝どちらかといえば目標を持って仕事をしている／…／4＝目標を持って仕事をしていない／5＝よくわからない」から選んでもらった。

上司への尊敬は，「あなたの上司は，尊敬できる人ですか」に対し，「1＝尊敬できる／2＝どちらかといえば尊敬できる／…／4＝尊敬できない／5＝よくわからない」から選んでもらった。上司の支援は，「あなたの上司は，あなたが困ったときに助けてくれる人ですか」に対し，「1＝助けてくれる／2＝どちらかといえば助けてくれる／…／4＝助けてくれない／5＝よくわからない」から選んでもらった。

処遇の男女差は，「あなたは，職場での処遇に男女差を感じますか」，仕事内容の男

女差は,「あなたは,仕事内容の男女差を感じますか」,昇進・昇格の男女差は,「あなたは,昇進・昇格の男女差を感じますか」に対し,「1＝感じる／2＝どちらかといえば感じる／…／4＝感じない／5＝よくわからない」から選んでもらった。上司の女性評価は,「あなたは,女性は仕事ができないとあなたの上司は思っていると感じますか」に対し,「1＝そう感じる／2＝どちらかといえばそう感じる／…／4＝そう感じない／5＝よくわからない」から選んでもらった。

　会社の評価制度は,「あなたの会社の評価についての考え方は,年功主義と成果主義のどちらですか」に対し,「1＝年功主義である／2＝どちらかといえば年功主義である／…／4＝成果主義である／5＝よくわからない」から選んでもらった。離職の考えは,「あなたは,今,離職することを考えていますか」に対し,「1＝離職を考えている／2＝どちらかといえば離職を考えている／…／4＝離職を考えていない／5＝よくわからない」から選んでもらった。

　この他,性別,年齢,婚姻状態,大学卒業年,出身大学の設置者,出身学部,勤め先の業種・従業員数・勤続年数・所属部門・職位の回答を得た。分析対象の性別は男性109人（62.3％）,女性66人（37.7％）,年齢は22～38歳,平均年齢27.65歳（$SD=3.28$）,婚姻状態は既婚者37人（21.1％）,未婚者138人（78.9％）,大学卒業年は1989～2004（平成元～16）年,出身学部は文科系136人（77.7％）,理科系39人（22.3％）である。また,勤め先の主な業種はサービス業85人（48.6％）,従業員数は10～100人未満64人（36.6％）,平均勤続年数は3.52年（$SD=3.06$）,所属部門は営業・販売67人（38.3％）,職位は一般職148人（84.6％）である。

3）1965（昭和40）年に愛知県豊橋市に設立された樹研工業は,電子部品,コンピュータ関連,腕時計,自動車部品などで使用される極小精密部品を製造して世界各地へ供給している。2002（平成14）年に世界最小の100万分の1ｇの超小型歯車を開発して,微細加工の分野でその技術開発力が注目された（松浦,2003）。

4）2005（平成17）年1月に,松浦元男樹研工業代表取締役社長から,採用に関する考え方や人材育成,企業経営のあり方などについて約1時間30分うかがった。原調査は,回答者が自身の意見の内容とそれを表明する時間の長さに関して,完全に自分自身で統制できる構造化されていない面接法を用いた。

むすびに

　日本では，一般に，学校を卒業するときが就職するときである。卒業するとき仕事の機会を逃してしまうと就職することは難しくなる。卒業するときの経済情勢によって，新規学卒者への求人状況は，たまたま売り手市場だったり買い手市場だったりと，青年が学校から仕事の世界に入る際の門出は，運に翻弄される。

　新卒採用者数の年度差は，新卒者一人ひとりには運の良し悪しと思えるかもしれないが，日本企業による新規学卒者一括採用は，経済情勢とは無関係に，毎年，ほぼ同じような採用選考を繰り返しているように思われる。たしかに採用者数は変動するが，面接を重視した採用試験の本質はあまり変わっていないようである。

　面接の本質は，面接者が組織に固有な常識を共有できそうな人を見つけ出して，新しい仲間に加えることだといえよう。面接者は，所属する組織の常識を受け容れ，その常識にもとづいて感じたり考えたり行動したりできる人である。面接者は，組織の常識から診断して採用候補者が常識的な人であることの確信を得ようと，あの手この手で採用候補者の素顔や真意を知ろうとする。

　面接者は，採用候補者の全人格に関して採否を決める公式の権限を，面接者自身の個人的な仕事経験の蓄積を拠り所とする主観性に対して与えられている。このような性格の公式の権限が行使される面接の場では，採用候補者は面接者の権限に同意し従うしかない。採用候補者の全人格を評定する面接者は，採用候補者のある特性についてははっきりと意識して，しかし，別の特性については，面接者自身も気づかず無意識に評定することもあるだろう。面接者の記憶の貯蔵庫に保存されている個人的な仕事経験の膨大な情報が，言語化されず情動の信号として，面接者に曰く言い難い知覚を経験させるかもしれない。つまり，面接による採用決定は，面接者にも説明がつかない奇跡的な偶然の成果と思われる。

こうした採用方法は，協働する新しい構成員の多様性を自然な集め方で確保できるので，組織にとって有効である。しかし，採用される個人はどうだろう。「とりあえず採用されたから，どんな仕事でも頑張ります」と，明るく元気に宣言する青年は爽やかである。しかし，面接者の眼鏡にかなうのはどのような人格なのかという疑問は，つまるところ，誰にもわからないまま何事もなかったかのように採用試験の季節は過ぎ去って，新入社員の慌ただしい日常が始まる。

　面接の偶然に支配された本質という理解が間違っていないなら，これから仕事の世界に入ろうとしている学生は，採否にかかわらず，採用試験の妥当性についてまだ明確な事実発見がないことを知って，少し楽観的になってほしい。採用にまつわる確率の高低はあるにしても，採用候補者の全人格が，面接者の個人的な仕事経験の記憶を刺激するような最適結合の機会は，本人が探し続けるかぎりどこかに見つけることができるはずである。

　本書には，仕事や働くことについて，いっしょに考えた人たちの声を収めた。彼らの意見を数値ではなく主にことばで表現したので，記述や説明には偏りがあるかもしれない。しかし，仕事や働くことにかかわる自身の経験にもとづく一人ひとりの生き生きとした主張から，意外な論点や新たな問題を感じ取って，さらに考えるための主題にしてもらえたら幸いである。

　本書をまとめるうえで，厚生労働省大臣官房国際課海外情報室の外山惠美子さんから関連資料と有益な助言をいただいた。また，白桃書房編集部の平千枝子さんには本書の編集作業でお世話になった。記して謝意を表したい。

　2010（平成22）年1月

　　　　　　　　　　　　　　　　　　　　　　　　　　武　田　圭　太

引用文献

相羽弘一　1969　『社内標準化のすすめ方』　実業之日本社

青井和夫・松原治郎・副田義也　編著　1971　『生活構造の理論』　有斐閣

Bem, D.J. 1967 Self-perception : An alternative interpretation of cognitive dissonance phenomena. *Psychological Review*, 74, 183-200.

Becker, H.S. 1963 *Outsiders : Studies in the sociology of deviance*. New York : The Free Press.（村上直之　訳　1993　『新装　アウトサイダーズ―ラベリング理論とはなにか―』　新泉社）

Besser, T.L. 1996 *Team Toyota : Transplanting the Toyota culture to the Camry plant in Kentucky*. New York : State University of New York Press.（鈴木良始　訳　1999　『トヨタの米国工場経営―チーム文化とアメリカ人―』　北海道大学図書刊行会）

Buss, A.H. 1986 *Social behavior and personality*. Hillsdale : Lawrence Erlbaum Associates.（大渕憲一　監訳　1991　『対人行動とパーソナリティ』　北大路書房）

Campbell, J.P. & Pritchard, R.D. 1976 Motivation theory in industrial and organizational psychology. In M.D. Dunnette (Ed.), *Handbook of industrial and organizational psychology*. Chicago : Rand McNally.

Cartwright, D. 1959　Power : A neglected variable in social psychology. In D.Cartwright (Ed.), *Studies in social power*. Ann Arbor : University of Michigan Press.

中鉢正美　1975　『現代日本の生活体系』　ミネルヴァ書房

Denis, M. 1979 *Les images mentales*. Paris : Presses Universitaires de France. （寺内礼　監訳　1989　『イメージの心理学―心像論のすべて―』　勁草書房）

Emerson, R.M. 1962　Power dependence relations. *American Sociological Review*, 27, 31-41.

Evans, R.I. 1975 *Konrad Lorenz : The man and his ideas*. New York : Harcourt Brace Jovanovich.（日高敏隆　訳　1979　『ローレンツの思想』　思索社）

Festinger, L. 1950　Informal social communication. *Psychological Reviews*, 57, 271-282.

Feyerabend, P. 1975 *Against method : Outline of an anarchistic theory of knowledge*. London : New Left Books（村上陽一郎・渡辺博　訳　1981　『方法への挑戦―科学的創造と知のアナーキズム―』　新曜社）

French, J.R.P., Jr. & Raven, B. 1959　The bases of social power. In D. Cartwright (Ed.),

引用文献

　　　Studies in social power. Ann Arbor : University of Michigan Press.
Gardner, H. 1983 *Frames of mind : The theory of multiple intelligences*. New York : Basic Books.
Gardner, H. 1993a *Creating minds : An anatomy of creativity seen through the lives of Freud, Einstein, Picasso, Stravinsky, Eliot, Graham, and Gandhi*. New York : Basic Books.
Gardner, H. 1993b *Multiple intelligences : The theory in practice*. New York : Basic Books. (黒上晴夫　監訳　2003　『多元的知能の世界―MI理論の活用と可能性―』日本文教出版)
Gardner, H. 1999 *Intelligence reframed : Multiple intelligences for the 21st century*. New York : Basic Books. (松村暢隆　訳　2001　『MI：個性を生かす多重知能の理論』　新曜社)
現代経営学研究学会　編　1998a　「特集　能力主義管理がめざすもの―コース別雇用管理・目標管理・人事考課・年俸制―」『ビジネス・インサイト』6(3), 4-61.
現代経営学研究学会　編　1998b　「特集　日本的人事システムの変革―その方向性と可能性を探る―」『ビジネス・インサイト』6(4), 4-66.
Goleman, D. 1995　*Emotional intelligence : Why it can matter more than IQ*. New York : Brockman. (土屋京子　訳　1996　『EQ～こころの知能指数』　講談社)
Goleman, D. 1998　*Working with emotional intelligence*. New York : Bantam Books. (梅津祐良　訳　2000　『ビジネスEQ―感情コンピテンスを仕事に生かす―』東洋経済新報社)
林知己夫　1996　『日本らしさの構造』　東洋経済新報社
林周二　1984　『経営と文化』　中央公論社
間宏　1978　『日本労務管理史研究』　御茶の水書房
Herr, E.L. & Cramer, S.H. 1988 *Career guidance and counseling through the life span : Systematic approaches* (3rd ed.). Glenview : Scott Foresman.
Holahan, C.K. & Holahan, C.J. 1999 Being labeled as gifted, self-appraisal, and psychological well-being : A life span developmental perspective. *The International Journal of Aging and Human Development*, 48(3), 161-173.
Huczynski, A. 1996 *Influencing within organizations : Getting in, rising up and moving on*. London : Prentice Hall.
稲泉連　2001　『僕らが働く理由，働かない理由，働けない理由』　文藝春秋

引用文献

加護野忠男・野中郁次郎・榊原清則・奥村昭博　1983　『日米企業の経営比較―戦略的環境適応の理論―』　日本経済新聞社

小樽雅章・高木修　1999　「阪神大震災時の企業の援助活動と向社会的経営理念」『産業・組織心理学会第15回大会発表論文集』156-159.

小池和男　編著　1991　『大卒ホワイトカラーの人材開発』　東洋経済新報社

国民教育文化総合研究所　編　1997　「特集Ⅱ　教育評価の現状と問題点」『教育と文化』7，91-131.

国民教育文化総合研究所　1998　「教育総研年報'98」

厚生労働省大臣官房統計情報部　2005　「平成16年高年齢者就業実態調査結果の概況」

厚生労働省大臣官房統計情報部　2006a　「平成17年企業における若年者雇用実態調査」

厚生労働省大臣官房統計情報部　2006b　「平成18年転職者実態調査結果の概況」

厚生労働省大臣官房統計情報部　2008　「平成19年企業における採用管理等に関する実態調査」

厚生労働省大臣官房統計情報部　2009　「平成20年高年齢者雇用実態調査結果の概況」

厚生労働省職業安定局労働市場センター業務室　2004　「新規学卒就職者の離職状況―2003年時点―」

厚生労働省職業能力開発局能力評価課　2004　「若年者の就職能力（employability）に関する実態調査」

Kotter, J.P.　1979　*Power in management : How to understand, acquire, and use it*. New York : AMACOM.（谷光太郎・加護野忠男　訳　1981　『パワー・イン・マネジメント』　白桃書房）

雇用職業総合研究所　1989　「わが社の採用戦略（新日本製鉄，日立製作所，西武百貨店）」職研資料シリーズⅥ-4

Levinson, D.J., *et al*.　1978　*The seasons of a man's life*. New York : Knopf.（南博　訳　1980　『人生の四季―中年をいかに生きるか―』　講談社）

Locke, E.A., *et al*. 1981 Goal setting and task performance : 1969-1980. *Psychological Bulletin*, 90, 125-152.

London, M. & Stumpf, S.A. 1982 *Managing careers*. Reading : Addison-Wesley.

Luhmann, N. 1973 *Vertrauen, ein Mechanismus der Reduktion sozialer Komplexität*

引用文献

(2. erweiterte Auflage). Enke Ferdinand Verlag.（大庭健・正村俊之　訳　1990『信頼―社会的な複雑性の縮減メカニズム―』　勁草書房）

毎日コミュニケーションズ　2009　「『若手社会人』と『内定学生』の仕事に関する意識アンケート」

『毎日新聞』2003（平成15）年1月8日付

松嶋登他　1999　「組織変革過程における新人の適応と育成―ホームオフィス制度実施下の組織における事例研究―」『神戸大学大学院経営学研究科研究年報』XLV，155-237．

松浦敬紀　1978　『就職―採用試験の舞台裏―』　日本経済新聞社

松浦元男　2003　『先着順採用，会議自由参加で世界一の小企業をつくった』　講談社

Merton, R.K. 1949 *Social theory and social structure : Toward the codification of theory and research*. New York : The Free Press.（森東吾・森好夫・金沢実・中島竜太郎　共訳　1961　『社会理論と社会構造』　みすず書房）

Monod, J.L. 1970 *Le hasard et la nécessité : Essai sur la philosophie naturelle de la biologie moderne*. Paris : Editions du Seuil.（渡辺格・村上光彦　共訳　1972　『偶然と必然』　みすず書房）

森永康子　1993　「男女大学生の仕事に関する価値観」『社会心理学研究』9(2)，97-104．

森岡清美　1973　『家族周期論』　培風館

村上貴栄　1999　「なぜ，彼らは定職に就かないのか？―現代青年の就職にみる逸脱行動―」愛知大学文学部1998（平成10）年度卒業論文（未発表）

水井正明　編著　1997　『採用担当者のための面接官マニュアル』　日本能率協会マネジメントセンター

内閣府　2003　「第7回世界青年意識調査」

内閣府　2009　「第8回世界青年意識調査」

中井節雄　1978　『人事検査法―YG性格検査・キャッテル知能検査・クレペリン作業検査応用実務手引―』　竹井機器工業

中根千枝　1967　『タテ社会の人間関係―単一社会の理論―』　講談社

中根千枝　1972　『適応の条件―日本的連続の思考―』　講談社

中根千枝　1978　『タテ社会の力学』　講談社

成沢光　1997　『現代日本の社会秩序―歴史的起源を求めて―』　岩波書店

引用文献

Newman, B.M. & Newman, P.R. 1975 *Development through life : A psychosocial approach*. Homewood : Dorsey.（福富護・伊藤恭子　訳　1980　『生涯発達心理学―エリクソンによる人間の一生とその可能性―』　川島書店）

『日本経済新聞』2004（平成16）年7月17日付

『日本経済新聞』2009（平成21）年11月1日付

『日本経済新聞』2010a（平成22）年1月25日付

『日本経済新聞』2010b（平成22）年3月1日付

野中郁次郎・加護野忠男・小松陽一・奥村昭博・坂下昭宣　1978　『組織現象の理論と測定』　千倉書房

大江健三郎　1995　『あいまいな日本の私』　岩波書店

緒方明　1996　『アダルトチルドレンと共依存』　誠信書房

奥村宏　1992　『会社本位主義は崩れるか』　岩波書店

大沢武志　1973　『採用試験の知識』　日本経済新聞社

Piaget, J. 1952 *La psychologie de l'intelligence*. Paris : Librairie Armand Colin.（波多野完治・滝沢武久　訳　1967　『知能の心理学』　みすず書房）

斎藤学　1996　『アダルト・チルドレンと家族―心のなかの子どもを癒す―』　学陽書房

Schein, E.H. 1956 The Chinese indoctrination program for prisoners of war : A study of attempted "brainwashing." *Psychiatry*, 19, 149-172.

Schein, E.H. 1978 *Career dynamics : Matching individual and organizational needs*. Reading : Addison-Wesley.（二村敏子・三善勝代　訳　1991『キャリア・ダイナミクス』　白桃書房）

Schein, E.H. 1980 *Organizational psychology* (3rd ed.). Englewood Cliffs : Prentice-Hall.（松井賚夫　訳　1981　『組織心理学（原書第3版）』　岩波書店）

関本昌秀・佐野勝男・槇田仁　1977　「わが国産業組織における「管理能力アセスメント」の研究―「日本版インバスケット・テスト」の開発をめざして―」『組織行動研究』2, 3-61.

清水龍瑩　1995　『能力開発のための人事評価』　千倉書房

白井泰四郎　1982　『現代日本の労務管理』　東洋経済新報社

祖父江孝男　1971　『県民性』　中央公論社

祖父江孝男　1976　『文化とパーソナリティ』　弘文堂

荘厳舜哉　1997　『文化と感情の心理生態学』　金子書房

引用文献

総務庁青少年対策本部　1994　「世界の青年との比較からみた日本の青年―第5回世界青年意識調査報告書―」

総務庁青少年対策本部　1998　「世界の青年との比較からみた日本の青年―第6回世界青年意識調査報告書―」

Super, D.E. & Bohn, M.J., Jr. 1970 *Occupational psychology.* Belmont : Wadsworth.（藤本喜八・大沢武志　訳　1973　『職業の心理』　ダイヤモンド社）

鈴木孝夫　1995　『日本語は国際語になりうるか』　講談社

武田圭太　1986　「組織における個人の転職行動に関する諸モデル」『実験社会心理学研究』25，163-170.

武田圭太　1991　「経営管理者・技術者の転職と適応問題―民営有料職業紹介業を経由した事例―」『日本労働研究雑誌』378，36-48.

武田圭太　1993　『生涯キャリア発達―職業生涯の転機と移行の連鎖―』　日本労働研究機構

武田圭太　1995　「海外・帰国子女の生涯キャリア発達―予備報告1：在米子女の異文化環境の認知―」『愛知大學文學論叢』110，108-128.

武田圭太　1996　「海外・帰国子女の生涯キャリア発達―予備報告2：帰国子女の評価と採用をめぐる日本企業の実情―」『愛知大學文學論叢』111，119-138.

武田圭太　1997a　「海外・帰国子女の生涯キャリア発達―予備報告4：中学校教師の帰国学生への印象―」『愛知大學文學論叢』114，233-246.

武田圭太　1997b　「日本人の生涯キャリアの創造―共依存関係のなかでの個性化の実現―」『ビジネス・インサイト』5(1)，8-19.

武田圭太　2001a　「人材開発を中核にしたまちづくり―島根県石見町のIターン事例―」『愛知大学綜合郷土研究所紀要』46，1-10.

武田圭太　2001b　「母親が働くことに影響される子どもの共感」『産業・組織心理学研究』14(2)，79-95.

武田圭太　2003　「海外・帰国子女の生涯キャリア発達―予備報告13：在米子女をとりまく教育環境―」『愛知大学文學論叢』127，287-298.

武田圭太　2004　「有能感が推進するキャリア発達」　外島裕・田中堅一郎　編著『増補改訂版　産業・組織心理学エッセンシャルズ』　ナカニシヤ出版

武田圭太　2008　『ふるさとの誘因』　学文社

武田圭太　2009　「キャリア発達」　白樫三四郎　編著　『産業・組織心理学への招待』　有斐閣

引用文献

武田圭太・山村千華　1994　「I ターン女性にみる自己への気づき―過疎町に引っ越した都会の女性たち―」『日本労働研究機構研究紀要』8，1-24．
帝国データバンク史料館・産業調査部　2009　『百年続く企業の条件―老舗は変化を恐れない―』　朝日新聞出版
栩木誠・佐々木栄　1998　『新卒採用の進め方』　日本経済新聞社
津田眞澂　1985　『人事・労務管理』　日本放送出版協会
魚津欣司　1985　『採用・活用・教育計画の立て方』　税務経理協会
牛窪浩　1978　『人材採用・教育・評価便覧』　日本コンサルタント・グループ
若林満・南隆男・佐野勝男　1980　「わが国産業組織における大卒新入社員のキャリア発達過程―その継時的分析―」『組織行動研究』6，5-131．
Wanous, J.P. 1980 *Organizational entry : Recruitment, selection, and socialization of newcomers*. Reading : Addison-Wesley.
和辻哲郎　1935　『風土』　岩波書店
Weick, K.E. 1979 *The social psychology of organizing* (2nd ed.). Reading : Addison-Wesley.（遠田雄志　訳　1997　『組織化の社会心理学』　文眞堂）
山田昌弘　1999　『パラサイト・シングルの時代』　筑摩書房
山本七平　1977　『「空気」の研究』　文藝春秋
『読売新聞』　2003（平成15）年1月8日付
吉山治朗・奥田稔　1999　「一生を通じての"メンター"「同師会」」『人材教育』11（7），40-43．
Zander, A. 1994 *Making groups effective*. San Francisco : Jossey-Bass.（黒川正流・金川智恵・坂田桐子　訳　1996　『集団を活かす』　北大路書房）

人名索引

A
相羽弘一 ……………………129
青井和夫 ……………………136

B
ベム（Bem, D.J.）……………200
ベッサー（Besser, T.L.）………130
ボーン（Bohn, M.J., Jr.）……136
バス（Buss, A.H.）……………197

C
キャンベル（Campbell, J.P.）
……………………………171
カートライト（Cartwright, D.）
……………………………196
中鉢正美 ……………………136

D
デニス（Denis, M.）…………124
道元 …………………………212

F
フェスティンガー（Festinger, L.）…………………………172
ファイアーベント（Feyerabend, P.）…………………………208
フレンチ（French, J.R.P., Jr）
……………………………196

G
ゴールマン（Goleman, D.）…148

H
林知己夫 ……………………175
林周二 ………………………130
間宏 …………………………204
ホラハン（Holahan, C.J.）…72
ホラハン（Holahan, C.K.）…72

I
稲泉連 …………………………69

K
加護野忠男 ……………130, 202

葛西敬之 ……………………213
小樽雅章 ………………203, 212
小池和男 ………………14, 194
小松陽一 ……………………130

L
レヴィンソン（Levinson, D.J）
……………………………135
ロック（Locke, E.A.）………157
ローレンツ（Lorenz, K.）……212
ルーマン（Luhmann, N.）……195

M
槇田仁 …………………………16
松原治郎 ……………………136
松浦元男 ……………………230
松浦敬紀 ………………………56
マートン（Merton, R.K.）…141
南隆男 …………………………15
水井正明 ……………………125
モノー（Monod, J.L.）………207
森岡清美 ……………………136

N
中井節雄 ……………………129
中根千枝 ……………………120
成沢光 …………………201, 212
ニューマン（Newman, J.L.）…127
ニューマン（Newman, P.R.）…135
野中郁次郎 ……………130, 202

O
大江健三郎 …………………176
緒方明 …………………………12
奥田稔 ………………………199
奥村宏 ……………12, 130, 202
太田宏次 ……………………212

P
プリチャード（Pritchard, R.D.）
……………………………171

R
レイヴン（Raven, B.）………196

S
斎藤栄 ……………………11, 12
榊原清則 ………………130, 202
坂下昭宣 ……………………130
佐野勝男 …………………15, 16
佐々木栄 ………………………56
シャイン（Schein, E.H.）
………8, 39, 122, 135, 206, 233
関本昌秀 ………………………16
清水龍瑩 ……………………156
副田義也 ……………………136
白井泰四郎 ……………122, 205
祖父江孝男 …………………9, 10
スーパー（Super, D.E.）……136
鈴木孝夫 ……………………175

T
高木修 …………………203, 212
武田圭太 ………………………14
ターマン（Terman, L.M.）……72
栩木誠 …………………………56
豊田章一郎 …………………212
津田眞澂 ………………122, 155

U
魚津欣司 ………………121, 125

W
若林満 …………………………15
ワナウス（Wanous, J.P.）……58
和辻哲郎 ………………………9
ワイク（Weick, K.E.）…120, 206

Y
山本七平 ……………………173
吉山治朗 ……………………199

Z
ザンダー（Zander, A.）……195

事項索引

あ

挨拶 ………………………………98
愛社精神 ……………………216
あいまいさ …………174, 203
あいまいなキャリアの選択…53
あこがれ…………………………44
アダルト・チルドレン………11
後づけの解釈 ………………208
甘い考え ………………………54
ありのままの現実的で正確な
　職務情報の事前呈示（real-
　istic job preview）………71
異質性……………………57, 134
一芸入社 ………………………120
一時的な腰掛け就職…………66
1次面接 ………………………87
一人前 …………………………192
一人前の社員…………………84
一律定年制 ……………………4
一律定年退職制………………24
一律定年年齢 …………………4
一般事務職 …………………151
祈りの経営 …………………212
異文化の社会体系……………56
打たれ強さ …………………108
運 …………………71, 192, 233
運命の相互依存性……………10
営業職の管理能力要件……195
影響づけ ……………………181
永平寺清規 …………………212
縁故 …………………204, 205, 213
公への奉仕 …………………203
お客さま志向 …………………79
お客さま第一主義……………82
お客さま満足の実現…………82
お師匠はん …………………199
押し出しの強い人……………108
お茶くみ ……………………69
OJTの成果 …………………84
温情主義 ……………………169, 204

か

階差型範囲給 ………………185
会社における地位……………50
会社の体質 ……………………3

学業………………………………82
学業成績 ……………………205
革新（innovation）………149
革新性 ………………………131
学卒の戦力 ……………………28
学歴 ………………184, 219, 224, 230
学歴の差 ………………………31
可塑性（plasticity）………19
型 ………………………………201
課題の相互依存性……………11
型どおり ……………………199
家庭というもう1つの職場…67
家庭と仕事の両立……………67
環境の複雑性 ………………195
感謝の気持ち …………………60
間接員 …………………………32
間接業務 ……………………158
間接部門 ……………………167
寛容 …………………………204
管理能力の潜在性……………16
基幹職予備群 ………………192
基幹人材 ……………………187
企業意識（management iden-
　tification）……………3, 204
企業共同体 …………………205
企業人から事業人へ…………30
企業哲学 ……………………109
企業内社会秩序 ……………122
企業の社会的責任（corporate
　social responsibility：CSR）
　………………………………229
帰属意識 ……………………212
技能の伝承 ……………………37
キャリア開発プログラム委員
　会 …………………………187
キャリア教育 ………………140
キャリアの管理………………39
教育 …………………………212
教育成果の道具性 …………144
共依存 …………………11, 197
教化 …………………………206
強制力（coercive power）…196
協調性 ………………………119
協働関係の自己内化 ………198
協働集団の和 ………………122
虚実に関する合意された妥当性

　　（consensual validation）…206
清規 ………………………201, 212
勤続年数 ……………………225
空気の支配 …………………173
偶然性 ………………………133
偶然の合理化 ………………208
グループ内の人員融通………36
グループ・ワーク……………83
経営組織（business organiza-
　tion）…………………………1
経営風土（business climate）…3
経営理念 ………………8, 212
系列会社 ………………………33
結果の割りつけによる管理
　………………………………156
健康 ……………………82, 151
現実ショック（reality shock）
　………………………………71
現実性（reality）…………206
研修 …………………………150
謙譲の美徳 …………………168
現場の管理職者 ……………106
高位置志向の行動原理 ……120
好奇心 …………………………61
後継者の育成 …………………37
貢献 …………………………221
高校名 …………………………60
向社会的精神 ………………203
公正 …………………………170
公正な互恵性 ………………195
拘束 …………………………167
公平 …………………………170
公平性 ………………………167
公平説（equity theory）……171
子飼養成 ……………………204
個人差…157, 168, 173, 184, 185,
　　192, 193, 198
個人面接……79, 84, 88, 96, 101,
　　113
個人面談 ………………………83
個性 ……………………………61
個の尊重 ……………148, 228
雇用契約の形態………………30

さ

再現性あるパフォーマンス

事項索引

　　　　　　　　　　　　165
最終面接 ………………96, 114
財務・経理マン ……………189
採用基準 ………………………59
採用計画 ……………24, 37, 38
採用試験 ………………………6
採用試験の妥当性……………63
採用選考基準 ………………122
採用戦略 ………………………36
採用内定 ………………………79
採用内定証 ……………………81
裁量労働制 …………………159
作文 ………………87, 95, 101
作法 …………………………212
サラリーマンのイメージ……54
CS（customer satisfaction：顧
　　客満足）………………80
資格取得 ………………………62
自我の傲慢や強欲 …………174
事業戦略 ………………………36
思考や行動の柔軟性 …………19
自己資本比率 ………………231
自己知覚説（self-perception
　　theory）……………212
仕事内容 ………………121, 198
仕事の基本型 …………………18
仕事の諸動作の型 …………199
仕事の様式美 ………………203
自己への気づき ………………41
姿勢 ……………………………98
自然体の人事管理……………27
自治規則 ……………201, 212
七・五・三現象 ……………215
失敗の負い目 ………………167
失敗の責任 …………………167
実務上の訓練可能性 ………205
指導員 ………………………199
指導者 ………………………181
老舗企業 ……………………206
自分にあった職業……………42
自分にむいている……………50
自分のペースでできる仕事…45
地元で安定した仕事…………45
社会化の先取り（anticipatory
　　socialization）……141
社会的な知性 ………………142
社長面接 ……………101, 110
社内の人員融通………………36
社風 ……………………………3
社立の職工学校 ……………204
周囲との調和 ………………210

集合能力体 …………………129
従順 …………………………181
従順な態度 …………………105
終身雇用 ………………………31
集団ゲーム …………………129
集団単位の採用 ……………118
集団討議 ……78, 88, 93, 99, 129
集団の秩序 …………………128
集団の和 ……………………128
集団面接 ……79, 87, 92, 95, 100
出身高等学校名 ………………91
出世 ……………………………42
上下の調節の機会 …………172
上司 …………………………226
常識 …………54, 112, 168, 206
将来について白紙の状態……46
処遇の男女差 ………………226
職業生活意識 ………………218
職群 …………………………184
職種等級制度 ………183, 184
職場外研修 …………………108
職場集団内の影響過程（influ-
　　ence processes）……180
職場内訓練 …………………152
職場仲間としての相性………71
職場の常識 ……………………18
女性の採用と選抜……………64
女性の働く自己像の変化……66
女性は職場の花………………68
職階 …………………………209
序列化 ………………………209
人格の規格化 ………………202
新規学卒者一括採用……3, 24
人件費 ………………………173
人材育成 ……………198, 204
人材の混合化 …………………56
人材の多様性 ………………118
人事評価制度 ………………155
新人研修 ……………………152
新人職能研修会 ……………153
人的資源の管理体系…………39
人徳者 ………………………204
新日本製鉄 ……………………26
新入社員研修 ………………154
人物重視 ………………………79
人脈 ……………………………47
信頼 …………11, 47, 207, 221
信頼関係 ……167, 172173, 195
心理検査 ………………………6
心理的債務 …………………167
随時採用 …………………23, 26

スタッフ業務 ………………189
刷り込み ……………………212
成果主義 ……………………159
生活カレンダー………………83
生活主義 ……………………159
清規 …………………201, 212
正規雇用者の育成方針………24
成功体験 ………………………30
成績が悪い子 …………………48
製鉄事業の体質改善…………29
性別 …………………219, 224
勢力 …………………181, 196
責任 …………………………174
絶対に就職しなさい…………55
潜在能力 ……………………173
全体 …………………………120
先着順採用 …………………230
選抜・採用の信頼性 ………133
選抜・採用の評価基準………79
専門職 ………………………159
早期離職 ……………………215
相互依存性への同調 …………11
総合職 ………………………151
相互扶助 ……………………167
組織化 ………………………206
組織からの逸脱………………58
組織行動の定型化 …………200
組織行動の定型群 …………200
組織行動の様式美 …………203
組織心理学 ……………………8
組織の環境適応 ……………131
組織の最小単位 ……………122
組織の調整の型 ……………208
組織の閉鎖性 ………………206
組織文化（organizational cul-
　　ture）……………3, 56, 57
組織文化への同調……………58
卒業した大学の格 …………205
卒業したらとりあえず就職…45
粗利（益）………103, 104, 105
損益 …………………………196

た

第1次面接 ……………………78
大学選択 ………………………42
大学へ進むためのたんなる通
　　過点 …………………46
大学名 …………………………60
大学名不問の採用……………59
大学を卒業した後のキャリア
　　　　　　　　　　　　43

対人魅力……………………16
第2間接員…………………32
第2次面接…………………79
多義性（equivocality）…120, 206
多義性の変異部分 ………208
他者との社会的比較 ……172
他者評価 ……………………73
ダスキン ……………203, 212
達成感 ……………………105
タテの序列構造 …………209
タテの序列の高位置志向 …209
タテマエと実際との落差 …109
多様化した人材確保………37
団塊の世代 ………………28
談合 ………………………167
知識検査……………………6
秩序 …………………201, 207
秩序体系 …………………201
秩序づけ …………………210
知能の社会性 ……………124
チーム概念 ………………149
チーム・トヨタ …………130
チャンス ……………………71
中途採用のねらい ………30
中部電力 ……………204, 212
調整の型……………………8
直接員………………………32
直接業務 …………………158
直接部門 …………………166
賃金と貢献度とのズレ …173
通年採用……………………4
創った自分 ………………107
定期採用 …………4, 23, 26
適職感（feeling of vocational suitability）の変化 ………14
適当な職（場）……………44
適当に良さそうなところ（企業）………………………54
天才児………………………72
天職…………………………50
店頭販売の実習 …………104
東海旅客鉄道 ………204, 213
同師会 ……………………199
同質化 ……………………132
同質性………57, 117, 123, 135
東芝 ………………………135
道徳 ………………………203
特進 ………………………193
独創性 ……………………212
トヨタ自動車 …19, 130, 204, 212, 213

取引の損益 ………………195

な

内勤総括 ……………190, 193
内定式 ……………………101
内部労働市場………………39
長いトンネル………………46
仲間としての魅力…………58
納得 ………………………171
何か苦労した経験への興味 …………………………114
何か身につくような学校……48
名のある大学………………49
2次面接 ………………88, 90
日本人の勤労観………………9
日本人のパーソナリティ特性 ………………………10
日本人らしさ ……………175
日本の社会構造（social structure）…………………209
入社内定者自己申告書 …81, 82
入社前自己啓発課題 ………79
入社前面談 ………………83
人間関係能力 ……………119
人間性 ……59, 61, 110, 122, 125
人間の組織 ………………233
人間や組織への感受性 …174
人間らしい頭の良さ ……134
忍耐 ………………………204
年度 …………………………6
能力向上の可能性 ………205
能力の名目差 ……………211
ノルマ ………………108, 112

は

配属カンパニー・事業（本）部決定通知 ………………83
入ってみないとわからない ……………………113, 200
生え抜き …………………205
働いてみないとわからない ………………………50, 200
働く自己像 ………………53
発揮能力 …………………173
阪急電鉄 …………………199
ビジネス資質 ……………150
ビジネス・マナー ……150, 152
日立製作所 …………………32
筆記試験 ………78, 84, 87, 95
PDCA ……………………153
人を育てる力 ……………228

評価制度………………………63
評価の適正 ………………169
標準理想型人格 …………125
付加価値創出部隊…………32
複合経営の推進……………29
不公平感（inequity）…171, 172
富士通 ……………………120
部分 ………………………120
ブラザー制度 ……………194
プレゼンテーション・リレー …92
フレッシュ・ピープル・ツアー案内 ……………………83
平凡なOL …………………45
変異 …………………120, 207
変革 ………………………207
変なプライド………………48
返報 …………………195, 221
法人資本主義 ………………12
放り出す …………………190
ホウ・レン・ソウ ………153

ま

無作為性の効用 …………129
面接試験 ……………6, 84, 90
面接者の主観………………70
目標 ………………………161
目標管理（Management By Objective：MBO）………156
目標管理評価制度 …159, 160

や

役員面接……………………97
約定書 …………………81, 82
休み …………………………50
やりたいこと …42, 47, 49, 50
有効求人倍率 ……………222
有能の雑居…………………69
夢 ………………45, 53, 103
予期的社会化（anticipatory socialization）………71, 141
予言の自己成就説 ………131
世渡り的な能力 …………109

ら

ライン業務 ………………189
ライン指向 ……………167, 186
ラインの権限 ……………106
ラベリング説（labeling theory）…………………………72
離職の考え …………220, 226
離職率 ……………………216

事項索引

理想の生活心象 ……………144
リーダーシップ ……………180
離・転職 ……………………217
了承 …………………………171
量の確保……………………38

稟議書 ……………………105
稟議書の書き方 ……………202
倫理 …………………………203
礼儀作法 ……………………203
礼儀作法の講習 ……………104

労使一体論 ………………205

わ

われわれ感情（we-feelings）…9

著者略歴

武田圭太（たけだけいた）

1958（昭和33）年生まれ
現在：愛知大学文学部教授
専攻：産業・組織心理学，社会心理学，生涯キャリア発達論
主著：『生涯キャリア発達―職業生涯の転機と移行の連鎖―』
　　　（日本労働研究機構，1993年）
　　　『貧困緩和・解消の国際政治経済学』（築地書館，2005年，分担執筆）
　　　『ふるさとの誘因』（学文社，2008年）

愛知大学文學會叢書 XV

採用と定着（さいようていちゃく）
日本企業の選抜・採用の実態と新入社員の職場適応

発行日——2010年3月26日　初版発行　　　〈検印省略〉

著　者——武田圭太（たけだけいた）
発行者——大矢栄一郎
発行所——株式会社　白桃書房（はくとうしょぼう）
　　　　〒101-0021　東京都千代田区外神田5-1-15
　　　　☎03-3836-4781　📠03-3836-9370　振替00100-4-20192
　　　　http://www.hakutou.co.jp/

印刷・製本——亜細亜印刷

© Keita Takeda 2010　Printed in Japan　ISBN978-4-561-26533-7　C3034

JCOPY 〈(社)出版者著作権管理機構　委託出版物〉
本書の無断複写は著作権法上での例外を除き禁じられています。複写される場合は、そのつど事前に、(社)出版者著作権管理機構（電話 03-3513-6969、FAX 03-3513-6979、e-mail : info@jcopy.or.jp）の承諾を得てください。
落丁本・乱丁本はおとりかえいたします。

愛知大学『文學會叢書』発刊に寄せて

文学会委員長　安本　博

　平成8（1996）年11月に愛知大学は創立50周年を迎えることができた。文学会は，昭和24（1949）年の文学部開設を承けて同年11月に創設されているので，創立50周年を迎えた大学の歴史と足並みが揃っているわけではないが，ほぼ半世紀の足跡を印したことになる。

　この間，文学部や教養部に籍を置く人文科学系教員がその研究成果を発表する場としての『文學論叢』を編集し発行することを主要な任務の一つとしてきた。平成8（1996）年度末には第114輯が上梓されている。年平均2回を超える発刊を実現してきたことになる。

　研究成果発表の機関誌としては，着実な歩みを続けてきたと自負することができるだけでなく，発表された研究成果のなかには斯界でそれ相応の評価を受けた論文も少なからずあると聞き及んでいる。

　世の有為転変につれて，大学へ進学する学生が同世代の40％を超えるほどになり，大学を取り巻く環境の変化に促されながら大学のあり方も変わってきた。数十年前には想像だにできなかったいろいろな名称の学部が，各大学で設立されている。研究の領域が拡大され，研究対象も方法も多面的になった反映でもある。愛知大学でも世界に類例をみない現代中国学部がこの4月から正式に発足する。そして来年度開設にむけて国際コミュニケーション学部が認可申請中である。かかる大きな時代の変容の只中で，国立大学では教員の任期制の強制的導入が指呼の間に迫っているとも伝えられる。

　顧みれば，世界のありようが大きく変わる中で，学問それ自体，あるいは大学それ自体のありようが問われる，といったようなことは既に昭和40年代（1965〜1974年）に経験したことである。

　当時先鋭な学生によって掲げられた主要なテーマの一つでもあった「大学解体」が，それこそ深く静かに形を変えながら進行しつつあるのが，大学のおかれている現状だと言ってよいのかもしれぬ。

　かかる変化の時代に愛知大学文學會叢書の刊行が実現したのは，文学会の，すなわち構成員の活動範囲における画期である。この叢書は，奔放な企画に基づいている。一定の制約は設けているが，評議員たる構成員の関わるあらゆる領域，分野，あるいは種類，形態の学術的研究成果の発表が叢書刊行の主目的である。

　世の変化を映しつつも，世の変化に動じない，しかし世の中を変えるような研究の成果が毎年堅実に公表されて，叢書刊行の意義が共有されればと祈っている次第である。

　　平成9（1997）年3月